乡村振兴背景下福建省县域特色农业布局与发展研究

◎ 陈志峰　刘新永　王海平　著

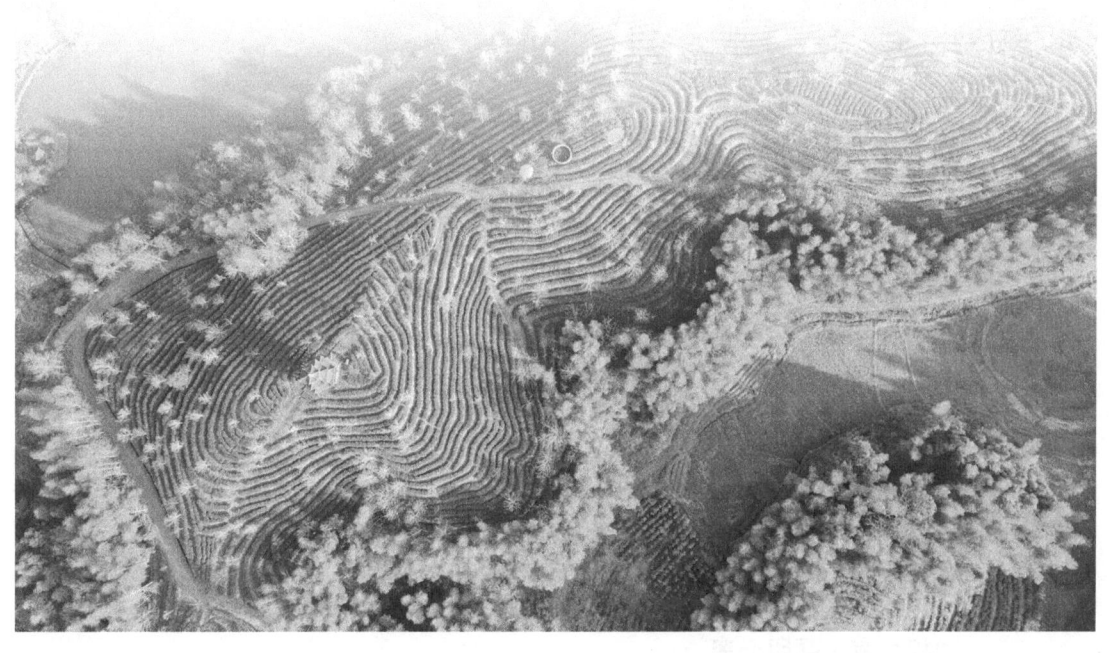

中国农业科学技术出版社

图书在版编目(CIP)数据

乡村振兴背景下福建省县域特色农业布局与发展研究/陈志峰，刘新永，王海平著.--北京：中国农业科学技术出版社，2023.9
ISBN 978-7-5116-6447-1

Ⅰ.①乡… Ⅱ.①陈…②刘…③王… Ⅲ.①特色农业-农业发展-研究-福建 Ⅳ.①F327.57

中国国家版本馆 CIP 数据核字(2023)第 183630 号

责任编辑　倪小勋
责任校对　马广洋
责任印制　姜义伟　王思文

出 版 者	中国农业科学技术出版社
	北京市中关村南大街 12 号　邮编：100081
电　　话	（010）82105169（编辑室）　（010）82109702（发行部）
	（010）82109709（读者服务部）
网　　址	https://castp.caas.cn
经 销 者	各地新华书店
印 刷 者	北京建宏印刷有限公司
开　　本	185 mm×260 mm　1/16
印　　张	17.75
字　　数	350 千字
版　　次	2023 年 9 月第 1 版　2023 年 9 月第 1 次印刷
定　　价	58.00 元

◆版权所有·翻印必究◆

前言

福建省地处东南沿海，伴海而生，拓海而荣，是海上丝绸之路的重要发祥地。其三面环山、一面向海、山多田少的地理环境被概括为"八山一水一分田"，这也决定了福建农业无法以数量扩张和大规模经营获得现代农业的效益，培育和发展优势和特色产业，以品质和效益取胜，生产高效特色农产品，是福建现代农业发展的战略选择。2014年11月，习近平同志在福建调研时强调，福建农业多样性资源丰富，多样性农业特点突出，要围绕建设特色现代农业，努力在提高粮食生产能力上挖掘新潜力，在优化农业结构上开辟新途径，在转变农业发展方式上寻求新突破，在促进农民增收上获得新成效，在建设新农村上迈出新步伐[①]。

福建省地处我国东南山海接合的丘陵地带，土地类型错综复杂、自然环境多种多样、光热资源和生物资源丰富，且各地的自然、经济、社会等条件差异性较大，县域地区之间表现出较大区域比较优势差异，为发展特色现代农业奠定了良好的基础。近十年来，福建省围绕茶叶、蔬菜、水果、畜禽、水产、林竹、花卉苗木等7个产业链，打造全产业链总产值超千亿元的优势特色目标产业，大力发展精致型、集约型、外向型、高附加值型农业，推广优良品种、培育知名品牌，引导特色种养业向优势产区聚集发展，形成了一批以特色农产品生产、加工、销售为一体的农业专业化生产区域，在农业结构调整实践中取得了一定的成效。按照区域化布局、专业化生产的要求，福建省优化提升园艺、畜牧等支柱产业，加快发展畜禽、水产品、蔬菜、水果、食用菌、茶叶、烤烟、中药材等主导农产品，充分发挥区域和资源优势，初步建立了以海峡两岸（福建）农业合作试验区为主体，以闽西北绿色农业产业带、闽东南高优农业产业带、沿海蓝色产业带为引领，以水果、蔬菜、茶叶、食用菌、畜禽等优势农产品加工产业集群为龙头，以粮食、水果、茶叶、蔬菜、食用菌、油料、畜禽、种业等基地为支撑的现代农业产业空间格局。

---

① 资料来源：《习近平关于国家粮食安全论述摘编》，中央文献出版社，2023年3月第1版。

特色农业就是将区域内独特的农业资源开发成区域内特有的名优产品，转化为特色商品的现代农业。发展特色农业是农业结构战略调整的要求，是提高农业国际竞争力的要求，是增加农民收入的迫切需要，是以追求最佳效益即最大的经济效益和最优的生态效益、社会效益和提高产品市场竞争力为目的，依据区域内整体资源优势及特点，突出地域特色，围绕市场需求，坚持以科技为先导，以农村产业链为主体，高效配置各种生产要素，以某一特定生产对象或生产目的为目标，形成规模适度、特色突出、效益良好和产品具有较强市场竞争力的非均衡农业生产体系。特色农业的关键之点在于"特"，特色农业之"魂"是唯我独存。自古以来就有"物以稀为贵"的道理，对于发展特色农业来讲，只有做到"人无我有、人有我优"才能"特"起来。特色农业之"根"是天赋，即独特的自然地理环境条件。各地的自然条件自古以来就有所不同，如果不切实际地盲目模仿别人，只能落个劳民伤财的后果。特色农业之"本"是传统，即通常所讲的种植、养殖或加工习惯，尤其是先进的农业科技。而"科技兴农"靠的就是科技进步，不排除有些种养传统是后天形成的，关键在于真正地形成传统，就不仅需要经历一个较长时间的逐步培养过程，而且一定要顺民心、合民意，即农民愿意干。

党的十九大报告指出，我国经济已由高速增长阶段转向高质量发展阶段。我国农业的主要矛盾已由总量不足转变为结构性矛盾，突出表现为阶段性供过于求和供给不足并存。东部沿海丘陵地区要实现产业兴旺，客观上要求县域经济在发展现代农业时，要全方位审视区域资源优势，因地制宜、分类指导，合理建立具有区域特色和优势的农业生产结构，促进地域分工和优势互补，形成以优质、特色农产品发展为重点，扩大特色农产品的生产规模，促进多目标、多层次、多途径、全方位的农业综合开发，进而提高农业资源的利用效率、农产品的竞争力和农业生产的比较效益，提高市场占有率，形成具有区域特色的农业生产基地。

虽然福建省在农业结构调整实践中取得了一定的效果，但由于各地对区域特色和优势缺乏科学的判别和区分，导致了许多县域主导产业定位不准、特色农业盲目扩大、产品结构单一雷同、经济结构水平低，且重复等不合理现象普遍存在。一方面，造成了区域优质专用农产品生产供给相对不足；另一方面，普通农产品销售不畅、大量积压，不仅造成资源浪费和生态环境的进一步恶化，也影响农产品的竞争力和农民收入的持续提高。

本书围绕我国社会主要矛盾的变化，探索福建农业农村的多元化功能，挖掘农业农村的多样化价值，以资源禀赋和地方特色优势为着力点，围绕粮食、水果、茶叶、蔬菜、食用菌、油料、畜禽等产业，结合林下经济、休闲旅游、健康疗养等乡村特色，促进农业农村的转型升级，实现农村一二三产业的融合发展，走质量兴农路线，为市场提供绿色、有机、健康、优质的特色产品，满足客户的个性化需求，满足人们对美好生活的向往。

本书十二章内容大致划分为三部分。

第一部分包括第一章至第三章。主要包括研究背景、理论分析以及特色农业现状剖析等。重点从宏观到微观，从理论分析到现状剖析，研究全球—国内—福建省特色农业发展的大背景和现实需求、理论依据、相关概念、国内外研究现状等，以及福建省发展特色农业在全国乃至全世界的独特优势、发展现状和存在的问题。以定性研究为主，主要涉及文献研究法和描述研究法。

第二部分包括第四章至第十一章。主要内容为福建省主要特色农业竞争力优势评价与区域布局。基于特色农业的理论分析以及对福建省特色农业现状剖析，引出本研究的主体部分——建立定量研究方法骨架。从计量角度测算和评价福建省县域特色农业资源布局，包括模型与方法构建、福建省十大类特色农产品优势分析，精选调查研究法、案例研究法、比较研究法3种有效方法。

第三部分包括第十二章。主要针对特色产业评价，提出发展路径与建议。以上述优势评价为依据，采用经验总结法，分别从科学发展观指导、农业服务体系保障、特色品牌带动、农业产业集群、科技示范园辐射、闽台农业合作推动、海上丝绸之路战略领航七方面提出福建特色农业发展的七条路径。

本书写作分工上，陈志峰作为项目主持人负责全书提纲制定、内容选择等。各章分工如下：第一章、第四章、第六章、第七章、第十章和第十二章由陈志峰完成，第二章、第三章、第五章、第八章、第九章、第十一章由刘新永完成，全书统稿由陈志峰和刘新永共同完成。

本研究课题获得福建省乡村振兴高端智库（XTCXGC2021022）、福建省新型智库重点课题（23MZKB09）、福建省科技计划——公益类科研院所专项（2020R1033005、2023R1031005）、福建省科技经济融合服务平台项目——福建省特色农产品加工科技经济融合服务平台的支持和资助。课题研究过程中，中国人民大学汤志鹏同学和福建农林大学洪晓彤同学协助资料统计和文献整理，同时本书得到了有关专家与同事的指导帮助，在此一并致谢。

由于时间比较仓促和课题组研究基础不足等方面因素，内容难免有不足与疏漏之处，恳请同行专家和读者不吝指正。

编 者

2023年8月

目　录

第一章　导　论 ··· 1
　第一节　研究背景 ··· 2
　第二节　研究框架 ··· 5

第二章　国内外特色农业发展历程、发展模式与研究借鉴 ·········· 11
　第一节　特色农业研究历程 ··· 12
　第二节　特色农业发展模式 ··· 13
　第三节　特色农业研究热点 ··· 14
　第四节　研究借鉴 ·· 19

第三章　福建特色农业发展现状 ······································ 21
　第一节　特色农业发展基础优势 ···································· 22
　第二节　县域特色农业发展现状 ···································· 26
　第三节　县域特色农业发展障碍因素 ······························· 29

第四章　竞争力评价与诊断预警模型构建研究 ······················ 37
　第一节　遵循统筹协调的基本准则 ·································· 38
　第二节　产业竞争力模块化评价 ···································· 41
　第三节　产业竞争力评价体系分析 ·································· 45
　第四节　福建特色农业分类及其竞争力评价方法 ·················· 54

第五章　特色茶叶竞争优势与区域布局研究 ························ 63
　第一节　研究方法 ·· 64
　第二节　县域竞争力测度与区域结构 ······························· 65

第三节　小结与政策建议··71

第六章　特色水产竞争优势与区域布局研究························75
　　第一节　福建水产品概况与研究··76
　　第二节　研究方法构建··77
　　第三节　县域竞争力测度与区域结构···80
　　第四节　小结与政策建议···93

第七章　特色粮油产业区域比较优势································95
　　第一节　福建省粮油产业概况···96
　　第二节　粮食产业比较优势与空间分布·······································98
　　第三节　油料产业比较优势与空间分布······································104
　　第四节　小结与政策建议···110

第八章　特色蔬菜和食用菌区域比较优势························113
　　第一节　福建省蔬菜产业区域比较优势与空间分布·······················114
　　第二节　食用菌产业区域比较优势与空间分布·····························120
　　第三节　小结与政策建议···136

第九章　特色果品产业区域比较优势······························141
　　第一节　福建省果品产业概况··142
　　第二节　仁果类果品产业比较优势与空间分布·····························145
　　第三节　核果类果品产业比较优势与空间分布·····························150
　　第四节　坚果类果品产业比较优势与空间分布·····························162
　　第五节　浆果类果品产业比较优势与空间分布·····························164
　　第六节　草本类果品产业比较优势与空间分布·····························170
　　第七节　小杂果类（柿）产业比较优势与空间分布·······················176
　　第八节　柑橘类果品产业比较优势与空间分布·····························178
　　第九节　荔枝类果品产业比较优势与空间分布·····························183
　　第十节　小结与政策建议···188

目 录

第十章　特色草食畜和猪禽蜂产业区域比较优势 193
　第一节　福建省畜禽产业概况 194
　第二节　各类畜禽产业比较优势与空间分布 196
　第三节　小结与政策建议 219

第十一章　花卉、烟叶、中药材和笋竹 221
　第一节　花卉产业 222
　第二节　特色烟叶 226
　第三节　中药材 230
　第四节　笋　竹 235
　第五节　小结与政策建议 240

第十二章　县域特色农产品布局优化与路径研究 247
　第一节　福建省特色农产品区域分布特点 248
　第二节　特色农产品区域优化 250
　第三节　福建省特色农业发展路径研究 259

参考文献 265

第一章 导论

第一节 研究背景

党的十九大首次提出了乡村振兴战略，强调把"三农"工作置于全党工作的重中之重，坚持农业农村优先发展，并明确了实施乡村振兴战略的20字总要求："产业兴旺、生态宜居、乡风文明、治理有效、生活富裕"。其中，产业兴旺是乡村振兴的重要基础，推进产业兴旺是实施乡村振兴战略的首要任务。要实现产业兴旺，发展乡村特色产业是首要选择，乡村特色产业是增加农民收入、推动质量兴农、化解社会矛盾、激发乡村产业发展活力、实现乡村全面振兴的根本保证。

一、产业兴旺是乡村振兴的重要基础

首先，产业兴旺是实现人民美好生活的基本保障。改革开放40多年来的飞速发展，人民生活水平得到了显著提升，进入新时代，人们对生活质量（特别是对食品质量）有了更高的要求。产业兴旺，不仅能够生产更多数量、更为丰富的农产品，而且能够提供更加优质、更加绿色、更加健康、更加安全的农产品，满足人们对美好生活的需要。其次，产业兴旺能创造稳定的收入来源。当前，我国大部分地区大多数农村都没有产业支撑，农民的收入大部分来源于外出务工，这也是"空心村"形成、乡村凋敝的重要原因。要改变这一现状，必须发展产业。产业兴旺，能为当地农民提供大量就业岗位，保证长期稳定可靠可观的收入来源，让其感受到乡村振兴战略带来的获得感，从而激发广大农民参与乡村振兴的积极性、主动性。最后，产业兴旺能汇聚资源、人才、资金、技术等生产要素，是实现乡村振兴不可或缺的基本条件，产业兴旺是关键。只有产业兴旺，才能为人们提供出彩机会，为资源合理配置提供平台，才能吸引和凝聚各方英才与资源，助力乡村振兴的持续推进。

二、产业兴旺是农业农村转型升级的落脚点

进入新时代，我国社会的主要矛盾转化为人民日益增长的美好生活需要和不平衡不充分的发展之间的矛盾。要解决城乡之间发展的不平衡、乡村发展的不充分这一基本矛盾，发展产业是唯一途径。产业兴旺不仅能带动城乡生产要素的双向流动，促进城乡融合发展，逐步缩小城乡居民间的收入差距，同时也能不断完善、补齐农村发展不平衡不充分的短板。乡村振兴战略把农业农村优先发展放在了首位，

赋予了乡村发展更多的主动权、选择权。乡村发展可以从传统农业农村中跳出来，围绕我国社会主要矛盾的变化，探索农业农村的多元化功能，挖掘农业农村的多样化价值，以资源禀赋和地方特色优势为着力点，大力发展林下经济、休闲旅游、健康疗养等乡村特色产业，促进农业农村的转型升级，实现农村一二三产业的融合发展。乡村要实现持久繁荣，避免"昙花一现"，必须有产业的支撑。只有产业兴旺，才能创造就业岗位，吸纳社会资源，留住资本人才；才能充实农民腰包，壮大乡村经济实力，从而为乡村的政治、经济、文化、社会和生态文明建设发展提供物质基础，最终为乡村的可持续振兴注入源源不断的动力。

三、特色农业是福建省产业发展优势所在

福建省山多田少，决定了农业无法以数量扩张和大规模经营获得现代农业规模效益，培育和发展优势和特色产业，以品质和效益取胜，生产高效特色农产品，是福建现代农业发展战略的必然选择（刘荣章，2012）。众所周知，福建省地处我国东南山海接合的丘陵地带，土地类型错综复杂、自然环境多种多样、光热资源和生物资源丰富，且各地的自然、经济、社会等条件有较大的差异性，县域地区之间表现出较大区域比较优势差异，为发展特色现代农业奠定了良好的基础。福建省素有"南方水果之乡"和"茶树品种王国"的美誉，茶、菜、果、菌等园艺作物均在全国占有重要位置。2014年11月，习近平同志在福建调研时强调，福建农业多样性资源丰富，多样性农业特点突出，要围绕建设特色现代农业，努力在提高粮食生产能力上挖掘新潜力，在优化农业结构上开辟新途径，在转变农业发展方式上寻求新突破，在促进农民增收上获得新成效，在建设新农村上迈出新步伐。近年来福建省大力鼓励发展特色现代农业，形成了一批以特色农产品生产、加工、销售为一体的农业专业化生产区域，在农业结构调整实践中取得了一定的效果。按照区域化布局、专业化生产的要求，福建省优化提升园艺、畜牧等支柱产业，加快发展畜禽、水产品、蔬菜、水果、食用菌、茶叶、烤烟、中药材等主导农产品，充分发挥区域和资源优势，初步建立了以海峡两岸（福建）农业合作试验区为主体，以闽西北绿色农业产业带、闽东南高优农业产业带、沿海蓝色产业带为引领，以水果、蔬菜、茶叶、食用菌、畜禽等优势农产品加工产业集群为龙头，以粮食、水果、茶叶、蔬菜、食用菌、油料、畜禽、种业等基地为支撑的现代农业产业空间格局。"十三五"末，福建省提出力争打造茶叶、蔬菜、水果、畜禽、水产、林竹、花卉苗木等7个全产业链总产值超千亿元的优势特色产业。围绕这一目标，福建将大力发展精致型、集约型、外向型、高附加值型农业，推广优良品种、培育知名品牌，引导特色

种养业向优势产区聚集发展。因此，在实现农业现代化道路上，发展特色农业是福建省一项长期的战略选择。

四、发展乡村特色产业有利于推进农业供给侧结构性改革

党的十九大报告指出，我国经济已由高速增长阶段转向高质量发展阶段。我国农业的主要矛盾已由总量不足转变为结构性矛盾，突出表现为阶段性供过于求和供给不足并存。东部沿海丘陵地区要实现产业兴旺，客观上要求县域经济在发展现代农业时，要全方位审视区域资源优势，因地制宜、分类指导、合理建立具有区域特色和优势的农业生产结构，促进地域分工和优势互补，形成以优质、特色农产品发展为重点，扩大特色农产品的生产规模，促进多目标、多层次、多途径、全方位的农业综合开发，进而提高农业资源的利用效率、农产品的竞争力和农业生产的比较效益，提高市场占有率，形成具有区域特色的农业生产基地。

虽然福建省在农业结构调整实践中取得了一定的效果，但由于各地对区域特色和优势缺乏科学的判别和区分，导致了许多县域主导产业定位不准、特色农业盲目扩大、产品结构单一雷同、经济结构水平低且重复等不合理现象普遍存在。一方面，造成了区域优质专用农产品生产供给相对不足；另一方面，普通农产品销售不畅、大量积压，不仅造成资源浪费和生态环境的进一步恶化，也影响农产品的竞争力和农民收入的持续提高。发展乡村特色产业，就是走质量兴农路线，它能为市场提供绿色、有机、健康、优质的特色产品，满足客户的个性化需求，满足人们对美好生活的向往。

五、发展乡村特色产业是化解社会突出矛盾的主要抓手

产业发展滞后导致农村大量农民外出务工，人口流失严重，乡村"空心化""妇幼化""老龄化"现象严峻，由此也导致了一系列的社会问题，如留守儿童、空巢老人越来越多，离婚率越来越高，青少年犯罪越来越普遍等。发展乡村特色产业是撬动乡村发展的支点，一旦有了产业，农民收入就有了保障。产业一旦兴旺，就能创造更多的工作岗位，从而避免人口流失，化解社会矛盾，实现乡村的和谐发展，激发乡村发展的潜力，激活乡村发展活力，为乡村的全面振兴提供根本保证。

因此，本研究以县域特色优势农业的产业发展调查为基础，并建立一套客观度量区域特色农业资源、评价区域发展优势和农业产业结构，进而预测指导区域特色产业发展的综合经济信息服务体系，为各级政府和有关部门正确认识和发展特色农业、调整农业产业结构，提供科学数据指导和理论参考，具有重要的理论价值和现实意义。

第二节 研究框架

一、理论基础

(一) 比较优势理论

1776年,在《国富论》中亚当·斯密(Smith)以"每一个精明的家长都知道的格言"将绝对优势理论带入了人们的视野,开创了比较优势理论的源头。1815年,罗伯特·托伦斯在《国外谷物贸易论》一文中明确阐述了相对比较优势理论。1817年,大卫·李嘉图在《政治经济学及赋税原理》一书中将相对比较优势理论放在了一个更加宏观的理论系统中进行阐述。按照李嘉图的观点,比较优势,即不同国家生产同一种产品的机会成本差异,该差异源于各国产品的劳动生产率差异,劳动生产率不同的国家根据相对优势进行生产和交换,双方均可获利。相对比较优势理论的诞生标志着国际贸易理论总体系的建立,确立了其后国际贸易理论发展的方向,在国际贸易理论中占据着主流地位(欧玉芳,2007)。然而,李嘉图的比较优势理论存在一定的局限性:一是其理论仅涉及劳动力一种生产要素;二是该理论难以解释多种要素的影响。

相对比较优势理论经赫克歇尔、俄林(提出要素禀赋差异在确定比较优势和国际贸易中的重要作用),赫尔普曼和克鲁格曼(引入规模经济来分析比较优势),筱原三代平(构建动态比较费用论,认为比较成本是可以转化的,劣势的产品有可能转化为优势产品)等后续学者对原模型中的假定修正、新经济影响因素的引入,加强了其对现实的解释力,最终形成了现代比较优势理论。比较优势理论是特色农业最核心的理论,依据该理论,不同国家或地区因为自然资源禀赋或社会经济发展条件各异,所以发展特色农业都可能存在先天或后天的比较优势。即便无自然禀赋优势的国家或地区,也可以通过经济再生产创造和发挥比较优势来发展特色农业。

(二) 钻石模型理论

竞争优势理论的系统构筑者是迈克尔·波特。波特于1980年、1985年和1990年相继出版了其著名的竞争三部曲:《竞争战略》《竞争优势》和《国家竞争优势》。三部著作一脉相承、自成体系,成为现代管理学界的权威论著。《竞争战略》

运用作用于一个产业的5种竞争力模型,确定了分析产业及其对手的理论框架,提出了获取竞争优势的成本领先战略、差异化战略和目标集中战略。《竞争优势》采用价值链分析方法,论述了企业如何获取竞争优势的方法和途径。《国家竞争优势》利用所构建的"钻石体系"模型,探讨了国家、州(省)与其他地理区域如何取得持久竞争力的问题。迈克尔·波特认为竞争优势理论与比较优势理论的区别在于:后者集中在宏观经济政策(政府预算赤字、货币政策、市场开放或民营化)或劳动力、自然资源、资本等生产要素方面;前者则突出强调主要根植于商业环境的地点竞争力,认为劳工、资本和自然资源并不能决定繁荣,因为取得这些资源并非难事,竞争力来自企业以当地的资源生产出更具价值的商品和服务的生产力,生产力的提高则离不开国家和区域的竞争环境(李曼,2008)。迈克尔·波特的钻石理论认为,需求状况、要素状况、相关和支撑产业及企业战略、结构与竞争四大因素相互作用决定国家竞争优势,政府与机会则是影响竞争优势的两大变数。由此,钻石理论认为,一个国家或地区可以通过政策、技术等手段打破自然资源局限来创造特色,可通过发展特色产业来提高产业竞争力。

(三)产品差异化理论

对产品差异化(Product Differentiation)问题的研究起始于20世纪30年代关于垄断竞争问题的讨论。20世纪70年代以后,随着博弈理论的不断发展及其在经济学领域应用的不断深入,有关企业产品选择以及产品差异化理论的探讨迅速成为产业组织领域热门的研究课题,并且由于其跟垄断竞争理论、技术创新、进入壁垒、不确定性以及信息性广告等内容的密切联系,使其成为经济学研究领域涉及范围最广、成长速度最快、近期成果最丰富的研究前沿之一。作为产业组织理论中重要的研究领域之一,产品差异化理论的中心课题是研究市场中的价格形成机制和企业竞争条件下的产品选择策略,从"外部"探讨了产品差别及其差别程度的识别与描述问题,构建和改进了对该问题富有意义的分析模型,得到了对产业问题研究和社会福利实现的有益结论(孙赛英,2004)。产品差异化理论认为差别化的产品在市场竞争中可以在保持销售量的前提下获得价格优势,从而实现总收入增加。一般而言,差别化就是特色化,发展特色农业就是实施差别化策略,从而满足人们多样化的农产品消费需求,增强农业产业竞争力。

(四)农业区位论

德国农业经济学家约翰·冯·杜能根据在德国北部麦克伦堡平原长期经营农场

的经验，于 1826 年出版《孤立国对农业及国民经济之关系》一书，首次提出农业区位理论模式，即在中心城市周围，在自然、交通、技术条件相同的情况下，不同地方对中心城市距离远近所带来的运费差，决定不同地方农产品纯收益（杜能称作"经济地租"）的多少，纯收益成为市场距离的函数。按这种方式，形成以城市为中心，由内向外呈同心圆状的 6 个农业地带。杜能以后，大批农业经济学家先后多次论证、应用和修订杜能的农业区位学说，如劳尔应用杜能理论，把全世界农业经营类型按集约程度排列为七大农业经营地带，并以西北欧工业区域为世界农业集约化中心。由于杜能学说只考虑市场距离对农业布局的影响，具有一定的现实局限性。因此，现代农业区位论除考虑这一因素外，还考虑自然、技术、社会、行为、政策因素。此外，研究农业区位更多关注农业区域的优化组合，以便为农业决策提供科学依据。杜能的农业区位论以及现代农业区位论的核心思想对特色农业的优化布局起到了重要的启示作用。

二、相关概念

（一）县域特色农业

"特色农业"的概念，学术界尚未形成统一界定。典型的界定主要有：2002 年农业部印发的《关于加快西部地区特色农业发展的意见》中指出，特色农业是指具有独特的资源条件、明显的区域特征、特殊的产品品质和特定的消费市场的农业产业（曲悦嘉，2012）。谢莉研究认为，特色农业是一种以市场需求为导向，在区域比较优势突出的特定区域，采用特有的农业生产技术和经营管理形式，生产、加工出具有特殊品质、功能或性能，且具有特殊市场竞争优势的农产品的产业。特色农业最突出的特点是其生产区域性、产品名贵性、品牌独特性和市场价格的优势性（谢莉，2003）。邹冬生将特色农业归属于一种可持续发展农业，其生产基础是充分发掘当地特色资源，尊重并且保护自然和生态环境，对资源做到合理开发、有序利用，从而转变粗放的农业生产经营方式，走集约化农业发展道路（潘正宗，2014）。李金良等将特色农业视为一种主导某一地域农村经济发展的高效农业，这种农业是在遵循市场经济的客观要求，依托当地独特的自然地理、气候资源、产业基础和条件下产生的。与常规农业相比，特色农业具备一定规模优势、市场竞争优势和品牌优势（李金良，2000）。程炯认为特色农业是一种达到一定生产规模和产业化程度的农业生产体系，其农产品生产具有特定区域资源优势，且与市场经济相适应，因而形成很强的市场竞争力和显著的经济效益（程炯，2001）。姚庆林（1999）把农民的主观意愿纳入特色农业概念中，认为特色农业就是在充分尊重农民意愿的基础上，根据当地实际，发展具有独特优势和产品优势，市场竞争力和经济效益显著，农业产业化和规模化经营的市场农业。

综合诸多学者的定义，"特色农业"主要围绕"区域适宜性""生产高效性""产品特色性""产量规模性""市场广阔性""发展持续性"等关键点进行阐述，特色农业的内涵可总结为以下几点。

（1）特色。所谓"你无我有""你有我优"，是特色农业区别于常规农业的显著标志。"你无我有"主要是指产品品种、品质、上市的时间、营销服务等方面的优越性和特色性。"你有我优"就是指在竞争对手也有条件生产和提供同种特色产品的条件下，自身的特色农产品质量更好、服务更完善（崔雨晴，2011）。

（2）高效。特色农业是以质量和效益为标准的高效农业。不仅体现在生产的高效，而且体现在与市场和需求紧密相连，具有高投资回报率和高经济效益。

（3）规模。即特色农业是一个系统的农业产业工程，体现在运用现代农业生产技术和管理理念，以农业产业化、规模化和集约化经营为特征的市场型农业。

（4）区域。即在综合评估区域自然生态环境的基础上，充分利用自然地理环境优势，通过合理开发和专业化生产使其区域优势有效地转化为产品优势与产业优势。

"县域特色农业"是指在县域单元内发展的特色农业。县域作为一种相对独立而又规模适中的行政区域，在培育特色农业产业上具有特殊地位。县域在自然资源、地理位置和交通条件、产业结构以及科技、文化教育、人口与生活习惯等方面具有各自的特色和优势，在特色农业产业化发展中区域尺度规模适中，便于形成地理品牌。同时，发展特色农业产业也是增强县域农业竞争力的有效途径。

（二）农业竞争力

竞争是经济学中的一个核心概念。斯蒂格勒在《新帕尔格雷夫经济学大辞典》中这样定义竞争：竞争系个人（或集团或国家）间的角逐，凡两方或多方力图取得并非各方均能获得的某些东西时，就会有竞争。这一定义简单说明，竞争源于人们对某种东西的共同需求（尹志超，2005）。

农业竞争力可以理解为一种通过农产品在市场上相对其他竞争主体表现出来的农业生产的综合竞争能力。它以农产品在市场上的竞争能力为表象，反映的是农业生产应对自然变化、应对市场变化从而保持的一种相对的综合生产能力。它包括满足市场需要的农业生产适应能力、农产品对市场的占有能力、农业生产的盈利能力、农业可持续发展能力、农业发展的抗风险能力以及通过产业结构优化、生产组织创新等方式所产生的潜在竞争力（苏航，2004）。农业竞争力含义包括两个层次。

第一个层次，国家或地区的农业竞争力。在这一个层面上，农业的竞争力体现在本地整个农业产业与本地其他产业或其他地区农业产业的相对竞争优势，也就是产业吸引力，这种产业吸引力既取决于农业的市场结构，也取决于每一个农业生产的微观主体——农业企业和农户的行为。合理的市场结构有利于营造有效的竞争格局，保护农业企业和农户的积极性，促进农业生产的发展和农产品市场的健全。

第二个层次，农业企业和农户的农产品竞争力。这一个层次上的农业竞争力是针对农业产业内的微观主体。因此，农业企业和农户的农产品竞争力主要取决于成本优势、产品差别和目标的集中，或者更通俗一点，农产品的竞争力体现在同质的农产品价格更低，同价的农产品质量更好，同质同价的农产品品种更新。

三、研究框架

（一）基本结构

本研究共分为三大板块。

一是特色农业的理论分析以及对福建省特色农业现状剖析。此板块主要从宏观到微观，从理论分析到现状剖析，主要研究"全球—国内—福建省"特色农业发展的大背景和现实需求、理论依据、相关概念、国内外研究现状等，以及福建省发展特色农业在全国乃至全世界的独特优势、发展现状和存在问题。本板块以定性研究为主，主要涉及文献研究法和描述研究法。

二是特色农业竞争力评价与区域布局。基于第一板块对特色农业的理论分析以及对福建省特色农业现状解剖，引出本研究的主体板块——建立定量研究方法骨架。从计量角度测算和评价福建省县域特色农业资源布局，包括模型与方法构建和福建省十大类特色农产品研究分析。该板块以定量研究为主，精选了调查研究法、案例研究法、比较研究法3种有效的方法。调查研究法主要体现在对福建省67个涉农县域或84个县区市进行农业十大类特色产业发展意愿调查和数据资料整理；针对十大类特色农业产业竞争力评价与区域布局。

三是发展路径与建议。以上述研究结果为依据，采用经验总结法，分别从科学发展观指导、农业服务体系保障、特色品牌带动、农业产业集群、科技示范园辐射、闽台农业合作推动、海上丝绸之路战略领航七方面提出福建特色农业发展的七条路径。

（二）技术路线

本研究主要采用的研究方法和技术路线参见图 1-1。

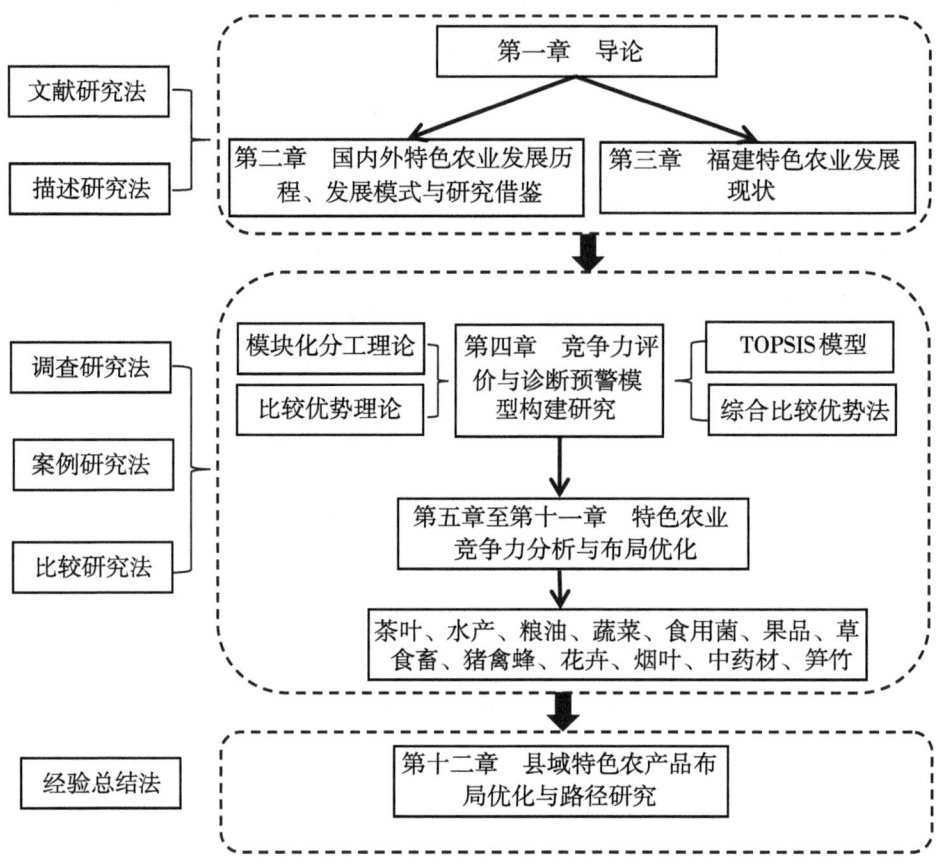

图 1-1 本书技术路线

第二章 国内外特色农业发展历程、发展模式与研究借鉴

第一节 特色农业研究历程

随着全球农业生产专业化、特色化与规模化趋势越来越明显，特色农业区域化发展已然上升到国家新一轮农业革命的战略性地位并成为农业现代化发展的重要标志。特色农业是在我国农业经济发展到一定阶段下孕育而成的。根据区域比较优势，大力发展特色农业是推进我国农业供给侧结构性改革，构建农业"接二连三"全产业链模式，加快培育农业农村发展新动能的有效方法。特色农业以其生产效率高、产业融合强、区域特色优、经济效益好等优势成为各地农业经济发展的亮点。

一、国内外特色农业发展历程

特色农业的研究最早出现在20世纪50年代的发达国家（卢小雅，2009），"特色农业"的提法国外更多使用的是带有产业属性特色的"有机农业""设施农业""观光农业""休闲农业""可持续农业""多功能农业""都市农业"等，而以"特色农业"为对象的整体研究不多。国内对特色农业的探索和实践萌芽于20世纪80年代。从微观尺度来看，特色农业研究主要以区域性农业的特色研究为主，如对汕头特区农业特色的研究（王杨泽，1985），对闽南三角洲地区南亚热带特色的农业生产研究（郭春良，1986），对具有福建特色的农牧业生产布局和结构的研究（陈清寿，1986）。从宏观尺度来看，站在国家层面的高度，多围绕"有中国特色的农业发展道路"进行研究（林子力，1983；武文军，1988）。特色农业的概念与内涵逐渐形成，在诸多区域都开展了广泛的研究和探讨，也取得了许多实际成果。例如，方志权（1994）提出上海发展"高优高"农业要朝着有地方特色、高效益、优质、精深加工、高科技含量、外地难以代替的方向发展，在质量、时间、科技、加工等方面取胜，占领市场，形成集团，形成独特的优势。韩树（1997）总结了河北蔚县形成的以6条"龙型"产业链为特色的农业产业化新格局。刘学东等（1998）探索了辽东山区微型小流域特产资源的经营与开发。研究主要停留在特色农业案例及其现状、路径、模式等定性描述，缺乏定量研究和技术支撑方面的探索。

二、福建特色农业的研究历程

21世纪以来，特色农业研究进入了快速发展期。特色农业理论内涵、研究视角、研究区域、研究方法都取得了可喜的成果。特色农业的发展研究与诸多社会经济问题有机融合,为区域发展提供了有力的借鉴,并且引起了政府的高度关注。早在 2003 年,福建省就提出了发展 3 个特色农业产业带、4 个主导农业产业、9 个重点特色农产品的"三四九"现代农业发展战略(刘荣章 等,2012)。2004 年中央一号文件《中共中央 国务院关于促进农民增加收入若干政策的意见》明确指出鼓励各地发挥区域比较优势,建设农产品产业带,第一次从国家战略意义上提出大力发展特色农业。此后,农业部相继制定并颁布《特色农产品区域布局规划(2006—2015 年)》和《特色农产品区域布局规划(2013—2020 年)》。在国家政策的鼓励和科研项目的推动下,特色农业研究朝着多元化、纵深化发展。

第二节 特色农业发展模式

一、国外特色农业发展模式

国外在农业发展中高度重视特色农业发展,以特色铸造品牌,形成了大量成功的模式,可概括为三大类型。①致力于以提高土地生产效率、种植高附加值农产品为主要特色的耕地资源短缺型,以日本的"一村一品"、荷兰花卉园艺、以色列高效节水农业为代表。②以大范围使用农业机械替代劳动力来提高农业生产率和农产品总产量为主要特色的劳动力短缺型,以美国、澳大利亚和加拿大的"大农业模式"为代表。该模式将全国划为不同的"农业生产区",以大农场经营为主体,每个区域主要生产一两种专业化农产品。③以中小农场经营为主,注重农业生产的综合效益为主要特色的土地、劳动力适中型,以法国和德国为代表。法国作为欧盟最大的农业生产国,实行"理性农业"发展模式,即在农业种植过程中,全面兼顾和通盘考虑生产者经济利益、环境保护和消费者需求,以实现农业可持续发展。德国的"综合型农业发展模式"是欧洲国家发展循环农业经济的典型代表。

二、国内特色农业发展模式

国内经历了十几年的积极探索,各地特色农业实践遍地开花,涌现出了一些具有借鉴意义的模式:以内蒙古乳业为代表的龙头企业带动模式,以山东寿光蔬菜产业为代表的专业批发市场带动模式,以漳州台湾农民创业园为代表的农民创业园带动模式,以云南花卉产业为代表的政府引导模式和以陕西苹果产业为代表的主导产业带动模式等（陈毅谦，2009）。孙晓一（2013）从生产要素和产业化两方面探讨了宁南山区的特色农业发展模式，提出了区位农业模式与创新组织结构模式相结合、示范农业模式与市场主导模式相结合、工程农业模式与企业带动模式相结合的发展思路。金莲等（2010）分别从生产要素、区域化和产业化三个方面对目前特色农业发展模式进行归类，共提出了3类共15种特色农业发展模式。邓如飞（2013）通过对珙县特色农业分析研究，提出了龙头企业带动型和专业合作组织带动型两种特色农业产业化发展模式。

第三节　特色农业研究热点

一、特色农业发展机制与战略

研究特色农业机制按系统论的观点解释就是分析特色农业系统发展中主要影响因素、各因素对特色农业发展的影响以及各因素之间的关系。方伟（2005）通过对陕西"一线两带"地区的研究发现，农户在农业资源低效和收入低微的现状下，不愿发展特色农业的原因在于市场激励的失效和缺乏外部的非市场激励机制。并且从分工和风险两方面分析了该地区特色农业发展的激励因素以及这些因素与特色农业的相关性，建立了一套促进特色农业持续发展的激励机制。任修霞（2013）对特色农业发展机制的归纳认为：制度创新、技术进步和市场改革三者是不断推进的历史过程，特色农业发展汇合在这三个历史过程中，相互嵌入、耦合。当制度无法促进农业技术进步时应进行必要的制度创新，当制度创新的边际效果不明显时需注意技术创新，而当前两者的效应都明显时，就应该进行市场改革，有时也需三者同时进行。胡平波（2011）运用主成分分析法发现自然资源禀赋、当地社会历史与文化、集群网络结构与关系、政府支持下的经营环境以及农产品质量与市场开发五大主成分构成了对江西特色农业产业集群的发展动力。张贝贝（2015）运用层次分析法分析了环境污染对区域特色农业发展影响的关键因素。李丽敏等（2010）基于"钻石模型"理论，以生产要素、各类型企业、基地建设、国内外需求为基本要素，产区政府作用和销区机会为辅助要素，建构了特色农业产业成长动力模型。黄红群（2009）以浙江省四明山镇为例分析了政府角色在特色农业发展中的作用。

机制研究最终是服务于发展策略，在对特色农业发展献计献策中，柳一桥（2013）提出发展特色农业应发挥政府主导作用，进行适度规模经营，健全服务体系，打造特色品牌以及发挥科技的带动作用。陈光政等（2015）通过对福建特色现代农业的调查，认为需采取妥善推进农村土地流转、创新农村金融服务、提升科技创新能力、加强政策扶持等措施来加快发展。黄可人等（2013）对广西特色农业的发展现状进行分析，提出了扶持特色农业中龙头企业的发展、整合特色农业产业链、促进特色农业产业集群化发展的建议。伍小玲（2010）认为酒泉特色农业产业可持续发展应该从加大科技投入、着力提高农民技能、加快农村土地承包经营权流转、增加农业资金投入和全面发展高效节水型农业五方面发力。袁久和等（2011）认为农民经济合作组织是链接西部特色农业产业链条的重要纽带，西部特色农业产业化经营应逐步提高农民合作的"纵向一体化"水平。

二、特色农业产业化与竞争力

将农业资源优势转化为市场竞争优势，是区域特色农业发展的最终目标，而产业集群和产业链耦合是提升特色农业产业附加值和竞争力的有效途径。特色资源开发、技术开发、农业结构调整、规模化开发和基地化经营、农产品的深度市场开发和资本运作等方面都离不开产业化经营，产业化与特色农业相结合是现代农业经济的基本特征（叶永青，1996）。因此，特色农业竞争力与特色农业产业化、产业集群和产业链关系密切，相关研究也紧密结合。

叶永青（1996）以中药材产业为例，从产业链发展角度构建种植环节—生产环节—销售环节—区域政府作用的贵州特色农业产业现代化影响因素模型，并分别提出了从特色农业资源种植、农产品加工与流通环节以及政府扶持三个方面着手推动特色农业产业现代化建设。费瓴（2009）运用群层次分析法提炼出特色农业产业链中农产品加工企业与其下游销售商之间的纵向一体化、参股战略、市场购买、长期合同，四种联结方式的战略选择方法。魏霖静等（2006）认为物联网技术能够从品牌影响力、食品安全和智慧农业三方面提升兰州特色农业产业链竞争力。

俞燕（2015）以新疆吐鲁番葡萄集群为例，运用结构方程模型（SEM）对特色农业集群区域品牌形成机理模型进行验证。验证表明，地理资源禀赋与政府支持是影响特色农业集群区域品牌形成的基础因素，供应链品牌协作与区域文化是核心驱动力。石红梅（2007）以福建安溪特色茶产业为例，提出了在农业产业化进程中发展特色农业，要用生产的标准化加强特色农业基地建设，以经营的企业化培育特色产业组织，产品的品牌化提升特色产品质量，并注重环境经济协调互惠，实现特色产业的可持续发展。

黄海平（2010）运用 GEM 模型对新疆特色农业产业集群竞争力进行了定量分

析，认为新疆特色农业产业集群具有一定的潜在竞争优势，但与发达地区相比竞争力还不够强，进行 Pearson 相关性分析表明，新疆特色农业产业集群的发展可以有效提升新疆区域竞争力。樊宏霞（2012）运用主成分分析法、聚类分析、基于市场占有率分析、DEA/GRA 模型分别对内蒙古在国内省域中肉羊产业竞争力状况、内蒙古区域内肉羊产业竞争力状况和内蒙古区域内羊肉加工企业竞争力状况进行了评价研究，最后用组合评价法将以上 4 种评价结果进行有机综合。米婧（2013）运用模糊综合评价法，构建了评估多因素影响的特色农业产业核心竞争力综合模型。

多数学者偏好于以比较优势指数为基础进行特色农业竞争力研究，具体运用农产品市场占有率、贸易竞争力指数、成本收益、进出口贸易额、显性比较优势指数等指标反映特色农业竞争力。如 Leishman 等（1999）采用显性比较优势指数对阿根廷、澳大利亚、新西兰、南非、英国和乌拉圭等 6 个主要羊毛出口国的牧羊业的国际竞争力进行评价。Lee 等（2000）使用比较成本价格反映美国和加拿大的农业产业竞争力。龚大鑫（2012）分别采用资源禀赋系数法、成本收益分析法和综合比较优势系数法，依次从甘肃省特色农业资源的丰度、收益量和区域比较优势三方面分析甘肃特色农业竞争优势。李丽（2011）、滕明兰（2011）用国内比较优势指标和显示性指标做了区域特色农业竞争力评价。李双元（2006）从解释性指标和显示性指标两个方面构建了青藏高原特色农业国际竞争力的评价体系。李毅等（2007）运用国际竞争力评价指标体系下的市场占有率、贸易竞争力指数、显性比较优势指数对四川特色农业竞争力进行评价。

三、特色农业评价与预警

特色农业评价的目的在于把握特色农业发展现状、明确特色农业发展趋势，诊断特色农业发展问题，从而建立可持续发展的预警与长效机制。特色农业评价研究较为丰富，诸如发展态势评价、潜力评价、可持续发展评价、综合效益评价、生产效率评价、现代化水平评价等。王朝良（2008）运用模糊评价法构建了要素管理和竞争管理两大类，各有 3 个合成指标、9 项单项指标的评价体系对宁夏特色农业发展态势做了评价。郭丽英等（2006）从区域宏观层面对西北地区特色农业发展潜力做了客观评价，认为西北地区发展特色农业具有阶段性的市场潜力，已初步呈现出规模化和区域化发展态势，有利于增加农村就业机会和资本积累。孙红滨（2014）运用 AHP-模糊综合评价法对南疆地区核桃、红枣、杏树和扁桃 4 种果树的 19 种间作模式以及小麦—玉米、棉花两种模式做出综合效益评价。皮竟等（2015）使用层次分析法、多指标综合测定法建立重庆市特色效益农业发展水平评价模型。魏浩好（2015）运用 DEA 模型对云南省高原特色农业效率进行评价。崔雨晴（2011）构建了由目标层、准则层和指标层 3 个评价层次，资源系统、经济系统、社会系统和生态环境系统 4 个准则层和 24 个评价指标组成的评价体系，综合运用层次分析法和模糊综合评价方法对杨梅特色农业发展可持续性做出了评价。

建立特色农业诊断与预警机制是特色农业风险管理的重要环节。在已有的研究中对农业问题的诊断与预警提出了多种方案，例如基于多属性数据融合决策的智能化农业预警系统（苏晓燕，2011）、基于 IANN 的县域农业可持续性预警模型（张金萍，2011）、农业远程视频诊断系统（张元宝，2013）、农业病虫灾害预警诊断平台（刘海波，2012；籍延宝，2014）等。相对而言，针对特色农业的诊断预警研究尚且不足，朱鹤健（2000）提出建设闽东南特色农业开发带的建议，并进行了诊断与设计，提议应建立生态果园、良性循环的农业生产系统和特色农业决策系统。陈耀庭（2012）综合运用景气循环法、综合模拟法、灰色关联分析法对漳州台湾农民创业园特色农业做了持续发展与诊断预警研究。张华（2009）应用层次分析法确定区域特色农业持续发展诊断预警指标权重，运用灰色关联分析法和灰色预测法构建区域特色农业持续发展诊断预警模型，做了陕西铜川特色苹果产业持续发展诊断预警案例研究。熊鹰等（2016）基于 WebGIS 技术进行了特色林果农业气象灾害监测预警系统中的数据处理研究。

四、特色农业选择与区域布局

发达国家对特色农业的布局早期出现在农业专业化地带的研究中。德国地理学家 H·Engelbreoht 以气候为影响因子将世界农业生产划分为热带旱作地带、热带米作地带、亚热带棉花地带等 9 个地带（任修霞，2013）。法国地理学家 Jaseph Ktatzmann 以自然条件、经济效益以及其他人文影响因素，将法国划分为 8 个大农业区、24 个亚区和若干个小区（郭焕成，1989）。改革开放以来，随着农业经济与科技的发展，农业多功能划分成为农业区划的工作重点，其中，农产品供给功能区划方面主要集中在优势农业和特色农业的区域布局上（陶红军 等，2014）。2007 年和 2014 年农业部分别颁布了《特色农产品区域布局规划（2006—2015）》和《特色农产品区域布局规划（2013—2020）》，确定了特色蔬菜、特色果品、特色粮油、特色饮料等 10 类 144 种特色农产品的优势产区。

特色本质上是相对比较而言的，比较形成差异和特色（王长问 等，2014），从这个意义上讲，特色农业就是农业比较优势。因此，多数研究从农业比较优势分析入手来度量全国范围内同一农产品在不同区域之间或者相同区域内不同农产品之间的比较优势，依此确定特色农产品的布局和种类。研究者运用要素比率分析法测度了不同区域特色农业的比较优势（贾文雄，2008；陈彧，2008；邱本花 等，2015；李毅 等，2007；马福婷 等，2014；赵春雷，2016）。丁建国等（2012）采用灰色线性规划方法，对新疆南疆干旱区农业产业结构及生产布局进行了优化配置和合理布局研究。朱春江等（2006）以山东枣庄市为例，建立基于线性规划的农业种植业结构优化数学模型。提出应加大农业科技含量的投入，进一步改善农业机械总动力资源约束条件。章牧（2002）运用因子分析法、主成分分析法及聚类方法将闽东南各个县市的特色农业划分为四类，即城郊型设施农业、水果种植业、茶果菌混合型农业及水产养殖业，并对漳州市特色农业进行了宏观布局研究。邓如飞（2013）运用主成分分析法研究了四川珙县特色农业主导产业确定和区位布局。

农业生产是一种生物性生产，需要建立在生态适宜性的基础之上（朱鹤建，2000），各区域在自然、经济等要素复杂的组合下形成了农业的多类适宜性。可以说生态适宜性是农业经营之"本"，无本就无基础，也就更无特色。因此，在特色农业空间布局研究中，多数学者还会进行农产品生态适宜性分析。尹海红等（2009）根据怒江峡谷区域自然气候条件，结合具有特色农产品与优势农产品的特征与适生条件，选择核桃、漆树、草果、秦艽、油桐、花椒为主要特色农产品进行了空间布局调控。苏开敏（2011）运用GIS技术对福建省茶树用地开展适宜性分析并进行了区划，研究结果表明福建省大叶茶适宜种植用地均分布于沿海地区，中小叶茶适宜种植用地主要分布于闽北和闽东地区。

五、特色农业信息化

信息农业是高度智能化和信息化的系统产业，是将遥感、全球定位、空间信息、计算机、通信、自动控制、网络与农学、地理学、生态学、土壤学、经济学等基础学科有机融合的农业服务与生产管理系统（Waitt，1994）。自20世纪60年代美国与荷兰开创农业信息技术运用以来，国外的农业信息技术迅猛发展。欧美发达国家农业信息技术发展已进入产业化阶段，其研究与应用几乎涉及农业的所有方面，如农业数据和图像处理、农业专家系统、农业系统模拟、农业计算机网络、农业信息管理系统和农业决策支持系统等，并且催生了一批直接为农业系统提供服务的信息服务体系和软硬件产业（何离庆，2002；王刚 等，2002）。

我国农业信息技术的研究起步于20世纪70年代中后期，自80年代中后期以来，在国家科委（现科学技术部）、农业部（现农业农村部）的支持下，进行了农业专家系统及其开发工具、作物管理知识模型、作物生长模拟模型、信息服务网络、农业信息管理系统等系统的开发研究。我国农业信息化研究主要解决农业专家系统、农业计算机网络、农业系统模拟、农业信息实时处理、农业决策支持、农业数据和图像处理等问题。在农业信息管理系统建设方面已经形成了较为成熟的技术，诸如基于ORM农业信息管理系统的设计（黎冬媛，2011），基于Hadoop的农业信息资源管理（巨苗苗，2015），基于Web农信管理系统的建设（张芳 等，2013），基于P2P网络农信管理系统（徐东升 等，2006），基于RFID的育种材料田间布局统计系统（刘忠强 等，2017）等。而针对特色农业的信息化的研究还较少，现有研究集中于综合运用"3S"技术、DSS技术、ASP.NET技术和SQLserve数据库技术等的特色农业信息服务平台建设，如马彦图等（2016）运用ASP.NET技术、SQLserve2005数据库技术、采用B/S架构，设计了甘肃省特色农业产业资源信息服务平台，并实现了平台核心功能模块及专家咨询模块。李永（2011）以库尔勒香梨为例，将网络技术、数据库技术（SQLserve）等相结合，设计了基于WebGIS的新疆特色农产品信息系统。章牧（2002）设计了基于ComGIS的漳州市农业决策支持系统。黄传尉等（2009）运用数据库技术、"3S"技术、DSS技术进行了广东特色农业信息化服务平台构建。

第四节　研究借鉴

一、特色农业发展及研究

自20世纪80年代以来，我国学术界对特色农业的研究经历了从局部地区农业的特色模式探讨到概念化的特色农业理论与实践研究，再到构造区域性乃至全国性的特色农业优化布局和结构调整的探索历程。这个探索历程既是一个从萌芽到快速发展的纵向历史递进，又是一个从局部到系统的横向网络化的延伸。综合上述研究，可以得出以下结论。

首先，特色农业是在传统农业发展到一定阶段后孕育而成的，是在区域自然资源优势及生态适宜性基础上发展起来的富有地域特色的现代农业。其内涵囊括了"特色性""高效性""规模性"和"区域性"4个要义。

其次，特色农业定性研究以区域特色农业发展模式、机制、策略及战略等为主，定量研究以特色农业产业化与竞争力、特色农业评价与预警、特色农业选择与区域布局以及特色农业信息化等居多。定量研究普遍运用的数学方法有GEM模型、资源禀赋系数法、比较优势系数法和显性比较优势指数法等。

二、特色农业研究的思考

一是特色农业研究手段单一。现有的特色农业研究以定性居多，定量较少。而在定量研究上，虽然从农业资源、市场区位、生态适宜性、生产规模和经济效益等方面评价区域特色农业的方法日渐成熟，但多数评价还主要局限于运用比较优势的测定方法，采用的比较因素相对单一，有的只从经济、规模、资源、区位等某个方面进行研究，有的研究虽然考虑因素比较全面，但囿于现有条件的限制，在操作层面上受阻，因而对区域内外资源禀赋、生产效率和市场状况等难以达到评价的科学性、客观性和全面性。

二是特色农业研究区域宏观。目前多数研究以国家或者省域为研究尺度，而具体到县域的特色农产品生产发展模式的研究较少，尤其是依据比较优势原则对于县域特色农业产业结构和空间布局调整的定量分析更为鲜见。即使存在一定比例的地域空间差异化研究，但在思路、方法、分析等方面存在较大程度上的雷同，而国家、省域、市域、县域、镇域等因区域范围和客观环境不同，其研究思路和方法在客观上是不能完全套用的。

三是研究视角局限。除了分析区域特色农业发展优劣势、经验借鉴、发展模式、发展评价等通常研究思路外，特色农业的探索还期待出现更多与时代问题紧密结合的新视角。例如，在农业供给侧结构性改革方面，发展特色农业发展能提供哪些思路？面对市场失灵，各地特色农业结构同质化的路径依赖该如何破解？进入物联网和"农业+"时代，特色农业发展如何创新思维与现代高新科技深度融合，打造区域智慧农业中的新特色？在农村劳动力城市化转移不断推进的大趋势下，特色农业发展在培育新型农民、化解农村空巢化与城乡二元化、保障粮食生产等方面如何起作用？空间研究文化转向中，区域文化对区域特色农业经济发展有何作用机理与效应？

总之，在以互联网和现代科学技术为主要特征的"农业3.0"时代下，农业与其他产业的深度融合成为必然趋势，同时也意味着特色农业的研究思路和涉及领域将不断拓宽，制约特色农业可持续发展的社会因素、市场因素将更为复杂。因此，未来特色农业的研究仍然具有广阔的空间和强大的吸引力。

第三章 福建特色农业发展现状

第一节　特色农业发展基础优势

一、自然地理优势

（一）区位优势

福建省地处中国东南沿海，依山傍海，东北与浙江省毗邻，西部与江西省接界，西南与广东省相连，东隔太平洋西岸南北通衢的必经之地台湾海峡，居于中国东海与南海交通要冲，是中国距东南亚、西亚、东非和大洋洲较近的省份之一，是海峡西岸经济区的主体，也是"21世纪海上丝绸之路互联互通建设的重要枢纽"，南北对接珠江三角洲和长江三角洲国内两大经济发达区域，西向纵深与江西等内陆省份经贸往来密切，2015年4月21日，福建自由贸易试验区成立，为福建省深化两岸经济合作、扩大对外开放带来了新机遇。

以福州、厦门为中心，正在构建服务中西部的东南沿海的对外开放综合通道，四通八达的海陆空立体交通网络为特色农产品及其配套产品运输带来高效性。近年来，福建加快拓展海上通道，已建成万吨级以上泊位168个，集装箱外贸航线达到138条；空中通道不断加密，国际航线46条，港澳台航线17条，打造了福州、厦门两大门户枢纽机场和晋江、武夷山、冠豸山、沙县4个区域干线机场；逐步完善铁路、公路网，构建起畅通的陆路运输通道。截至2022年，福建高速公路总里程达5 020千米，铁路运营里程突破3 300千米，实现了"县县通高速公路、市市通动车"。优越的经济区位条件以及高效的现代化交通运输网络为福建省特色农产品贸易提供了广阔的国内、国际消费市场。

（二）地形地貌优势

福建省地势总体上西北高东南低，横断面略呈马鞍形。地形以山地丘陵为主，被称为"八山一水一分田"。因受新华夏构造的控制，在西部和中部形成北（北）东向斜贯全省的闽西大山带和闽中大山带，两列大山带构成福建地形的骨架。闽西大山带，由武夷山脉、杉岭山脉等组成，北接浙江仙霞岭，南连广东九连山，长530多千米，平均海拔1 000多米，是闽赣两省水系的分水岭。山带北高南低，主峰黄岗山，位于武夷山市境内，海拔2 158米，是中国东南沿海诸省的最高峰。中部的闽中大山带，被闽江、九龙江截为三部分，闽江干流以北为鹫峰山脉；闽江与九龙江之间称戴云山脉；九龙江以南为博平岭。山带中段的山势最高，山体最宽。德化境内的戴云山主峰，海拔1 856米，为闽中大山带最高峰。以两大山带的主要山脉为脊干，分别向各个方向延伸出许多支脉，形成纵横交错的峰岭，两大山带之间为互不贯通的河谷、盆地。东部沿海地带，则广泛分布着丘陵、台地和滨海平原。沿海地区地貌格局以多海湾、多半岛的曲折海岸线为主体。由于经历多次海侵、海退，形成多级不同高度的海滨阶地、海蚀红土台地。原先的古海湾，由于河海的交互堆积，形成冲积、海积平原，著名的有福州平原、兴化平原、泉州平原、漳州平原，总面积1 865平方千米，是省内耕地集中区，亦是福建省经济文化最为发达地区。

福建省复杂多样的地形地貌格局不仅为农作物多样化生长创造了必要条件，而且使地理单元相对独立，土壤、空气、水污染较轻，生态环境优美，具备发展绿色食品、有机食品的良好环境，为特色产业带形成奠定了基础。

（三）气候优势

福建省位于北回归线附近，西北有山脉阻挡寒风，东南又有海风调节，受季风环流和地形的影响，形成暖热湿润的亚热带海洋性季风气候。福建省年降水量1 400～2 000毫米，是中国雨量最丰富的省份之一；年平均气温15～22℃，日照时数为1 700～2 300小时，全省70%的区域≥10℃的积温为5 000～7 600℃，热量丰富。福建省内气候区域差异较大，闽东南沿海地区属南亚热带气候，闽东北、闽北和闽西属中亚热带气候，各气候带内水热条件的垂直分异也较明显。气温和降水从东南向西北递减，沿海岛屿由于缺乏地势抬升而降水量偏少。无霜期内陆为260～300天，闽东南沿海达300～360天，木兰溪以南几乎全年无霜。平均气温1月5～13℃，7月25～30℃。降水季节分配不均，有较明显的雨季和干季；3—6月为雨季，占全年降水的50%～60%，7—9月是台风季，降水量较多，10月至翌年2月为旱季，降水较少。农作物闽东南沿海可一年三熟，适宜甘蔗等喜高温作物和亚热带植物生长，其他地区可一年两熟，适宜种植水稻和茶树等。福建省气候的差异性满足了不同农作物生长对水热条件的需要，孕育了沿海和内陆多种多样的特色农业产业。

（四）资源优势

福建省农业资源丰富，具备培育特色农业产业的优越条件。一是农作物种类丰富。虽然福建人均耕地面积不及全国平均水平的一半,但是省内植物种类3 000多种,有丰富的粮食作物、油料作物、工业原料作物、果茶、蔬菜、花卉、食用菌等资源。闽西北山区是素有"福建粮仓"之称的产粮区,还盛产茶、烟、菇、笋等土特产,闽东南粮食作物一年可三熟,并盛产水果、工业原料作物等。二是海洋资源独特。全省海域面积13.6万平方千米,海岸线长332千米,居全国第二。厦门、福州两大港口是全国十大港口。淡海水鱼类有500多种,占全国种类的一半,人均水产品拥有量多年来居全国首位,是我国主要产渔区。三是森林资源丰富。福建是中国四大林区之一,素有"南方绿色宝库"之称,年平均气温15～22℃。森林覆盖率63.1%,居全国首位。林地面积600多万公顷,木材蓄积量5.32亿立方米,产量居全国第三。木本植物近2 000种,用材树种400多种,竹类140种,林产业前景广阔。四是水资源总量充裕。福建地处丰水带,共有29个水系,较大的河流有闽江、九龙江、汀江、晋江等。全省人均水资源约4 400立方米,水资源总量和人均拥有量居全国前十位。全省水力资源理论蕴藏量1 181万千瓦,可开发利用1 075万千瓦,居华东之首。可供开发利用的潮汐能源达1 000万千瓦以上,居全国之首。福建省丰富的山海资源,具有发展农、林、牧、副、渔等综合农业的有利条件。

二、人文经济优势

(一) 政策优势

福建发展特色现代农业的政策获得国务院和有关部委的大力支持。2008年农业部与福建人民政府签署《关于共同推进海峡西岸现代农业建设的若干意见》。商务部、财政部、林业和草原局、人力资源和社会保障部等也相继出台了很多有利于福建发展特色现代农业的支持政策,从而使福建特色现代农业的发展获得政策、资金、技术、人才等多项支持。

福建省委、省政府高度重视"三农"工作,提出树立特色现代农业发展理念,推进农村一二三产业融合。建设特色现代农业成为福建省当前和今后一段时间推进农业供给侧结构性改革的重大目标任务,全省农业农村工作的重要战略指针,推进海峡西岸现代农业建设的重要内容。早在2003年福建省就提出了"三四九"现代农业发展战略,即发展3个特色农业产业带、4个主导农业产业、9个重点特色农产品。2011年省政府印发的《福建省"十二五"现代农业发展规划》提出要构建以"一区三带七群十四基地"为主体的现代农业产业空间格局,优化提升四大优势产业,加快发展十大特色农产品,福建省特色农业发展格局初显。2015年,在《关于全面推进农村改革加快特色现代农业发展的若干意见》中，福建省提出要大力发展精致型、集约型、外向型、高附加值型农业，加快发展亚热带经济作物、园艺花卉和休闲观光农业，加快建设闽东南高优农业、闽西北绿色农业、沿海蓝色农业三条特色农业产业带，重点扶持蔬菜、水果、茶叶、食用菌、中药材、畜禽、水产、林竹、花卉苗木、烟叶等十大优势特色产业发展。进一步明确了福建省走特色现代农业的新型农业发展道路。同年，福建省科技厅、农业厅（现农业农村厅）、林业厅、海洋与渔业厅联合制定出台的《福建省特色现代农业科技创新行动计划（2015—2020年）》提出了加强农业科技创新统筹协调、创新农业科技管理模式、加大农业科技投入力度、鼓励农业科技人员创新创业、加强农业科技知识产权运用和保护五大措施，为福建特色现代农业发展提供有力的科技保障。2016年，《福建省国民经济和社会发展第十三个五年规划纲要》提出，要打造全产业链年产值超千亿元的优势特色产业，鼓励形成"一村一品、一县一业"的特色农业产业集群。福建省委、省政府《关于落实发展新理念建设特色现代农业实现全面小康目标的实施意见》提出，着力打造全产业链年产值超千亿元的茶叶、蔬菜、水果、畜禽、水产、林竹、花卉苗木等七大产业集群。一系列的农业结构调整规划布局和配套政策措施为福建省现代特色农业的发展指明了方向。

（二）闽台农业交流合作优势

闽台隔水相望，纬度相同，农业环境相似，农产品品种等大同小异。闽台农民同根同宗，农业交流合作历史悠久。闽台农业交流合作是福建农业的一大特色，也是推动福建特色农业发展的一大优势。台湾特色农业经过30多年的规划建设，如今已形成了相对集中、优势明显的区域化生产格局。台南、屏东热带果树，云林、彰化有机蔬菜种植，宜兰阿里山茶、三香葱等，每个县乡都有优势独特的农产品。借助"五缘"优势，近几年来，闽台农业交流合作范围不断扩大，交流合作的平台也不断增多，交易会、洽谈会、推介会、学术讨论会频繁，考察、互访的专家人数不断增加。海峡两岸（福建）农业合作试验区、海峡两岸（三明）现代林业合作实验区、台湾农民创业园等两岸合作交流平台建设，连续多年成功举办海峡两岸"农博会""茶博会""林博会"等大型展会，构筑闽台农业交流合作的前沿平台。闽台农业双向交流深入开展，与台湾半数以上的乡镇市公所、市民代表会、农会、渔会、农田水利会等组织形成对接交流合作常态机制。此外，中国（福建）自由贸易试验区的建设将对闽台深化农业合作带来更大的机遇。因此，福建借鉴台湾经验发展特色现代农业优势明显。

(三) 特色农业产业基础优势

闽中大山带的戴云山和博平岭，把福建省分为闽东南、闽西北两个气候、水系、水文、土壤、植被等自然因素相差很大的地理区域。近几年来，福建省抓住农业生产的区域性特点，立足实际、因地制宜，形成了沿海蓝色产业带、闽东南高优农业产业带、闽西北绿色产业带三条特色农业产业带，以及畜牧业、水产业、林产业、园艺产业四大主导产业，以及畜禽、笋竹、水产品、蔬菜、水果、食用菌、茶叶、花卉、烤烟等九个重点特色农产品，产值占农业总产值的比重已超过八成。林业产业产值居全国第二位，原木产量居全国第三位，竹材产量居全国第一位。水产品产量居全国第三位，占全国水产品总量的1/9，人均水产品占有量居全国第二位。其中牡蛎、海带、紫菜产量居全国首位。油茶种植面积居全国第五位，无患子种植面积居全国第一位。花卉产值居全国第四位，出口额居全国第三位，其中盆栽花卉出口额连续五年居全国第一位，约占全国盆栽花卉总额的一半。人均水果占有量位居全国前列，龙眼、柑橘产量居全国第一位，枇杷、荔枝产量居第二位，香蕉产量居第三位，并培育出天宝香蕉、琯溪蜜柚、度尾文旦柚、永春芦柑、尤溪金柑等众多品牌。茶叶总产量、出口量和面积分别居全国第一、第二、第三位，"安溪铁观音""福鼎白茶"等已经成为当地的支柱产业。食用菌产量、产值、出口创汇连续十多年居全国首位，银耳产量居全国之首。农产品出口势头强劲，其中柑橘、食用菌、香菇出口创汇均居全国第一。

第二节 县域特色农业发展现状

根据以上优势，福建提出了构建"一区三带七群十四基地"的现代农业发展规划，力求充分发挥各地独特优势，优化区域特色农业布局，同时又适应专业化生产的要求，加快发展优势产业，突出特色农产品生产加工，实现农业产业的转型升级，带动现代特色农业产业的素质和效益稳步提升。一是构建闽西北绿色农业产业带，重点发展生态绿色农业，利用良好的生态环境，打造质量安全、绿色无污染的特色农业产业。二是构建闽东南高优农业产业带，重点发展现代智能设施农业，以工业的理念来促进农业生产，不断提升农业产业的科技含量，打造具有核心竞争力的外向型现代特色农业产业。三是构建沿海蓝色农业产业带，重点发展海洋养殖、海产捕捞和新型海洋渔业，同时大力发展休闲观光农业等现代农业新产业。2012年

12月，福建省立足区域特色，在全国率先提出建设省级农民创业园，"一区两园"（现代农业示范区、台湾农民创业园、福建农民创业园及示范基地）的现代农业建设构架逐步建立。以绿色蔬菜、水果、林竹、花卉、水产品、茶产业等为代表的特色现代农业产业带已初步形成。2022年，畜禽、林竹、蔬菜、水果、茶叶、食用菌、花卉、水产、烤烟、中药材等十大乡村特色产业全产业链总产值突破2.3万亿元。目前，福建特色现代农业发展呈现以下几个特点。

一、农产品区域化显现，品牌效益提升

目前，福建省特色农业产业带已基本形成。由宁德、龙岩、三明、南平所属县市构成的闽西北绿色农业产业带，农业产业主要集中在谷物、蔬菜、园艺、水果、林木、内陆水产等；由福州、莆田、泉州、厦门、漳州所属县市构成的闽东南高优农业产业带，重点发展生态绿色农业、创意休闲农业、高科技农业，如蔬菜、水果、花卉等高优农业；由福州、莆田、宁德、泉州、厦门、漳州所属县市构成的沿海蓝色农业产业带，主要发展海洋渔业，集中于海水养殖。

随着区域化、专业化的发展，各地特色农业大力实施品牌带动战略，从争创品牌、政策扶持、指导服务等方面入手，不断提升和扩大农产品品牌的知名度和社会影响力，推动农业向品牌化方向发展。全省涉农企业取得中国名牌产品、国家地理标志产品、中国驰名商标等称号不断增加，其中"安溪铁观音""琯溪蜜柚""柘荣太子参""建宁白莲""晋江紫菜"等品牌驰名中外。

二、技术创新步伐加快，科技成果显著

推进新型农业技术创新体系建设，加强农业成果转化、农业科技培训，以及新品种、新技术和无公害标准化生产技术的推广，是加快特色农业产业发展的一项重要举措。近年来，福建省依托企业自身技术优势，加强自主创新和产学研结合，不断提升产业技术创新水平，为特色现代农业产业化发展提供了有力的技术支撑。

自"十二五"以来，福建省把发展海洋经济作为海洋强省战略的重要基础，海洋生物科技取得了众多突破，科技创新已成为福建现代特色渔业建设的强力引擎。2012年，泉州市成立海洋生物加工产业技术创新战略联盟，这是党的十八大提出"建设海洋强国"战略后福建省建立的第一个海洋领域技术创新联盟，为海洋生物加工企业联合科研抱团发展打造了平台。福建已形成以厦门海沧生物医药港、诏安金都海洋生物产业园、石狮市海洋生物科技园等为代表的一批产业聚集区，拥有鱼肝油乳、鲨试剂、氨基葡萄糖、胶原蛋白肽、微藻DHA等一批具有自主知识产权

的原创性成果，在全国具有较强的影响力。"莲子之乡"建宁县与高校和科研院所合作，建立了博士后工作站，依靠科技创新促进产业转型升级。文鑫莲业是建宁莲产品深加工龙头企业，也是省级创新型企业，其与中国农业大学合作研制的莲叶速溶茶和婴儿莲子米粉填补了国内空白，分别被中国发明协会评为国家金奖、银奖。其与福建工程学院合作研发莲子剥壳、去膜、烘干一体机，已成功试产。目前，建宁已完成了从莲叶到莲藕的全产业链开发与综合利用，产品畅销东南亚及北美等地。随着大数据、互联网、云计算、物联网等新一代信息技术与茶产业的跨界合作，福建省现代茶产业大数据生态体系已见雏形。由白水岩茶业与福建国售网络共同开发的"茶管家"互联网+茶园管理平台实现了茶叶生长、茶园管理全程可视化，解决了茶叶病虫害防治、内涝巡视等问题，减少了人力物力支出，同时也达到了茶叶生产、管理全程追溯。

三、产业融合加速，产业集群初显

特色现代农业作为根据区域自然资源特点与禀赋所形成的非均衡现代农业生产体系，其特点决定了在产业内生推动或外界带动下有利于形成农业产业集群。随着以蔬菜、水果、茶叶、花卉、食用菌、中药材等为主导的特色农业产业带的形成、集聚以及产业链条的不断延伸，福建省特色农业产业集群效益初步显现，沿海的水产品加工、闽北的畜禽养殖、闽东南的茶产业都已经发展成为当地的支柱农业。

福建水产产业集群在全国水产产业中占据着重要的地位。福清龙田、东山经济开发区，宁德霞浦台湾水产品集散中心被评为首批现代渔业水产品加工园区。发展了东山、福清等年加工产值在10亿元以上的水产加工重点县十多个，形成了宁德大黄鱼、连江藻类、福清对虾、长乐鳗鱼、晋江紫菜、漳州石斑鱼、东山海捕鱼等具有区域优势、产业效益高的水产品特色产业，水产品加工业正成为带动区域经济发展的增长点。连江县被评为"鲍鱼之乡"，霞浦县被评为"海带、紫菜之乡"，蕉城区被评为"大黄鱼之乡"，福州市被评为"中国鱼丸之都""中国鳗鲡之都""中国金鱼之都"，莆田市被评为"花蛤之乡"。闽南、闽中、闽东三大水产加工产业集群基本形成。

福建畜禽产业集群规模较大的有生猪业、乳业、肉鸡业和禽蛋业等。即：龙岩市、福州市、漳州市和泉州市四大生猪产业集群；南平市、泉州市和龙岩市三大肉禽产业集群；福州市禽蛋产业集群；南平市和福州市两大乳业集群及莆田市禽苗产业集群。此外，各地近年重视对地方优良品种的保护开发，形成了如上杭槐猪、闽南黄牛、福清山羊、长汀河田鸡、德化黑鸡、连成白鸭、龙海金定鸭等"一县一品"特色产业集群。

福建省是绿茶、红茶、白茶及青茶（又称乌龙茶）的发源地。福建省茶叶产业除了生产与加工外，与茶相关的各式茶具以及茶旅文化等也已成为茶产业的重要组成部分，茶产业已形成一定规模的产业集群与产业链，青茶主要集中于安溪、武夷山等地，以铁观音和大红袍为代表。绿茶主要集聚于闽东的宁德市、福州市，闽北的三明市、武夷山市，以及莆田市等地区。顶峰毫、雪峰白毛猴、云峰毛峰、莲心茶、茉莉花茶等为绿茶的代表。白茶较为集中区域为政和县、福鼎市。安溪茶区、武夷山茶区、宁德茶区等几个重点茶产业集群区的茶产业链都形成了一定规模，并产生了一定的经济效益。

第三节　县域特色农业发展障碍因素

然而，也应该清醒地认识到，福建省特色现代农业发展仍然存在不少短板。如农村青壮年劳动力外流，农户小规模分散经营，保障主要农产品生产供给的任务更加艰巨；农业产业链不完整、农业功能拓展不足，农业提质增效的长效机制尚未形成；科技自主创新能力不强，农业设施装备条件相对薄弱，加快农业转型升级的困难仍然较大；农业发展与资源环境承载能力不协调，农业可持续发展面临着更大的压力；农业标准化生产基础薄弱，监管体系不健全，农产品质量安全的隐患仍然存在等[1]。归纳起来，特色农业发展的障碍主要体现在以下几点。

一、制度性障碍因素

（一）人均耕地少，农业土地流转机制不健全

福建属丘陵地貌，八山一水一分田，耕地资源稀缺，全省土地总面积1.86亿亩（1亩≈667平方米，全书同），其中，山地丘陵面积约1.5亿亩，占土地总面积的81%，耕地面积2 007.6万亩，仅占土地总面积的10.79%。2022年底全省常住人口4 188万人，人均耕地面积仅0.5亩，远低于全国1.5亩的平均数，低于联合国粮食及农业组织确定的人均耕地0.8亩的警戒线。同时由于工业化和城乡发展迅速，耕地仍在逐年缩减，分散、零星的耕地与农业规模化发展的矛盾日益突出。福建省

---

[1] 资料来源：福建省人民政府．关于印发福建省"十三五"现代农业发展规划的通知. http://www.fjagri.gov.cn：81/hypd/jhcw/ghjh_635/201609/t20160906_426499.htm。

在耕地资源先天不足的背景下，后天的农业土地流转机制也还未健全，具体表现在：一是土地流转的难度大、成本也越来越高，加快农业适度规模化发展显得非常迫切。二是对推动土地流转、发展规模经营缺乏实质性的鼓励和支持。农户土地流转的政策措施、流转机制不健全，指导服务不到位，流转土地的供求信息不对称，流转合同与手续也不够规范。三是由于各地普遍存在着规模耕地流转难、合约租期短等问题，承包业主不愿加大农地等基础设施建设的中长期投入，制约了特色农业连片规模发展。

（二）农业资金投入不足，扶持政策不完善

农业资金投入不足，财政支农资金稳定增长机制尚未形成，虽然自2001年以来支农资金在绝对值上每年有所增加，但占财政总支出的比重在下降。由于农业生产见效慢、风险大，难以吸引工商资本的进入。金融支农功能弱化，商业银行受商业化经营的影响逐步退出农村。据调查，林农、果农、茶农贷款难问题一直存在，设施农业抵押贷款难，农企融资渠道单一，创新支农金融产品和服务方式有限，参保保费补贴少，农户积极性不高，用电优惠政策执行不力等问题制约了特色农业的发展进程。福建多数山区县的经济相对不发达，如光泽、松溪、泰宁、建宁、上杭、武平、寿宁、霞浦等，传统农业占经济比重较大，地方财政没有能力支持现代农业发展。已制定的鼓励特色农业发展的优惠政策多集中于扩大面积、发展种植规模等方面，而关注产前、产后环节较少，如种苗繁育、物流市场、行会组织等相关政策不够完善。

（三）基础设施薄弱，农业管理方式落后

福建农业基础设施薄弱，抵御自然灾害能力差。近些年来，防范水灾、旱灾、风灾的意识虽有所增强，但农业排水渠、堤坝、水库、灌溉设施等农业基础设施年久失修、设备老化，新的农林小型基础设施又很难立项，一旦遇到灾害，设施失效，农业损失将十分惨重。传统农业经营周期性长，受天气等自然因素的影响大，收成比较不稳定。农产品价格虽有上涨，但生产成本也大幅度上涨，靠农产品的涨价增加农民收益的空间很小。福建农业技术相对落后，机械化程度不高。福建多山，土地难以整片开发，不少农村还停留在传统的粗放型耕作方式上，生产效率低。农产品产后销售结合不紧密，粗加工居多，产品质量不稳定，缺乏竞争力。

二、经营性障碍因素

(一) 特色农产品营销体系不健全

目前,依靠产地采购、批发市场、农贸市场等传统农产品营销方式仍然是福建省特色农产品营销方式的主流。特别是广大农村,从事农产品市场营销活动的主体主要是农户和进行农产品批发与零售的个体户,而农业企业和大型合作组织较少,营销主体规模小,组织化程度低;农产品集贸市场规模小,设施简陋,交易方式落后,服务功能单一,冷链物流体系和农产品质量追溯体系等亟待完善。传统营销方式存在农产品流通成本高、信息不对称和产销衔接不畅等问题。近年来,随着大数据、互联网技术突飞猛进的发展和网络基础设施提升,福建省网络营销体系正不断完善。依托农产品信息平台,支持行业协会、龙头企业、农民合作社和第三方服务机构在阿里巴巴、京东等电子商务平台开设网店,开展农产品网上批发、零售,增强农特产品市场占有率和影响力。然而,福建广大农村互联网基础设施仍然较落后,大部分农民文化程度较低,缺乏网络营销的知识技能,加上与网络营销配套的农产品物流配送体系滞后,福建省线上销售目前还未形成规模效应和集聚效应。

(二) 农业服务体系不完善

农业社会化服务体系是为农业生产提供社会化服务的成套的组织机构和方法制度的总称。福建省虽然在农业社会服务体系建设方面相对于内陆省份起步较早,发展较快,但一系列瓶颈依然存在,较大程度制约了特色农业的发展。在农技推广方面,农业科研机构的科研成果、基层农技推广行为与农民和市场的需求存在较大的差距,部分科研成果与生产脱节,农业推广体系活力不足,难以满足农业生产的需求;农民专业合作社是农业生产服务体系的重要组成部分,近年来,福建农民专业合作组织虽然在数量上得到迅速发展,但在服务内涵上尚未得到深化,大部分组织经济实力相对较弱,组织规模、产业规模小,辐射面偏窄,有些合作组织甚至有名无实,难以带动当地特色农业产业发展。现阶段农民专业合作社大都着力于产后销售等方面,在组织成员进行有效农业生产方面帮助较少,无法从根本上形成合力。此外,一些特色农产品专业合作社内部运行不规范,经营运作、事务管理、账目管理等运行机制不健全,还没有真正建立起适应市场经济发展的现代经营管理模式;农村金融服务是支持农村经济和农村特色农业产业的重要力量,然而,由于农业产业规模小、"三农"的收入低、效益不稳定,金融机构与之合作风险相对较大、回报相对较低等,致使"三农"贷款难、贷款贵的问题存在已久;此外,特色农业产业化发展迫切需要与之配套的物流体系,虽然福建省已基本实现"市市有动车、县县通高速、镇镇有干线、村村通客车"的现代综合交通网络,但目前农村电子商务物流配送"最后一公里"的瓶颈犹存,特色农产品"线上交易、线下配送"的新型流通业态在农村地区还普遍落后。

三、区域竞争性障碍因素

(一) 农产品区域特色化发展受阻

尽管福建省在水果、花卉、水产、茶叶等大类上拥有着一系列享誉中外的特色农产品品牌,但是就整体而言,多数所谓的"特色农产品"存在"三不特"的不足,即生产"不特"、布局"不特"、技术"不特"。

首先,生产"不特",产品区域同质化现象严重。"安溪铁观音"是中国十大名茶之一,也是福建省名优特色农产品。铁观音的生长对土壤、海拔、积温、降水、温度、湿度等地理环境和气候条件的要求都非常严格,其加工程序要求精湛严谨,要比其他茶类更讲究、更复杂。2000年以来,铁观音一度受到市场热捧,价格不菲,利润丰厚。在利润的驱使下,安溪铁观音生产、市场乱象层出不穷。例如:无视气候土壤环境差异,打着"安溪铁观音"品牌外埠大量引植,以次充好;背离生物多样化原则,单一种植茶叶,破坏原有的植被生态;盲目追求铁观音的产量,过度使用化肥农药;急功近利改变传统制茶工艺,致使铁观音失去原味。建宁白莲和平和蜜柚等也是福建省知名农优产品,常常成为一些产品"傍名牌"的对象,每年都要为打假费一番心思。2010年建宁县工商局与福州市工商局联合开展商标专用权专项执法行动,在福州市区6个大型超市内查获涉嫌侵犯"建宁通心白莲"商标专用权的莲子20余吨,案值100多万元。2014年,平和琯溪蜜柚尚未进入成熟期,市场上已有经销商在收购贩卖平和琯溪蜜柚,个别贪图暴利的不法商贩收购县外或其他品种的蜜柚假冒正宗平和琯溪蜜柚进行销售。市场炒作难控,产品参差不齐,厂商恶意竞价、品牌遭遇"李鬼"等。这些乱象的直接后果就是使名优农特产品"量升质减",严重破坏市场秩序,打压了其发展动力,品牌形象和区域特色性大打折扣。

其次,布局"不特",区域布局不合理。福建农产品种类繁多,而各品种的农产品因其自身的生长条件限制,对温度、湿度、光照、土壤等自然条件存在不同的依赖性。因此,生产地、非主产地的产品差异较大。当农产品生长于最适宜的环境之下时，会形成十分优良的主产地品种，产量也会增加，容易形成区域品牌和特色。然而在福建多数农村，哪种农作物贵、销量好就跟着种什么，而无视土壤、气候、品牌、技术、市场规律等客观因素现象比比皆是。农民每年在确定要种植的品种时，只看得到市场上现在什么农产品卖得贵、什么卖得好，便去跟风生产，同样一块土地，几年时间可换种好几种农作物。然而，等到农产品成熟进入市场的时候，价格就下降了，导致损失严重。近年来，"果贱伤农""菜贱伤农"的悲剧屡屡上演，农产品滞销的报道也屡见不鲜。2012年8月闽侯上千吨橄榄滞销、2012年12月宁德蕉城赤溪1.2万吨果蔗滞销、2013年3月漳浦大蒜滞销、2014年福清海带滞销、2017年福建闽侯大白菜滞销……一边是菜农叹息销售无门，另一边是巨大的消费市场，这些例子充分说明福建农产品供给结构性问题不容小觑。引导农民调整种植结构、合理布局区域农业产业，实现农产品供需信息有效对接，才是从根本上解决农产品滞销的关键。

最后，技术"不特"，农产品信息管理技术落后。随着居民收入的不断提高，消费者在生鲜农产品的选择上更倾向于安全、健康、新鲜的产品，绿色、有机农产品越来越受到欢迎。由于福建省生鲜农产品流通环节多、冷链物流和仓储技术又相对落后，使得原本就易腐易损的生鲜产品流通效率低下，增大了生鲜农产品运输过程中的损耗。某些农产品生产者和经营者法律意识和卫生意识淡薄，农药滥用现象尚未得到有效控制，农产品中药物残留与重金属等有害物质超标事件时有发生，导致消费者对境内农产品质量安全不信任。另外，由于农业生产者对市场变化的信息掌握不足、认识局限，农业信息技术管理落后的短板更是加剧了低质生鲜农产品生产过剩、优质生鲜农产品供给不足的结构性矛盾。

(二) 产业链不健全，一二三产衔接不畅

农业产业链条主要涉及产前（种子或新品种的研发培育、肥料等）、产中（种植、养殖、采摘收获等）、产后（农产品加工等）、终端（农产品的销售等）等主要环节，还涉及仓储和物流、农业金融与信贷、废料回收及再循环利用等辅助环节，如图3-1所示。自2015年以来，中央一号文件提出推进农村一二三产业融合发展，全国各地农业与旅游、食品饮料、文化等产业深度融合，互联网与农业全产业链深度融合的趋势不断加快。农业全产业链发展是在当代我国农业产业结构升级和食品安全要求不断提高的背景下产生的一种全新的农业经济发展模式。从农业产业链的源头做起，涵盖了种植、养殖与投入品采购使用、农产品加工分销及物流、品牌推广等从田间到餐桌多个环节的产业链系统。福建省根据各地自然资源禀赋条件，依托各地农业主导集聚产业，整合各类农业市场主体，因地制宜形成一系列农业特色产业链。如特色花卉着力打造了"花卉种植+花卉深加工+花卉电商+花卉旅游+花卉物流+花卉论坛+花博会"的新型花卉全产业链发展模式。特色水产逐步形成了"新品种研发+水产育苗+水产饲料+水产养殖和捕捞+冷链仓储物流+水产加工+海洋生物医药+水产电子商务+观光尝鲜旅游+海洋科普文化"的全产业链格局。

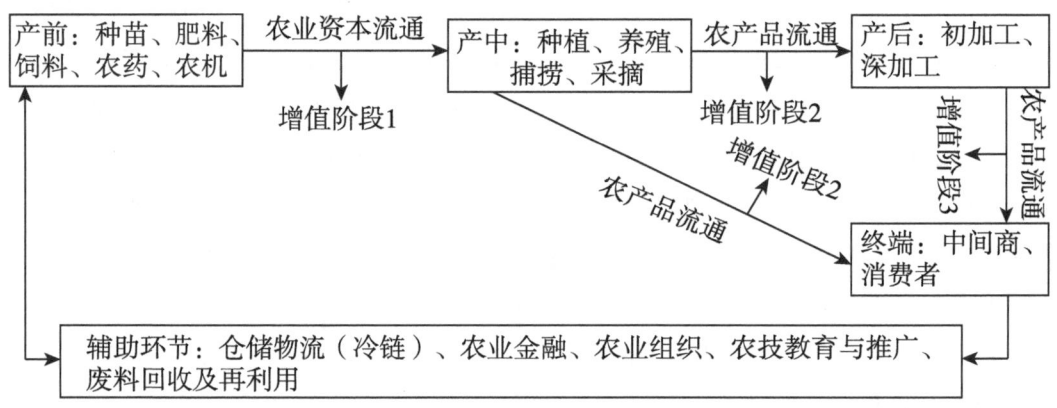

图 3-1 农业产业链基本结构

然而，特色农业一二三产业的融合不是一道简单的算术题。总体而言，绝大多数农村地区特色农业产业链不完善不健全、产业链条短、加工增值率不高、产业集聚度低、科技含量低。如柘荣的"药膳兔"产业，中小规模依旧占据着主导地位，特色中药材在品种改良与医药研究方面滞后；农村一产不强、二产不优、三产不活，一二三产衔接不畅的瓶颈依然突出。如福建省水果产业，特色果品"种植+加工""种植+销售"模式相对成熟，但产业链大多局限于二次融合，农村三次产业交叉融合的深度还不够。在延长产业链条、提高农业附加值上也还有较大的挖掘空间，在文化创意农业、休闲观光农业的发展方面尤显不足；此外，不少县域新型经营主体大多处于产业价值链中低端，龙头企业辐射带动力较弱，农民合作社劳动作用还有待加强。

（三）人才、技术支撑能力不强

农业部颁发的《农村实用人才和农业科技人才队伍建设中长期规划（2010—2020年）》中强调：农业科技人才是农业农村人才中的骨干力量。加强农业科技人才队伍建设，是农业农村人才工作的重点领域，是实施人才强农战略的关键环节。发展特色农业产业，既需要高精尖的专业型人才，也需要涵盖一二三产业的复合型经营人才。目前，福建农村科技人才少，农民文化水平低，具备专业型、复合型的农业人才更是"一将难求"。根据福建省科技发展研究中心对福建省农业科技资源基本情况调查显示：2021年，全省从事农业科技的R&D人员1 829人，占全省4 188万人口的0.044‰，即每万人中只有农业科技人员0.44人（董志军，2015）。对于一个4 188万人口规模的省份而言，农业科技R&D人员不到2 000人的总量与发达国家的差距依然较大。由于省域经济发展不平衡，山区欠发达地县虽然急需大量高级研发人员和管理人员，但由于地理位置较偏，人才招聘困难重重，即便有财政转移支付的支持，但工资相对较低，工作环境恶劣，农业科技人才外流严重，科技人员职称主要以初级以下人员为主，农业科技贡献率难以提升。

（四）农特产品自身局限

在福建，特殊的自然环境和气候条件造就了多种品质上独一无二的农特产品，用"物以稀为贵"来解释福建一些特色农产品在某种程度上毫不夸张。农特产品，尤其是一些获地标保护的农特产品，一般有其自身的特点，也受到了诸多生长环境的局限，对当地的气候、土壤、水源等有较为严格的环境要求。因此，很多正宗的农特产品往往产量有限，一方面，市场上供不应求，制约其市场推广；另一方面，为某些非正宗农产品"傍名牌"提供了巨大的空间，影响其品牌形象。宁化的河龙贡米以粒细体长、形状似梭、色泽洁白、透明有润泽、饭软而不黏而扬名四海，被誉为"米中珍品"，为宋代皇家贡米，但因为其独特的自然生长环境习性，难以规模化生产，供不应求，主要销售到北京、上海等大城市卖场，而本地市场上很难见到宁化的河龙贡米。浦城薏米又叫山薏米，与其他地方产的薏米相比，其独特之处在于该地产的薏米都种在半山腰，而其他地方产的薏米则种在水田里，且对种植方式有较高要求，比如种两年后必须改种其他作物，这就要求不能连片大规模种植，而只能精耕细作。若选择在水田里规模化种植浦城薏米，产出的薏米质量上则相距甚远，难以保证成色，且会备受质疑。德化黑鸡在当地已有500多年的养殖历史，是福建省优质乌骨鸡地方品种之一，因其毛、皮、肉、内脏均为黑色，且肉质细嫩、清香甘润，味道鲜美，含有极高滋补药用价值的黑色素而得名，素有"滋补胜甲鱼，养伤赛白鸽，美容如珍珠"之称。但由于该鸡"娇贵难养"，对养殖防疫等多方面技术有着极高的要求，故一直以来多为农户零星养殖，规模化养殖基地数量有限。

第四章 竞争力评价与诊断预警模型构建研究

产业竞争力的研究的目的，不仅是客观描述产业竞争力的比较结果，而且要发现决定或影响产业竞争力的因素，为提升产业竞争力提供有针对性的对策建议。因此，在农业产业竞争力方面，应该从统筹设计、模块分析、单元评价、综合提升等方面进行研究。

第一节　遵循统筹协调的基本准则

统筹、规划、设计是社会得以发展和进步的灵魂。人类历史的发展，在某种程度上是"设计的发展"。设计可以将需求、能力和趋势，变成一个个可操作、可达成的目标和行动。设计是经营未来和管理未来的能力，也是社会经济得以发展的核心智慧。

协调、管理和机制是社会得以发展的条件。仅有规划和设计的引领，没有协调、管理和机制支持的发展是无序的，发展过程中的竞争是残酷的。发展是硬道理，为正确发展提供保障的设计与管理，也是不可缺少的硬道理。没有动力的汽车是不能高速行驶的，而没有方向和刹车操控的高速行驶则意味着风险。所以，设计与管理、统筹与协调、规划与机制，是实现科学发展的两个方面，缺一不可。改革开放40余年来，我国农业农村发展取得了辉煌的成绩，不断迈上新台阶，已进入新的历史阶段。农业农村的发展与振兴已经不是一个具体的个体问题，特别是农村的"富民与福民"，是一个社会化、结构化并带有区域特征的社会问题。农业的主要矛盾由总量不足转变为结构性矛盾，突出表现为阶段性供过于求和供给不足并存，矛盾的主要方面在供给侧。要坚持农业农村优先发展，按照产业兴旺、生态宜居、乡风文明、治理有效、生活富裕的总要求，建立健全城乡融合发展体制机制和政策体系，加快推进农业农村现代化。因此，农业发展与农村振兴需要设计与管理的统一、统筹与协调的统一和规划与机制的统一。

乡村振兴必须与城乡统筹、与产业设计统一起来。乡村建设和产业发展不是一个个"孤立"的点，而是要在一个整片和一个区域内，统筹城乡和产业布局。在纵向上，要以产业发展布局为主轴；在横向上，要注意区域间协同发展；在面上，要以全局为统筹和发展为平台。区域如同棋盘，乡村如同棋盘的节点，产业如同棋盘的线，一盘棋的开始，如同推动区域经济社会发展协调的"面"。区域的产业发展体系是一个区域的格局，是区域社会经济发展的经营之道。因此，良好的设计与管理，是实现"点、线、面、体"协调发展的关键。

第一,通过统筹规划与设计,可以避免公共设施与公共服务的重复和浪费,起到投资少、效益大的效果。学校和诊所的设置、社区的设置和服务范围、电线与网络电缆的铺设等,能够得到有效的变化。第二,通过产业布局设计和城乡统筹,确立各区域的产业定位、避免区域间的产业低水平重复和恶性竞争,为产业协调发展奠定基础。第三,一个有效的区域产业体系设计,会引导投资向农业和农村流动,也会带动传统农民向职业化农民转变,形成"官学引导、产民共建"的乡村振兴居民。

土地利用规划、产业发展规划、社会经济发展规划、城乡统筹规划等要形成"多规合一",要将产业发展与土地利用、产业定位结合,科学合理地设计各个区域的功能与布局,将乡村发展功能与产业体系连接形成一个协调的发展体系。区域"多规合一"的设计蓝图是实现区域资源、产业和经济社会发展效益最大化和最优化的战略构想。

在社会分工充分的环境中,从空间上讲,每一个县区的经济、产业发展都只能处在外部市场的环境中,在这个大市场中,一个县区的经济产业发展,只能在大市场的律动中寻找角色、寻找定位,特别是在供大于求的市场结构中,一个县域如果不注意自身产业发展与外部市场的关系,关起门来进行内部产业结构的调整,发展的结果经常会是重复地制造不良资产。因此,产业结构的调整,要有全局的眼光、放在更高层次中去寻找本地产业与外部市场的关系。要尽量做到"心中有数",才能总揽全局。同时,一些地区在规划设计中片面地追求高大上,聘请所谓的国际级或国家级专家,这些专家虽有国际化的眼光,但是接地气不足。一些本地干部确实熟悉本地资源和情况,但是不知道这些资源和产业在大市场中的地位,也就很难从市场发展中对本地资源做到"心中有数"。

如果在发展中能将本地资源、产业与外部市场关系以及区域内产业结构的关系统筹考虑,才能"心中有数、总揽全局",发展的前景也就不一样。由于特殊的地理环境和地形地貌,福建是一个农业产业多样化特征明显的区域,2021年粮食产量为506.42万吨、蔬菜产量1 540.46万吨、园林水果产量763.02万吨、淡水水产品产量95.59万吨、海水水产品产量757.49万吨、茶叶产量48.79万吨、食用菌产量146.04万吨、肉类总产量286.54万吨、禽蛋总产量55.91万吨、牛奶总产量19.43万吨。对于这样的资源环境,在传统农业向现代农业转变、提升的过程中,会由于跟风行为导致"谷贱伤农"现象发生。

规划是一个区域产业经营的总纲,也是解决产业富民的依据。对于中国及各省丰富多样的农产品,做好全国及省、市、县各级的发展规划是一个重要而艰难的工作。一是各级党政"一把手"的重视。在基层区县，只有"一把手"才具有全面的协调和推动能力。"一把手"过问、关心的规划，制定后容易推动。二是有一定的管理基础。区县的发展部门、产业主管部门、规范管理部门和环境管理部门要有一定的管理基础，并有协调推动产业发展的愿望。三是有一群国内外科技、产业、市场、资本专业的专家，并和当地政府、企业和农民深入交流，将规划与意愿、方法、实施主体结合起来。四是要有科学的规划制定程序。规划的组织者要有深度的方法研究。规划是"以未来相托付"的事业，责任重大，只有方法正确，结合"心中有数、总揽全局"，才能获得动机与结果的统一。同时，规划是对区域未来发展和效益的设计。规划的目的是利用高新科技，对传统资源和传统方式实现效益的增量。为实现精准开发、规模开发，扶持区域农业优势特色产业做大做强，2015年国家农业综合开发办公室下发通知，在全国开展《农业综合开发扶持农业优势特色产业规划（2016—2018年）》，要求各级要找准产业链条中的关键环节、薄弱环节，进行重点扶持、连续扶持。

在完成科技与资源的融合设计后，还要将设想的项目经过市场价值的确认，通过市场的比较和分析，选择同业竞争中有比较优势的项目，才可能成为地方优先发展的产业。比较优势的项目确认下来后，政府需要利用一些配套的产业政策来扶持和支持这些产业发展，引入产业化专业人才和资本投资，建立地区化产业管理机制，聘请行业专家对产业实施辅导。

针对农村振兴和产业发展谋划，从图4-1中可以看到，区域间产业的统筹需要

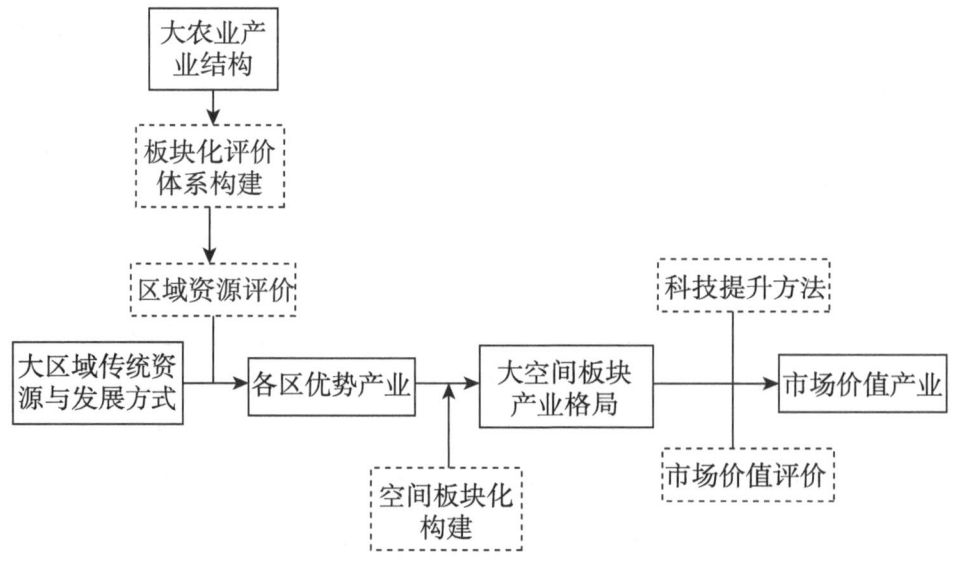

图 4-1　地区产业统筹规划流程

进行相应的板块化处理和评价，主要包括评价体系的板块化和产业空间结构布局的板块化。分工是产业发展的动力，农业产业发展亦离不开分工，它与分工方式的演进有着很大的关联性。模块化分工具有专业化经济、模块化经济和网络经济特征，使得模块化分工能够对技术、业务、运作和市场等要素产生重大影响，是产业发展的内在动力。

第二节 产业竞争力模块化评价

一、模块化的内涵与特征

20世纪90年代以来，伴随着新经济时代的来临，组织生存和发展的环境发生了深刻的变化。产业融合发展使得产业界限和企业界限日益模糊，组织间合作的战略价值增加。组织为了适应竞争环境的动态性、复杂性和不可预知性，出现了模块化组织。模块化组织是随着模块化技术在产品设计、研发、生产等领域的广泛应用以及大量面向外部契约供应商的外包子系统的出现而出现，逐渐发展成为一种新兴的产业组织形态，并由此产生了较传统市场明显相异的产业组织效应。

"模块"是指半自律性的子系统，通过和其他子系统按照一定的规则相互联系而构成的更加复杂的系统和过程。将一个复杂的系统或过程按照一定的联系规则分解为可进行独立设计的半自律性的子系统的过程，或按照某种联系规则将可进行独立设计的子系统（模块）统一起来，构成更加复杂的系统或过程的行为，称为"模块化"。

模块化是一种特殊的设计结构，其中参数和任务结构在单元（模块）内是相互依赖的，而在单元（模块）之间是相互独立的。模块化任务结构可以通过任务执行过程的模块化来实现。可见的设计参数也称设计规则，必须在模块化设计任务之前预先确定；一旦确定，更改将比较困难；相对而言，隐藏的设计参数仅影响一个模块，这方面是由设计者自主决定，模块化设计完成后可以更改。

二、农业模块化与分工

由于农作物的生物特性，在农业生产中，存在有限分工。从分工演变研究来看，分工理论沿着劳动分工和产品分工两个方向，分别有着不同的衍生。如果说劳动分工是沿着产业链的纵向分工，那么产品分工就是横向分工。农业之间的横向分工,既可以表现为农林牧渔的分工,又可以表现为粮食作物和经济作物间的分工;农产品之间的纵向分工,则是农产品产业链的延长,如小麦—面粉—面包式延长。劳动分工是市场经济发展的需要,是产业发展的客观要求和有效手段。城乡差距起因于城市和乡村产业的劳动分工差别,而这种劳动分工的差别受制于不同的交易效率。城乡间不同的交易效率差别导致城乡差距自然出现,但随着交易效率不断提高,这种差别就会自然消失。差别消失的过程实际上是产业分工和农业内部分工的结果。

三、农业产业模块化分工

人类经历了三次生产性分工,但只有发展到工序层次,模块化才在制造业中开始。尽管对复杂系统进行模块化处理有着种种优势,但并非所有的产品或服务都可以进行模块化。从技术的角度来看,产业链作为一个完整的系统,其模块化的前提就是技术上的可分解性。系统的可分解性越强则该系统的模块化程度越高;相反,系统的相互依赖性越高则系统的模块化程度越低。

因此可以看出,虽然农业因其生命特性、季节特性、产品市场特性以及生产组织特性,导致了分工的不完全性或者说是相对于工业而言的有限性,但从技术角度看,农业产业链具有长度特征,是可以分解的。农业产业链的长度特征表现为产前、产中和产后以及纵向和工业的联系,因此农业具有可模块化条件。

农业模块化分工能够通过市场交易满足多样化市场需求,并拓展市场规模,促进组织与上下游专业部门之间社会分工水平的提高;还能够通过细化专业化生产协作,提高劳动者专业化程度和劳动生产率,增加最终产品生产所需要的中间产品的种类,深化在生产效率提高基础上的纵向分工。

能将农产品的生产和流通纳入农业内部横向和纵向的分工网络,从事专业化生产和流通的农户家庭就会在分工网络的不断扩展中形成各种"企业式"的新型分工组织,并推动其持续演进,实现生产要素依靠市场供给、农产品依靠市场销售,并且能够有效降低农民在生产资料购买、小型水利基础设施建设、内部成员资金互助、产品运输、信息分享等方面的成本。

实际上,农业内部的分工受比较效益的引导。只要确有比较效益,并被农民所认识,就会变成农民的自觉行动。此外,农业专业化组织也是社会分工与内部分工有效对接的载体,是农业模块化的组织形式之一。农业专业化组织可以通过市场交易实现社会分工和组织内部分工的有效对接。此外,农业市场的可模块化也是农业产业模块化产生的重要条件。模块化分工所产生的专业化经济、模块化经济和网络化经济等，可以突破市场规模的限制。因为模块化分工模糊了传统组织的边界，而农业土地的特征也允许它生产多样性的产品，这样会不断扩大市场规模；而市场规模的扩大又会进一步促进分工的演进，促进农业模块化分工向更多的涉农产业和领域扩散，从而实现了模块化分工和市场规模的良性的互动循环。

四、模块化分工在农业产业发展中的应用

农业模块化分工，可以有效地配置资源和进行要素整合，利用其边际模糊的特征，可以把大宗农业生产基地、农业园区、涉农加工企业，包括龙头企业、家庭农场、物流运销集团等整合在一起，走农业一体化和农业产业合作的道路。

农业模块化分工，是促进现代化大农业产生的必要条件，而大农业的产生和发展离不开农业产业合作发展。现代化大农业着力提高农业现代装备能力、自主创新能力和综合生产能力，努力打造以贸易为龙头，以加工为中轴，以种养业为基础，以社会化服务体系为保障，涵盖整个产业链条的现代农业产业体系。而农业模块化发展会塑造一大批具有强大市场竞争优势的新型农业企业和农业经济组织，在农业模块化内进行着信息流、技术流、资本流、项目流、人才流、物质流等交流，有助于现代化大农业的形成和发展。同样，现代化大农业是一个由农产业、林产业、草产业、海产业等横向复杂系统和生产、加工和流通组成的纵向复杂系统组成，由一个核心模块向外辐射，从核心模块到周边子模块链接，通过这种链接对农业产业体系进行集成模块化的改造，以此实现对传统模式的全面超越。它通过分工以强化子系统功能，规范合作以促进相辅相成。分工合作机制的建立，需要子系统相对独立为条件；相辅相成作用的发挥，要以不同的子系统来支持。这种分工合作关系的和谐与默契，称为模块化。

因此，农业模块化分工促进市场规模扩大的结果就是现代化大农业的产生和发展，而现代化大农业的产生和发展又离不开农业模块化分工，二者是一种相辅相成、互动循环的关系。无论农业模块化分工，还是现代化大农业，从微观载体来看，就是农业产业合作。模块化分工促进农业产业合作发展，最终形成和发展现代化大农业。

五、产业竞争力模块化评价的意义

（一）模块化可以使评价过程简化

模块化是解决复杂系统问题的最好方法。区域产业系统是个复杂系统，解决复

杂系统的最好办法就是将其分解。通过模块化可以将评价体系分解，一改以往评价体系中，所有评价指标整齐划一的形式，而且，从评价体系本身就能看出区域产业系统的演化过程和区域产业竞争力的形成过程。

（二）模块化使得评价更有针对性

传统的评价体系，大都直接针对评价体系的整体，结果针对整体，评价对策也是针对整体，根据评价体系计算出评价值后，不能直接看出是哪里出现了问题，而将评价体系模块化，对一个问题的几个方面分别进行评价再进行总体评价，可以很明显看出造成产业竞争力低下的是哪一个模块，针对问题模块，再寻找具体的解决方案，便于对症下药。正如日本经济学家青木昌彦在阐述模块化的意义时所说的，很多日本企业在维持就业的美名下，将高效益部门和低效益部门绑在一起，掩盖坏账和持续性的亏损，这种倾向和模块化的趋势是背道而驰的，如果考虑到模块化的几个优点，可以说这种做法就是导致日本产业竞争力急剧下降的一个重要原因。倒不如把低效益部门模块化，弄清它的坏账数额，对其进行局部处理，这样做才有利于增强产业的竞争力。因此，可以将区域产业竞争力评价体系模块化，使得对区域产业竞争力低下的原因一目了然，便于针对竞争力低下的原因寻找恰当的解决方案。

（三）模块化可以节省计算时间

模块化后的评价体系可以使不同模块的计算同时进行，每个模块的计算不受其他模块的影响，这样，当其中某个模块的计算数据出现问题或评价者去处理某些事件时，不致影响其他模块的计算。

（四）模块化开辟了评价方法的新思路

以往的很多评价体系，在方法论上采用的是还原论，即把区域产业竞争力还原为几个要素，其实是默认了整体就是部分之和。而区域产业系统是个复杂系统，复杂系统的整体功能不是部分之和的简单相加，因此不能进行简单还原。把区域产业系统模块化，既使复杂系统的评价简单化，同时由于各模块之间内在的关联性，使得这种分割又不是简单的还原。从系统科学的角度对区域产业竞争力进行评价，将模块理论应用于产业竞争力评价，开辟了区域产业竞争力研究的新思路和模块理论应用的新领域，是方法论上的创新。

第三节 产业竞争力评价体系分析

一、竞争力影响因素的分析模型

关于产业竞争力和区域竞争力的影响因素，国内外学者进行了客观深入的研究，建立了大量具有特定背景的分析模型。这些模型主要包括波特的国家钻石模型、国际化钻石模型、Dong-SungCho 的九要素模型、金培的工业品竞争力模型等。

无论是国外的分析模型还是国内的分析模型，大都是在波特钻石模型的基础上，结合本国实践所进行的不同程度的改进和创新，或者是对原影响因素的细化和分解，或者是增添了新的影响因素，只是各人强调的侧重点和研究的视角有所不同。

波特的钻石模型没有考虑多国活动，只适用于经济发达国家和地区，如美国、日本和欧盟；Dunning 的国际化钻石模型是在波特钻石模型的基础上，考虑了跨国公司的作用，并把多国活动作为外生变量添加到模型中，仍然适用于发达国家和地区，如美国、欧盟。Rugman 和 Cruz 的双钻石模型考虑了多国活动的影响，意识到了双向投资的重要性，适用于经济规模小、开放的国家，如加拿大。Moon、Rugman 和 Verbeke 的一般钻石模型考虑了多国活动因素，认为国内因素和国外因素同样重要，该模型适用于更多依赖于全球市场的小规模经济和开放的国家，如韩国、新加坡。Dong-SungCho 的九要素模型主要针对欠发达国家产业竞争力的研究。总之，没有一种评价模型是万能的，对于不同的国家、不同的产业、不同的发展阶段，需要根据不同的发展状况和资源状况等建立分析框架。

二、区域产业竞争力评价体系的模块化

区域产业竞争力的产生需要有一定的基础条件，这些基础条件就是构成区域产业系统的各个要素。区域产业系统的聚集现象、自组织现象等是区域产业系统内要素之间的活动表现。所以，研究区域产业竞争力首先要了解区域产业系统的要素构成。

（一）区域产业系统的要素构成

从系统科学的角度，借用复杂经济系统的分类，本书用"区域产业环境""资

源""产业主体""流"四要素来描述区域产业系统。

区域产业环境（Environment）：是产业系统所处的情况。任何系统都是处于一定环境中的，或者说都有其边界条件，系统的环境是系统的外在约束之一，是对组织的绩效起重要影响的外部因素或力量。区域产业环境包括经济环境、社会环境、政治环境、技术环境，见表4-1。

表4-1　区域产业环境构成

经济环境	社会环境	政治环境	技术环境
GDP增长率	社会价值观	产业政策	政府研发费用
消费者收入水平	教育状况	财政政策	产业研发费用
居民可支配收入	健康状况	货币政策	专利情况
利率	消费者倾向	关税政策	产学研结合情况
失业率	人口增长率	劳动就业政策	
价格指数	人口年龄结构	政府采购政策	
通货膨胀率		社会福利与保障政策	
产业结构		教育政策	
		人力资源开发政策	

资源（Resource）：是产业生存与成长的"必需品"——是"阳光、空气、水和食物"；是打造产业比较优势的基本材料；是构建产业竞争与发展战略的基础；是产业创造价值的源泉。产业发展所需资源包括有形资源和无形资源。

有形资源包括发展某一具体产业区域具备的自然资源、资金资源、区位资源（由于产业的不同而有所不同）。无形资源包括发展某一具体产业区域具备的知识产权资源、技术资源、人力资源、信息资源、市场资源。

产业主体（Industrial Agent）：是指具有一定功能的所有组织水平上的经济实体，该主体是具有适应性、自主性、移动性、协作性、有思维能力的基本单元。区域的产业主体包括区域某一产业及其辅助产业。该主体因区域产业发展程度的不同而有所不同。

流（Flow）：区域产业系统内各行为主体之间的相互影响是通过要素的流动实现的。按照要素流动的性质、内容，结合本评价体系的特点，为了避免评价指标的重复，将要素流主要分为物质流、资金流和信息流。

物质流是物质生产中的一个重要方面，它是产品在空间上的运动（运输）和时间上的运动（存储）。资金流是集群体成长和发展的重要制约因素。区域资金具有流向经济中心的偏好及"反梯度"运动的基本特征。产业集群体的形成对区域经济发展有明显的促进作用，一般来说，集群体所在区域的经济生活水平高于区域以外地区，因而能吸引大量资金，形成区域内资金的相对集中。信息流是指从信源（信息发出方）到信宿（信息接收方）的空间传输过程。信息流动的强弱及传递通达度直接影响产业集群的兴衰运行。集群的存在使相关企业在地理位置上邻近，能促进信息的交流，并具有高传输性、可共享性、易转换性和替代性等特点。

区域产业系统就是在以上四要素的作用下非线性自组织的结果，其相互作用由不平衡走向平衡，由无序走向有序，最终形成产业集群，形成产业竞争力。

（二）区域产业竞争力评价体系的模块化

由前面区域产业竞争力的形成和提升过程可以知道，从最初区域内少量相关企业和产业的聚集，通过彼此间结成的生产网络，以非线性的自组织形式发生相互作用，使区域产业系统由无序到有序，形成产业集群，产业竞争力逐渐提升；当系统环境发生变化时，区域产业系统作出相应反应，通过产业结构调整，一部分产业集群走向衰亡，一部分产业集群得到升级，区域产业系统的生命得以延续，产业竞争力得以提升。在这一过程中，产业主体的聚集、自组织和创新是区域产业竞争力得以形成和提升的必要条件，如果没有复杂系统的聚集特性，区域产业主体就不能来到一个边界范围内，相互间就不能进行自组织，就不能形成产业集群，产业竞争力就不能提高乃至延续，如果没有创新，即使区域产业形成竞争力，也不好得到持续的提升。所以，区域产业主体的聚集、自组织和创新是决定区域产业竞争力强弱的决定因素。因此，在评价时，也应衡量区域产业系统的聚集程度、自组织程度和创新能力，从而相应地将区域产业竞争力评价体系分成三个模块：区域产业系统的聚集模块、区域产业系统的自组织模块和区域产业系统的创新模块。

以上评价体系是从区域产业竞争力的形成根源出发建立起来的，正所谓治标先治本，只有从区域产业竞争力形成的根源进行分析，区域产业系统自身强大起来，才能真正具有竞争力，其余所有的外界因素都是次要的。

由于区域产业系统是复杂系统，决定了其竞争力并不是三个模块的简单叠加，也就是说区域产业系统构成元素自组织程度高，其竞争力不一定强；产业聚集程度高，其竞争力不一定强；创新能力强，其竞争力不一定强；只有三者共同作用，才能使区域产业具有强大的竞争力，或者说，区域产业竞争力是三者共同作用的结果。

从复杂系统的视角对评价体系进行模块化划分,是一种全新的思考方法,使得每一部分评价既独立进行,又必须成为一个整体,从而使得评价目标和对策建议更有针对性。

三、区域产业竞争力评价体系的量化研究

(一) 区域产业系统聚集模块的度量

关于区域产业集聚度的计算,学者们从不同的角度提出了很多种方法,如行业集中度法、赫希曼—赫佛因德指数法、哈莱—克依指数法、熵指数法、空间基尼系数法和空间集聚指数法等。用行业集中度法、赫希曼—赫佛因德指数法、哈莱—克依指数法、空间基尼系数法以及空间集聚指数法等衡量产业的集聚水平,如果是从全球角度研究,主要是分析某产业主要集聚在哪几个国家;如果是在一国范围考察,则主要是看某产业主要集聚在哪几个区域,也可以细化到更小的市县单位。

本书考察的重点是某一产业在我国各个区域的集中程度,并且该考察项目是作为整个评价体系的一个子模块存在,以期建立一个通用的评价体系,因此应适用于衡量不同的产业,且对于同一区域来说,不同产业的集聚程度或竞争力应是可以比较的。考虑到数据获取的难易程度以及本评价体系的通用性,本书采用"区位商"对区域产业的集聚度进行度量。

区位商,又称为地方专门化率或专业化指数,区位商是产业经济学、区域经济学中常用的分析区域产业布局和产业优势的指标,是指一个地区特定部门的产值在该地区总产值中所占的比重与全国该部门产值在全国总产值中所占比重方面的比率,其表达式为:

$$LQ = \frac{X_{ij} / \sum_i X_{ij}}{\sum_j X_{ij} / \sum_i \sum_j X_{ij}}$$

式中,i 为第 i 个产业,j 为第 j 个产业,X_{ij} 表示第 j 个地区的第 i 个产业的产业指标,指标数值可以是以工业总产值、企业单位数、工业增加值、总资产、产品销售收入为依据。如果区位商大于1,则表明 j 地区 i 产业的集中度高于全国平均水平,具有比较优势;如果区位商小于1,表明 j 地区 i 产业的集中度低于全国平均水平,处于比较劣势;等于1则处于均势。

（二）区域产业系统自组织模块的度量

区域的产业环境、资源、产业主体及流量构成了区域产业系统，区域产业系统的演化，就是以上四要素在区域产业系统内自组织的过程。自组织的效果，用系统的有序度来定量研究，有序度计算，借用物理学中的"熵"。

1. 系统有序度的测算

熵最早起源于物理学，经过140多年的发展，熵已经从一个单纯描述微观世界的热力学概念，扩展为一个自然与社会统一的概念。它在物理学中用来描述无效性和混乱程度，在信息论中用来度量不确定性，对于一个广大的系统来说，熵可作为状态的混乱性或无序性的度量。在区域产业系统中，把区域产业要素结构的熵作为系统整体有序性的衡量尺度。

产业系统是一个复杂的开放系统，在系统的整个活动过程中，贯穿着物的流动、资金的流动和信息的流动，物质的流动和资金的流动通畅与否，决定着产业绩效的好坏，而信息流的任何阻塞和紊乱都会给物质流和资金流造成无序和混乱，影响系统的正常运转，可以说信息流对物质流和资金流的正常流动起着决定性作用。产业系统中，既有供应链之间的横向信息流动，又有上下游产业之间的纵向信息流动，因此，构成了纵横交错的信息流网络。

假设系统的信息是逐层流动的。信息流通中的两个主要指标是传输的时效性和准确性，参考生物系统结构熵 H 来对系统结构进行描述。系统的自组织程度可以用系统有序度 $R = 1 - H/H_m$ 来定义。其中，H 表示系统的结构熵，H_m 表示系统的最大熵；R 越大，表现系统有序化程度越高，系统的结构越高效。从信息传播的时效性和准确度角度分别定义系统的有序度，然后把二者综合起来即是系统中考虑信息流通时效性和准确度时系统的有序度。用失效来表示系统时效方面的有效性，而用质量来表示系统中信息流通中的准确性方面的有序性。

2. 系统的时效

如图4-2所示的系统结构，设系统共有 m 个层次，n 个要素。其中"2"表示系统的第2个元素，依此类推。

"│"表示元素与元素之间具有直接信息流，叫作联系；图中表示的只有上下级之间的信息联系，而在有些系统中也可能有横向信息联系。两元素之间经过的联系数叫作两元素的联系长度。

（1）时效及时效熵的定义（注：本书中的所有对数皆以2为底）。系统的时效反映信息在系统中或元素间传递的过程中信息流通的时效性大小，而时效熵则反映

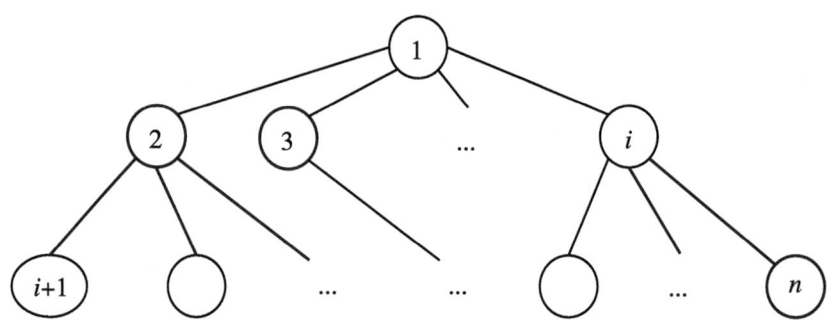

图 4-2 系统结构

信息在系统中或元素间流通时效性的不确定性大小。

系统微观态及其实现概率：系统微观态是指从某一方面观察系统时某（些）元素所处的数量状态，而其实现概率是该元素所处的微观态数量与系统全部元素微观态总和之比。

联系的时效熵：系统纵向上下级任意两个元素之间联系的时效熵 $H_1(i, j)$ 定义为：

$$H_1(i, j) = -p_1(i, j)\log P_1(i, j)$$

其中 $P_1(i, j)$ 为系统第 i, j 个联系的时效微观态实现概率，计算方法在计算步骤中给出。

系统总的时效熵 H_1 定义为：

$$H_1 = \sum_{i=1}^{N} \sum_{j=1}^{N} H_1(i, j)$$

系统的最大时效熵 H_{1m} 定义为：

$$H_{1m} = \log A_1$$

其中，A_1 为系统的时效微观态总数，计算公式将在计算步骤中给出。

系统的时效 R_1 定义为：

$$R_1 = 1 - H_1/H_{1m}, \quad R_1 \in [0, 1]$$

（2）时效的计算步骤。联系的 L_{ij} 长度的确定：两元素联系的长度定义为结构图中该两元素间的最短路径，直接相联的长度为1，每中转一次长度加1，根据系统结构图，确定各元素的时效微观态，即系统中各上下级元素间的联系的最短长度 L_{ij}，其中 i, j 表示元素的编号，$i, j = 1, 2, \cdots, N$。

计算系统的时效微观态总数 A_1：$A_1 = \sum_i \sum_j L_{ij}$；

计算系统的最大时效熵 H_{1m}；

计算各联系的时效微观态实现概率值：$p_1(i, j) = L_{ij}/A_1$；

计算系统纵向上下级和横向同一层次的任意两个元素之间的时效熵 $H_1(i, j)$；

计算系统的总时效熵 H_1；

求出系统的时效 $R_1 = 1 - H_1/H_{1m}$。

3. 系统的质量

（1）定义质量反映信息在系统或元素中流通时的准确性大小，质量熵描述信息质量不确定性的大小。

元素的质量熵 $H_2(i)$：元素的质量熵描述本元素在信息传递过程中出错机会的不确定性。

$$H_2(i) = -p_2(i)\log p_2(i)$$

其中，$p_2(i)$ 为系统第 i 个元素的质量微观态实现概率，计算方法在计算步骤中给出。

系统的总质量熵 H_2：

$$H_2 = \sum_{i=1}^{N} H_2(i) = -\sum_{i} p_2(i)\log p_2(i)$$

系统的最大质量熵 H_{2m}：

$$H_{2m} = \log A_2$$

其中，A_2 为系统的质量微观态总数，计算公式在计算步骤中给出。

系统的时效 R_2：

$$R_2 = 1 - H_2/H_{2m}$$

（2）质量的计算步骤。元素联系幅度 K_i 的确定：各元素的联系幅度定义为结构图中与该元素有直接联系的元素数量；根据系统结构图，确定系统中各元素的联系幅度 K_i（即质量微观态）；其中 i 表示元素的编号，$i = 1, 2, \cdots, N$。

计算系统的质量微观态总数 A_2：$A_2 = \sum k_i$；

计算系统的最大质量熵 H_{2m}；

计算各元素的质量微观态实现概率值：$p_2(i) = k_i/A_2$；

计算系统中各元素的质量熵 $H_2(i)$；

计算系统的总质量熵 H_2；

求出系统的质量 R_2，$R_2 \in [0, 1]$

（3）系统的效质有序度。系统的效质有序度就是在考虑系统信息传输的时效和质量时系统的有序度，用 R 表示，R 越大越优。

$$R = \alpha R_1 + \beta R_2$$

其中，α、β为时效和质量关于系统的权重系数。

（三）区域产业系统创新模块的度量

1. 评价手段

区域产业系统的创新模块，采用"区域产业的创新能力"进行度量，"区域产业的创新能力"指的是研究区域内某一具体产业的创新能力。借鉴中国科技发展战略小组对我国区域创新能力评价的研究（考虑到不同产业的不同特性，在构造每一项具体指标时，可以有所不同），构筑出区域产业创新能力的评价体系。

知识创造能力。是指不断创造新知识的能力，人类的不断进步是知识的不断创新并应用于工业和生活中的结果。没有量子力学的发现，便没有现代信息科学和技术；没有基因技术的突破，便没有现代生物医药产业。知识创造的过程，是一个通过科技研究开发机构，通过人力和科研经费的投入而实现的过程。因此，对科技的经费投入、人员投入等指标，是衡量一个地区知识创造能力的重要构成因素。

技术创新能力。大量的研究表明，创新的本质是经济活动；市场经济体系是推动创新的最好制度体系。企业是把发明和科技成果转化为创新的重要载体，是创新的基本组织实施单位。因此，在创新中，企业的作用是至关重要的，是创新的直接推动者，新知识通过企业的投资活动及企业家的组织，才能转化为消费者可消费的商品。企业的制造和生产能力、设计能力、研发能力等都是衡量产业技术创新的重要指标。

创新的环境。人们越来越意识到，在确立了企业是创新主体的前提下，环境便是决定因素。创新的环境包括基础设施水平、市场的大小、创新的金融环境、本区域的创业水平等。

在市场经济体系下，衡量地方政府工作的重要内容不是传统的计划和干预的多少，而是如何创造一个有利于企业创新的环境。由于政府远离市场，不能直接指导企业的技术创新活动。政府职能调整的关键是从依赖计划转向创造创新环境来推动企业的技术创新。

创新的经济效益。区域的创新能力最终要通过经济效益来衡量，区域的产业结构、对外贸易情况以及就业情况等都是重要的衡量因素。

国际经济越发达，对创新的投入会越多，创新的制度环境会越好，对创新的需求拉动也越强,创新的绩效越明显,反之,则相反。有效的创新活动促进了经济的繁荣,促进了人民生活水平的提高。因此,经济绩效既是一个推动创新的投入指标,又是衡量创新能力的产出指标。

2. 评价对象、时间与权重的选取

本评价体系以省、自治区、直辖市为基本区域单位,以某一区域内的某一具体产业作为评价对象,该评价体系适合于所有区域的任意产业,这也是本评价体系与以往产业竞争力评价体系不同的地方。

省、自治区、直辖市为基本区域单位是因为:第一,省、自治区、直辖市是基本的行政管理单位;第二,省、自治区、直辖市有较好的统计资料。

关于评价时间,由于统计部门对数据的采集、整理和出版需要很长时间,因此,评价所用的数据都不能使用当年的数据。另外,由于本评价体系涉及三大模块,每一模块都要用到很多某一具体产业的相关数据。因此,所有数据都要来自同一时间段,由于各个年鉴出版时间的不一致,导致数据的选择在时间上不会太新,而且由于涉及的指标太多,更加大了数据获取的难度。

权重的选取参照《中国区域创新能力报告》,再结合区域具体产业的实际情况通过咨询相关领域专家给出。

3. 评价的基本方法

(1) 基础指标的处理。单一指标采用直接获取的区域数据来表示。在无量纲化处理时采用效用值法,效用值规定的值域是 [0, 1]。即该指标下最优值为1,最差值为0,计算方法如下。

正效指标。如设 i 表示第 i 项指标,j 表示第 j 项指标,X_{ij} 表示 i 指标 j 区域的指标获取值,Y_{ij} 表示 i 指标 j 区域的指标效用值,$x_{i\max}$ 表示该指标的最大值,$x_{i\min}$ 表示该指标的最小值。则:

$$Y_{ij} = \frac{x_{ij} - x_{i\min}}{x_{i\max} - x_{i\min}}$$

正效指标,是指该项指标值越大,效用值越高,如劳动生产率、人均GDP、发明专利数等。

负效指标,是指该指标其值越大,效用值越低,如失业率[(失业人数+下岗人数)/当地就业人数]等,对这类指标的处理应采用如下方法:

$$Y_{ij} = \frac{x_{i\max} - x_{ij}}{x_{i\max} - x_{i\min}}$$

(2) 复合指标的处理。复合指标是采用两项或更多的单项数据指标复合计算后得到的,一般是增长率、平均数等,效用值的处理方法与单项指标相同。最后,对无量纲化的数据逐层加权处理。

(四) 区域产业竞争力的综合评价

在对以上三个模块分别度量的基础上,分别对每一模块赋以适当权重,然后再对三个模块进行加权处理,得出区域内某一产业竞争力的综合评价。

综上所述,本章根据模块理论解决复杂问题的优点,按照复杂系统的演化规律和特征,将区域产业竞争力评价体系模块化,将评价体系分为三个模块:区域产业系统的聚集模块、自组织模块和创新模块。

在此基础上,又对模块化后的评价体系进行定量研究。对于区域产业系统的聚集模块,采用"区位商"来衡量;对于自组织模块,采用"有序度"来衡量;对于创新模块,采用"区域产业创新能力"来衡量,使得评价体系更具有科学性,做到了定性分析与定量计算相结合。

第四节 福建特色农业分类及其竞争力评价方法

一、福建特色农业分类

福建省特色农产品种类齐全,特色农业产业培植与发展优势突出。《福建省三条特色农业产业带、四大主导产业和九个重点特色农产品发展区域布局规划》(2005—2010 年)指出,畜禽、笋竹、水产品、蔬菜、水果、食用菌、茶叶、花卉、烤烟等是福建九大重点特色农产品。在 2017 年出台的《福建省人民政府关于加快农业七大优势特色产业发展的意见》中,福建省进一步提出,将打造茶叶、蔬菜、水果、畜禽、水产、林竹、花卉苗木七个全产业链产值超千亿元的优势特色产业。可见,福建省传统培育的优势特色农产品主要集中在畜禽、笋竹、水产、蔬菜、水果、食用菌、茶叶、花卉、烤烟、竹林等大类。在 2013 年我国出台的《特色农产品区域布局规划(2013—2020 年)》中,从全国范围的视角上将特色蔬菜、特色果品、特色粮油、特色饮料、特色花卉、特色纤维、道地中药材、特色草食畜、特色猪禽蜂、特色水产等十类特色农产品作为重点扶持建设的对象。为了将福建地方特色农产品种类与全国特色农产品区域规划分类相对接,同时力求更全面地将本地特色农产品纳入研究范围,本研究确定了十大类特色农产品作为研究对象,分别是:特色茶叶、特色水产、特色草食畜和猪禽蜂、特色蔬菜和食用菌、特色果品、特色粮油、特色花卉、特色烤烟、道地中药材、特色笋竹与纤维(图4-3,表4-2,图4-4)。十大类中,将特色饮料和特色水产作为两个重点案例进行分析。

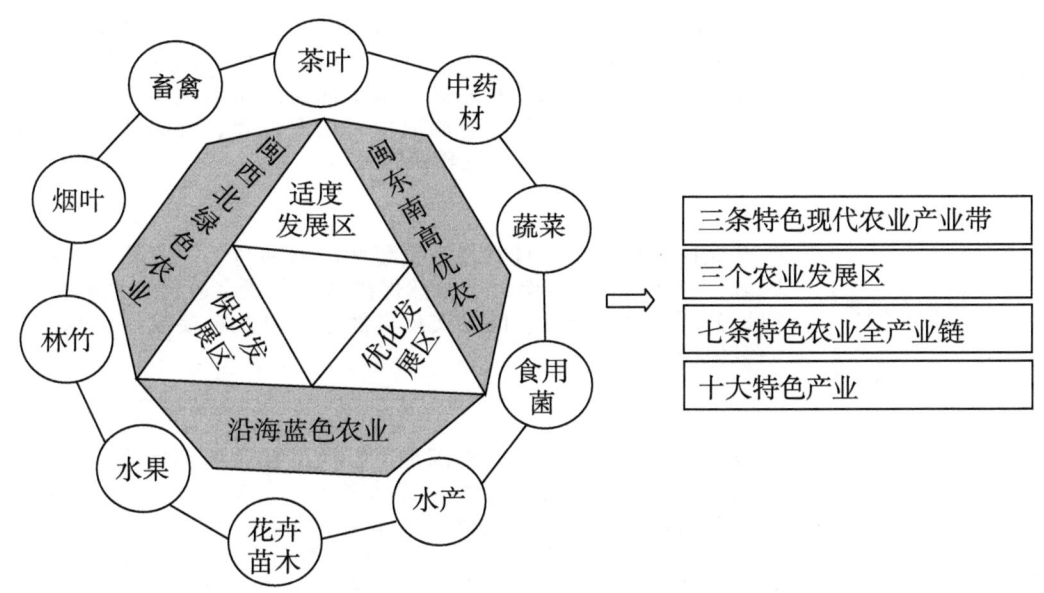

图4-3 福建特色农业产业布局

表4-2 福建省现代农业发展布局

区域		发展布局
三条特色现代农业产业带	闽西北绿色农业产业带	发展生态农业和绿色农业,加快区域化、专业化、标准化生产,提高农业综合经济效益,建设成为区域优势突出、基础设施配套、生态环境良好、产品质量安全的绿色农业产业带
	闽东南高优农业产业带	实施园艺化、设施化、工厂化生产,发展生态绿色农业、创意休闲农业、高科技农业,建设成为市场竞争优势明显、产业外向度高的农业产业带
	沿海蓝色农业产业带	发展海洋养殖、近海捕捞、远洋捕捞和新型海洋渔业,建设成为产业结构合理、生态环境优良、竞争优势明显的现代海洋渔业产业带

（续表）

区域		发展布局
三个农业发展区	优化发展区	农业生产基础好，特色农业产业集群优势明显，水土资源、光热资源较为丰富的区域
	适度发展区	"五江两溪"水生生态廊道、武夷山—玳瑁山脉和鹫峰山—戴云山—博平岭山脉生态功能保护带，是福建省水源涵养、生物多样性保护、生态廊道保护利用区、水土保持的重点生态功能区，农业生产特色鲜明，但生态脆弱或生态功能重要、资源环境承载力有限或工业化、城镇化进程较快的区域
	保护发展区	生态保护与建设方面具有特殊重要的战略地位、需要特殊保护的区域，包括240个省级以上自然保护区、风景名胜区、森林公园、湿地公园、地质公园、世界文化自然遗产以及重要饮用水水源地一级保护区
七条特色农业全产业链	茶叶全产业链	建设生态茶园，拓展茶叶精深加工，挖掘和弘扬茶文化，支持茶产业与旅游业融合发展，突出优势茶类、优势产区与优势品牌，扩大安溪铁观音、武夷岩茶、福州茉莉花茶、福鼎白茶、政和白茶、大田"江山美人茶"、坦洋工夫、平和白芽奇兰、漳平水仙、正山小种以及闽西北特色优势茶类等公共品牌的市场影响力与占有率。建设和完善泉州、南平、三明、宁德、漳州、福州等茶叶优势加工区，延伸产业链，提升加工能力与水平
	蔬菜全产业链	推动蔬菜集约化育供苗中心建设，建设高标准设施蔬菜基地，因地制宜发展特色菜、精细菜和高山反季节蔬菜生产，建设蔬菜冷链物流体系和低温配送中心，发展精深加工。重点建设蔬菜生产优势区、"菜篮子"工程基地及厦门、漳州、泉州、福州、莆田等蔬菜加工业集聚区
	水果全产业链	调整优化品种结构，建设标准生态果园，提升商品化处理、保鲜储藏和精深加工发展水平，发展水果采摘园等休闲观光产业，促进水果产业转型升级和产业链延伸，实现多重增值。引导大宗果类向优势区域集中，建设厦门、漳州、泉州等水果加工业集聚区，支持大中城市郊区发展观光休闲果园
	畜禽全产业链	推进畜禽养殖场标准化改造，发展生态环保养殖业，拓展壮大畜禽加工业，促进饲料工业转型升级，推进畜禽产业特色发展、规模发展、绿色发展。优化畜禽养殖布局，支持新罗、福清、浦城、光泽、上杭、长汀、延平、沙县、蕉城、邵武和梅列等地畜禽产品加工产业聚集发展，扶持大中城市发展畜禽屠宰加工集中区，支持优势区域发展饲料、兽药疫苗和有机肥等上下游产业

（续表）

区域		发展布局
七条特色农业全产业链	水产全产业链	推进标准化健康养殖池塘改造，推广健康生态养殖模式，壮大远洋渔业，发展水产品精深加工和出口加工，扶持都市型休闲渔业，促进水产饲料工业转型升级。重点建设东山、龙海、漳浦、石狮和同安等为主的闽南水产品加工产业聚集区，福鼎、霞浦、蕉城等为主的闽东水产品加工产业聚集区，连江、马尾、福清、涵江、秀屿等为主的闽中水产品加工产业聚集区，建设连江、东山、平潭等海峡两岸水产品加工基地，福州、宁德、厦门等水产品交易集散中心，以及国家级休闲渔业示范基地、省级现代渔业产业园区，支持福州、漳州、厦门等水产饲料产业集聚发展
	林竹全产业链	提升森林资源质量，发展笋竹、木本粮油、名特优经济林和林下经济，改造提升林产加工业，壮大森林旅游等林业服务业，重点建设三明、南平、龙岩、福州木竹加工产业集群，莆田、漳州、厦门木制家具和人造板加工产业集群，南平、三明林产化工产业集群，三明、泉州、宁德、南平、漳州等生物产业集群，推进莆田秀屿国家级木材加工贸易示范区建设，支持森林公园发展森林旅游，鼓励山区发展森林食品加工
	花卉苗木全产业链	建设特色优势花卉种质资源圃和花卉苗木生产基地，改造提升花卉苗木交易市场，发展花卉加工业、花卉创意休闲业。重点建设以清流、连城、长泰、延平、集美等为重点的鲜切花生产基地，以漳浦、龙海、南靖、洛江、漳平、连城、武平等为重点的盆栽生物基地，以清流、浦城、龙海、南安、永春、海沧、长泰等为重点的观赏苗木生产基地，培育花卉加工和园艺资材生产基地，推动优势区域发展花卉休闲旅游

资料来源：福建省"十三五"现代农业发展专项规划。

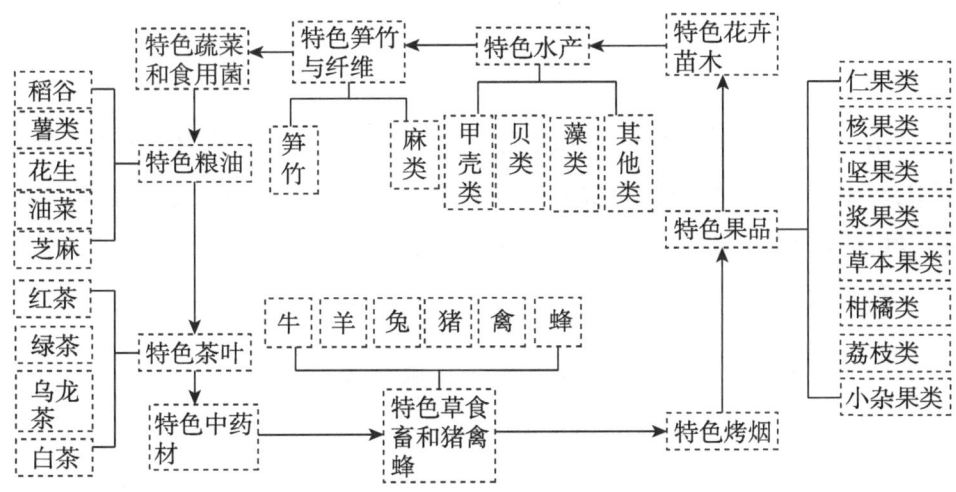

图 4-4 福建十大类特色农产品

二、竞争力评价方法

根据模块化思路，综合考虑现有的统计数据以及农产品自身基本属性和特点，为获取更为真实有效的测算结果，本研究对十大类农产品竞争力评价采用了差异化的计量方法，具体计算公式如下。

（一）特色畜禽比较优势公式

1. 综合比较优势指数

$$Z_{ij} = \sqrt{A_{ij} \times B_{ij}}$$

A_{ij} 表示存栏规模比较优势指数，B_{ij} 表示产量比较优势指数。若 $Z_{ij} > 1$，表示 i 县 j 种畜禽产品品种具有综合比较优势；$Z_{ij} < 1$，表示 i 县 j 种畜产品品种不具有综合比较优势；$Z_{ij} = 1$，说明位于平均水平。

2. 规模比较优势指数

$$A_{ij} = \frac{S_{ij}/S_i}{S_j/S}$$

A_{ij} 是指 i 县 j 种畜禽品种生产存栏规模比较优势指数。S_{ij} 是 i 县 j 种畜禽存栏量；S_i 是 i 县全部畜禽存栏量；S_j 是全省 j 种畜禽存栏量；S 是全省所有畜禽存栏量。若 $A_{ij} > 1$，表示 j 种畜禽具有规模比较优势；若 $A_{ij} < 1$，表示 j 种畜禽不具有规模比较优势；$A_{ij} = 1$，表示 j 种畜禽位于平均水平。

3. 产量比较优势

$$B_{ij} = \frac{P_{ij}/P_i}{P_j/P}$$

B_{ij} 表示 i 县 j 种畜禽品种产量比较优势指数。P_{ij} 是 i 县 j 种畜禽存产量；P_i 是 i 县全部畜禽产量；P_j 是全省 j 种畜禽的产量；P 是全省所有畜禽存栏量。若 $B_{ij} > 1$，表示 j 种畜禽具有产量比较优势；若 $B_{ij} < 1$，表示 j 种畜禽不具有产量比较优势；$B_{ij} = 1$，表示 j 种畜禽位于平均水平。

（二）特色蔬菜、烟叶、麻类、粮油比较优势

1. 综合比较优势指数

$$IAI_{ij} = \sqrt{SAI_{ij} \times EIA_{ij}}$$

IAI_{ij} 表示 i 县 j 种农产品综合比较优势指数。其中，SAI_{ij} 表示 i 县 j 种农产品种植

规模比较优势指数，EIA_{ij} 表示 i 县 j 种农产品效率比较优势；若 $IAI_{ij}>1$，表示 i 县 j 种农产品具有综合比较优势；$IAI_{ij}<1$，表示 i 县 j 种农产品不具有综合比较优势；$IAI_{ij}=1$，说明 i 县 j 种农产品位于平均水平。

2. 规模比较优势指数

$$SAI_{ij} = \frac{GS_{ij}/GS_i}{GS_j/GS}$$

GS_{ij} 为 i 县蔬菜（烟叶、麻类、粮油）的播种面积，GS_i 为 i 县农作物总播种面积，GS_j 为全省蔬菜（烟叶、麻类、粮油）播种面积，GS 为全省农作物总播种面积。$SAI_{ij}>1$，表示 i 县 j 种农产品具有规模比较优势；$SAI_{ij}<1$，表示 i 县 j 种农产品不具规模比较优势；$SAI_{ij}=1$，说明位于平均水平。

3. 效率比较优势指数

$$EIA_{ij} = \frac{AP_{ij}/AP_i}{AP_j/Ap}$$

AP_{ij} 为 i 县蔬菜（烟叶、麻类、粮油）单产，AP_i 为 i 县农作物平均单产，AP_j 为全省蔬菜（烟叶、麻类、粮油）单产，AP 为全省农作物的单产。$EIA_{ij}>1$，表示 i 县 j 种农产品具有效率比较优势；$EIA_{ij}<1$，表示 i 县 j 种农产品种不具效率比较优势；$EIA_{ij}=1$，说明位于平均水平。

（三）药材、花卉、食用菌、纤维、烟叶的比较优势

资源禀赋系数计算公式为：

$$EF = (V_i/V_{wi})/(Y/Y_w)$$

式中，V_i 为某一省份或地区拥有的 i 类资源，V_{wi} 为全国或全省拥有的 i 类资源；Y 为该省或该地区国民生产总值，Y_w 为全国或全省国民生产总值。

如果 $EF>1$，则某省或某一地区 i 类资源具有比较优势；反之则不具有比较优势。在此，V_i 为福建省各地区食用菌产品的 i 类产量，V_{wi} 为全省拥有的食用菌产品 i 类产量；Y 为该地区农业总产值，Y_w 为全省农业总产值。

（四）食用菌比较优势公式

1. 综合比较优势指数

$$IAI_{ij} = \sqrt{SAI_{ij} \times VAI_{ij}}$$

IAI_{ij} 表示 i 县 j 种农产品综合比较优势指数。SAI_{ij} 表示 i 县 j 种农产品种植规模比较优势指数，VAI_{ij} 表示 i 县 j 种农产品产值比较优势。若 $IAI_{ij}>1$，表示 i 县 j 种农产

品具有综合比较优势;$IAI_{ij}<1$,表示 i 县 j 种农产品不具有综合比较优势;$IAI_{ij}=1$,说明 i 县 j 种农产品位于平均水平。

2. 规模比较优势指数

$$SAI_{ij} = \frac{GS_{ij}/GS_i}{GS_j/GS}$$

GS_{ij} 为 i 县药材(花卉)的播种面积,GS_i 为 i 县农作物总播种面积,GS_j 为全省药材(花卉)播种面积,GS 为全省农作物总播种面积。$SAI_{ij}>1$,表示 i 县 j 种农产品具有规模比较优势;$SAI_{ij}<1$,表示 i 县 j 种农产品种不具规模比较优势;$SAI_{ij}=1$,说明位于平均水平。

3. 产值比较优势指数(坚果单独采用)

$$VAI_{ij} = \frac{PV_{ij}/PV_i}{PV_j/PV}$$

PV_{ij} 为 i 县药材、坚果(花卉)的产值,PV_i 为 i 县农作物总产值,PV_j 为全省药材、坚果(花卉)总产值,PV 为全省农作物总产值。$VAI_{ij}>1$,表示 i 县 j 种农产品具有产值比较优势;$VAI_{ij}<1$,表示 i 县 j 种农产品种不具产值比较优势;$VAI_{ij}=1$,说明位于平均水平。

(五)特色水果、茶叶比较优势公式

目前,分析地区农产品比较优势的度量方法较丰富,如综合比较优势法(李宝玉 等,2014),区位商法(刘喜波,2015)。本研究基于多区域多品种比较优势分析的目的,构建了水产品的区位商和生产规模指数相结合的比较优势分析模型。计算公式如下:

$$Q_i = \frac{a_i/s_i}{A/S}$$

$$E_{ij} = \frac{a_{ij}}{A_j/k}$$

$$C_{ij} = Q_i \times W_1 + E_{ij} \times W_2$$

式中,Q_i 为 i 县水果(茶叶)区位商,a_i 为 i 县水果总产量,s_i 为 i 县水果(茶叶)总种植面积,A 为福建省水果(茶叶)总产量,S 为福建省水果(茶叶)种植面积;E_{ij} 为水果(茶叶)生产规模指数,a_{ij} 为 i 县 j 种水果(茶叶)产量,A_j 为全省 j 种水果(茶叶)产量,k 为全省参加计算的县数量;C_{ij} 为 i 县 j 种水果的比较优势指数。W_1 和 W_2 为权重,各取值为 0.5。$C_{ij}=1$ 说明位于平均水平,$C_{ij}>1$ 说明该项指数具有比较优势，$C_{ij}<1$ 则没有比较优势，值越大，比较优势越明显。

（六）水产比较优势公式

采用 TOPSIS 模型，其中心思想是：先选定可行方案中的一个"正理想方案"和一个"负理想方案"，然后利用与正理想解和负理想解的距离信息，找出与正理想方案最近且和负理想方案最远的方案作为最优方案。

首先，构造福建省县域水产比较优势原始数据矩阵，假设 m 为福建省各县（市）的总数，n 为评价指标总数，x_{ij} 表示第 i 个评价单元的第 j 个指标的评价值。

$$X = \begin{bmatrix} x_{11} & x_{12} & \cdots & x_{1j} \\ x_{21} & x_{22} & \cdots & x_{2j} \\ \cdots & \cdots & \cdots & \cdots \\ x_{i1} & x_{i2} & \cdots & x_{ij} \end{bmatrix}$$

其次，对初始数据进行归一化处理，公式如下：

$$Y_{ij} = \frac{x_{ij}}{\sqrt{\sum_{i=1}^{j}(x_{ij})^2}} \text{ 或 } Y = \frac{1/x_{ij}}{\sqrt{\sum(1/x_{ij})^2}}$$

得到归一化的矩阵为：

$$Y = (Z_{ij})n \times m$$

再次，将各列最大值构成的最优指标评价值集合 V_+（正理想解），最小值构成最劣指标评价值集合 V_-（负理想解），分别计算各评价单元各指标值与正理想解及负理想解的距离 D^- 和 D^+。

$$V_+ = (Z_{\max 1}, Z_{\max 2}, \cdots, Z_{\max n})$$

$$V_- = (Z_{\min 1}, Z_{\min 2}, \cdots, Z_{\min n})$$

$$D_i^+ = \sqrt{\sum_{j=1}^{n}(v_{ij} - v_j^+)^2} \quad (i = 1, 2, 3, \cdots, m)$$

$$D_i^- = \sqrt{\sum_{j=1}^{n}(v_{ij} - v_j^-)^2} \quad (i = 1, 2, 3, \cdots, m)$$

最后，计算各评价单元与最优方案的接近程度 C_i。

$$C_i = D_i^- / (D_i^+ + D_i^-)$$

C_i 越接近 1，表示该评价单元越接近正理想解，越具有比较优势。

三、优势区分类

根据各种商品情况所计算的优势指标值,将比较优势指数≥3的区域归为三级比较优势区;2≤比较优势指数＜3的归为二级比较优势区;1≤比较优势指数＜2的归为一级比较优势区。

第五章 特色茶叶竞争优势与区域布局研究

福建是历史悠久的产茶大省，自然条件得天独厚，茶类品种丰富，在中国茶叶生产和出口中都占有重要地位。本研究以福建省为研究区域，以福建省的 67 个县（市、区）（其中各辖区市作为一个整体）为研究对象，在产业品类研究对象方面，选取福建省具有突出特色和优势的茶产业，包括乌龙茶、白茶、红茶、绿茶四大类。乌龙茶是福建茶叶的主导产品，分布全省各地，种植面积由 1990 年的 11.674 万公顷到 2000 年的 12.921 万公顷，再到 2020 年的 23.798 万公顷，产量从 1990 年的 5.82 万吨到 2000 年的 12.60 万吨，再到 2020 年的 23.79 万吨；绿茶类的覆盖范围主要在福州、宁德、泉州、龙岩等地，红茶和白茶主要产自闽东地区。2020 年福建省绿茶、红茶和白茶总产量分别达 12.9 万吨、5.5 万吨和 3.8 万吨。

第一节　研究方法

研究方法主要分四步：一是从产业实力角度通过竞争优势方法分析福建省县域各主要茶类的优势竞争力和区域空间分布特征；二是对福建省 67 个县域的农业主导产业发展意愿选择进行调查，预测未来各茶类作为县域特色优势产业发展的情况；三是将优势县与选择县进行匹配比对，寻找各茶类的空间集聚结构及其结构不合理的状况；四是归纳分析茶产业发展当前存在的主要问题和化解方法，并从财政扶持出发提出优化茶叶主要品种种植结构布局的做法和建议，以推进茶产业的合理布局和可持续发展。

1. 竞争优势分析与优势区域布局分析

（1）竞争优势分析。茶产业对自然条件等方面具有独特的要求，特别是土壤、水分、光照等，因此不同地区有自身最适宜的茶类，结合考虑数据的可获得性和模型选取适宜性，本研究采用综合优势分析法进行竞争优势分析。比较优势指数由产品的区位商和生产规模指数两部分组成，因区位商是相对数，不能消除县级单位空间规模和生产体量大小的差别，所以引入生产规模指数指标综合计算优势指数。茶产业品种的比较优势指数的计算公式如下：

$$E_i = (F \times W_1 + F_i \times W_2) \times 100$$

$$F = (A_1/S_1)/(A_2/S_2)$$

$$F_i = A_{i1}/(A_{i2}/k)$$

式中，E_i 为县茶叶品种 i 的比较优势指数，F 为县 i 种茶产品区位商，A_1 为县茶叶产值，S_1 为县茶叶面积，A_2 为省茶叶产值，S_2 为省茶叶面积，F_i 为茶叶生产规模指数，

A_{i1} 为县 i 种茶叶产值，A_{i2} 为全省 i 种茶叶产值，k 为全省参加计算的县数量。

（2）优势区域布局分析。根据竞争优势分析结果，将福建省县域各茶类按照优势指数 $E>1$、$0.5<E<1$、$0<E<0.5$ 三类进行区域特征分析。其中优势指数 $E>1$ 的县域为产业特色实力强区域，优势指数 $0.5<E<1$ 的县域为产业特色实力普通区域，优势指数 $0<E<0.5$ 的县域为产业特色实力弱区域。

2. 县域特色优势茶产业意愿选择分析

按照《福建省农业综合开发扶持农业优势特色产业规划（2016—2018）》细分的农业十大产业（粮油、蔬菜、笋竹、水果、茶叶、花卉、中药材、畜禽蜂、水产和其他），对福建省 67 个县域进行调查，每个县选择扶持发展的前两类，其中茶叶分为乌龙茶、红茶、绿茶和白茶四类进行统计。

3. 优势县与意愿县匹配比对和集聚效应分析

将各县四类茶叶竞争力大于平均水平的优势县和调查选择茶叶作为特色主导产业的意愿县进行匹配比对，分析优势县和意愿县之间的差异化程度和空间布局，并从特殊的自然因素出发，从集聚效应的角度剖析产业空间分布结构不足和优化的方向。

4. 产业结构优化布局分析

在分析福建省茶产业的县域竞争力、空间分布、发展意愿调查和匹配基础上，总结产业结构布局存在的不足和优化的方法，以财政扶持农业产业结构优化角度，从产业扶持前的计划制订和扶持产业方向选择、产业扶持当中的发展重点和发展难点、产业扶持以后的效益情况和反馈等方面，分析进一步优化茶产业结构和空间分布，以推进福建省茶产业可持续发展。

第二节 县域竞争力测度与区域结构

一、竞争力测度与产业区域布局特征

（一）竞争力测度分析

产业竞争力是产业综合生产能力的本质特征，在一定的生产技术和管理水平等综合的基础上，反映生产各个环节及产业的各个阶段，在市场竞争中通过盈利能力和价格主导能力体现。本研究从县域在省域内的茶叶竞争力来反映地区的相对竞争

优势，是区域主导产业选择和空间结构优化的基础。通过综合优势分析法对福建省 63 个涉茶区域的红茶、绿茶、乌龙茶和白茶进行竞争力水平计算。避免权重分配上人为评判的主观性影响，公式 $E_i = (F \times W_1 + F_i \times W_2) \times 100$ 中的 W_1 和 W_2 各取 0.5。经过分析可求得各县四类茶的比较优势指数，如表 5-1 所示。

表 5-1 福建省 63 个涉茶区域 4 种茶叶的比较优势指数

地区	红茶	绿茶	乌龙茶	白茶	地区	红茶	绿茶	乌龙茶	白茶
福州市辖区	0.57	1.17	0.57	0.57	云霄县	0.46	0.46	0.66	0.46
福清市	0.64	0.66	0.58	0.65	漳浦县	0.46	0.46	0.50	0.46
闽侯县	0.38	0.49	0.58	0.38	诏安县	0.93	0.93	2.87	0.93
连江县	1.41	4.33	1.58	1.40	长泰县	0.77	0.77	1.16	0.77
罗源县	1.04	2.66	0.68	0.68	南靖县	0.71	0.71	1.76	0.71
闽清县	1.22	1.25	0.60	0.60	平和县	0.81	0.81	2.52	0.81
永泰县	4.22	3.27	1.94	1.41	华安县	0.73	0.73	3.51	0.73
平潭县	0.00	0.00	0.00	0.00	南平市辖区	1.17	0.52	0.66	1.45
厦门市辖区	0.36	0.36	0.58	0.36	邵武市	3.39	2.15	1.03	0.93
莆田市辖区	1.34	1.20	1.28	1.20	武夷山市	1.65	0.77	3.11	0.44
仙游县	1.14	1.06	1.30	0.97	建瓯市	0.71	0.72	2.87	0.56
三明市辖区	0.71	0.71	0.78	0.71	顺昌县	0.42	0.41	0.43	0.40
永安市	0.37	0.46	0.59	0.34	浦城县	0.31	0.67	0.24	0.23
明溪县	0.84	0.85	1.11	0.72	光泽县	0.38	0.40	0.16	0.16
清流县	0.90	0.67	0.31	0.31	松溪县	3.03	1.38	0.73	1.02
宁化县	0.83	1.64	0.65	0.70	政和县	1.88	2.03	0.52	3.96
大田县	1.50	0.97	1.97	0.53	龙岩市辖区	1.25	0.93	0.61	0.58
尤溪县	2.35	2.79	0.95	0.66	漳平市	0.42	0.42	2.25	0.42
沙县	1.09	1.36	1.36	0.99	长汀县	0.92	0.63	0.53	0.47
将乐县	0.50	0.62	0.49	0.47	上杭县	0.45	0.87	0.46	0.44
泰宁县	0.33	0.20	0.28	0.19	武平县	0.61	1.30	0.55	0.52
建宁县	1.01	1.43	0.99	0.99	连城县	0.67	0.54	0.54	0.44
泉州市辖区	0.89	0.72	0.75	0.72	宁德市辖区	1.15	2.11	0.45	0.67

(续表)

地区	红茶	绿茶	乌龙茶	白茶	地区	红茶	绿茶	乌龙茶	白茶
石狮市	0.00	0.00	0.00	0.00	福安市	5.92	4.18	0.49	1.93
晋江市	0.00	0.00	0.00	0.00	福鼎市	2.18	1.81	0.52	22.19
南安市	0.20	0.21	0.36	0.20	霞浦县	0.42	2.00	0.35	1.02
惠安县	0.19	0.19	0.19	0.19	古田县	0.34	0.33	0.27	0.22
安溪县	0.42	0.42	11.06	0.42	屏南县	0.44	0.39	0.30	0.30
永春县	0.52	0.52	2.07	0.52	寿宁县	5.51	3.06	0.54	1.30
德化县	0.21	0.21	0.43	0.21	周宁县	1.41	1.81	0.38	0.84
漳州市辖区	1.34	1.34	1.41	1.34	柘荣县	0.93	0.89	0.49	3.19
龙海市	0.16	0.16	0.18	0.16					

从表 5-1 结果分析，福建省大部分县域都有茶叶种植，且茶类品种多样。结合实际调查，福建白茶类主要是福鼎白茶和政和白茶等；红茶主要有坦洋工夫、政和工夫和白琳工夫等；乌龙茶主要有铁观音、水仙、大红袍、肉桂、黄金桂、佛手等；而绿茶种植的品种相对比较多、散。从发展优势方面看，具有比较大优势的县域不多。四类茶叶优势指数 $E>1$ 的县域绿茶 22 个、乌龙茶 19 个、红茶 22 个、白茶 12 个，全省优势指数处于平均值以上的县域绿茶占 34.4%、乌龙茶占 29.7%、红茶占 34.4%、白茶占 18.8%。县域水平超过全省平均水平 2 倍的县域绿茶 10 个、乌龙茶 8 个、红茶 7 个、白茶 3 个。优势指数单值最高的是福鼎白茶，其优势指数值达到 22.2，结合各类茶全省总产量（乌龙茶 23.8 万吨、绿茶 12.9 万吨、红茶 5.5 万吨和白茶 3.8 万吨），表明福建的白茶分布相对集中，仍有发展空间，其主要种植县域为福鼎市和政和县，尤以福鼎市最多。在乌龙茶方面，安溪的铁观音最为突出，优势指数达 11.06，2014 年种植面积达 50.4 万亩。而作为茶叶种植重点县的福安，主要以红茶和绿茶种植为主。

（二）产业区域布局特征分析

将县域茶叶优势指数按 $E>1$ 的县域为产业特色实力强区域，$0.5<E<1$ 的县域为产业特色实力普通区域，$0<E<0.5$ 的县域为产业特色实力弱区域进行分类，可以得到实力强区域红茶 22 个、乌龙茶 19 个、绿茶 22 个、白茶 12 个，实力普通区域红茶 18 个、乌龙茶 22 个、绿茶 22 个、白茶 25 个，实力弱区域红茶 24 个、乌

龙茶 23 个、绿茶 20 个、白茶 27 个。

红茶主要分布于福建的东北区域和中部几个县域（尤溪、永泰和仙游），其中闽东北形成具有产业集聚的特征，主要以闽东福安市的小种茶为中心形成初级的产业集聚体系，但该区域集聚程度不高，还停留于茶产业的种植、初加工，对茶叶深加工涉及少，产业服务业处于起步阶段（图 5-1）。

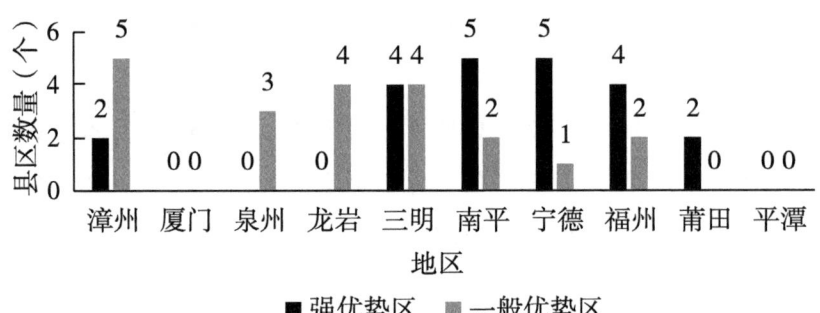

图 5-1　福建省红茶优势县区分布数量

绿茶主要分布于闽东和闽中区域，闽东种植优势区域主要以宁德地区的县域为主，尤以"天山"绿茶最为出名，涉及福安、福鼎、周宁等县，得益于福安市具有悠久的种茶历史和茶叶科研力量，正在形成以种植、加工、科研为链条的茶产业集聚体系。闽中以福州地区的茉莉花茶为核心，但由于福建省茉莉花茶消费仅福州市有一定消费市场，需求范围小，产业发展规模不大（图 5-2）。

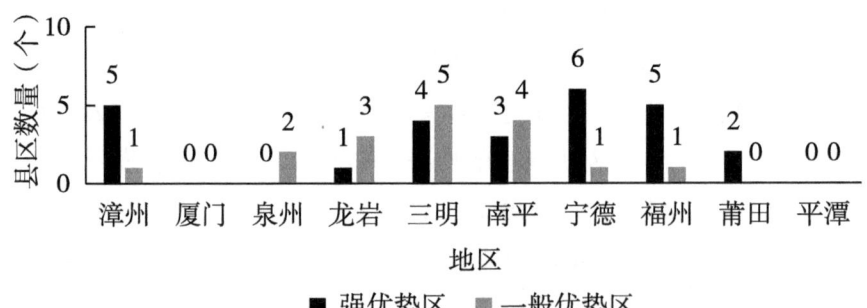

图 5-2　福建省绿茶优势县区分布数量

乌龙茶主要分布于闽南和闽北，闽南地区以安溪铁观音茶系为核心，闽北地区以武夷山大红袍茶系为核心，这两大乌龙茶品系的产业集聚特征比较明显，产业链发展也比较完善。特别是铁观音，从产前的农资、农机，到产中的种植，再到产后的加工、服务、品牌等都形成比较完整的链条体系，但由于茶叶种植门槛低、农资管理松散和可追溯体系不完善，在产品质量控制方面还存在不少不足，需要在未来发展中进一步扶持和优化（图5-3）。

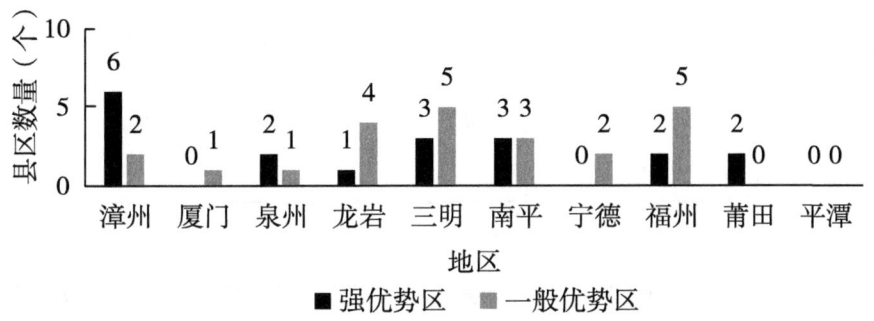

图5-3 福建省乌龙茶优势县区分布数量

福建的白茶在区域上分布零散、优势区域不多，主要分布于宁德的福鼎市和南平的政和县，这两个县是福建的白茶主要生产区域，优势突出（图5-4）。

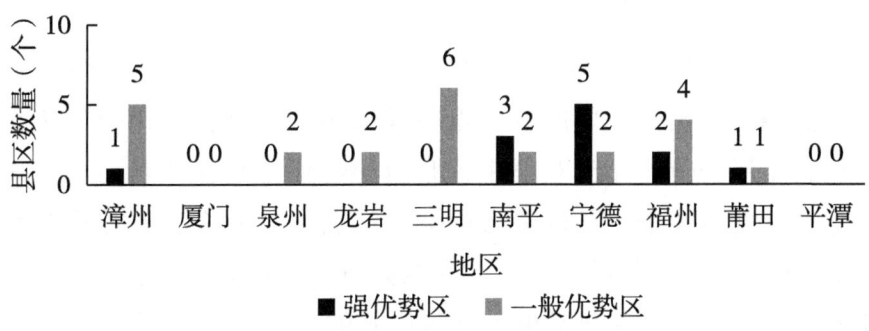

图5-4 福建省白茶优势县区分布数量

二、茶产业县域意愿选择调查

按照《福建省农业综合开发扶持农业优势特色产业规划（2016—2018）》细分的农业十大产业标准进行的县域特色主导产业选择，经整理，有16个县域的特色主导产业选择茶叶，更有6个县域选择2个茶类品系作为县域主导产业（表5-2）。其中选择最多的是乌龙茶，有8个县域；其次是红茶和绿茶，有6个县域；白茶只有2个县域选择。从福建省的地形特征和农业发展状况可以看出茶产业发展具有较好的发展空间。

表 5-2 福建省特色主导产业选择茶叶的县域

类别	县域
红茶	福安县、寿宁县、宁德市辖区、周宁县、莆田辖区、尤溪县
乌龙茶	安溪县、华安县、南靖县、永春县、武夷山市、漳平市、大田县、莆田辖区
绿茶	福安市、寿宁县、尤溪县、周宁县、宁德市辖区、武平县
白茶	福鼎市、政和县

从特色主导产业选择茶叶在福建省县域的布局中,主要集聚两大板块,一个是铁观音、佛手、水仙等品种的乌龙茶类别,分布地区主要包括安溪、永春、华安、漳平、大田等县域;另一个是小种茶、白茶等品种的红茶、绿茶和白茶,分布地区主要包括宁德福安、寿宁、周宁、福鼎、蕉城和南平的政和等县域。

三、空间分布比对与集聚效应分析

对具备优势实力的优势县与隐藏有可持续发展意愿的意愿县进行比对,可以发现,在选择特色农业主导产业中以茶叶为主导的县,其比较优势指数除莆田辖区外均大于平均值。在红茶类中,是意愿县而不是优势县的有 1 个,是优势县且是意愿县的有 5 个,是优势县但非意愿县的有 9 个,不是优势县也不是意愿县的有 52 个;在乌龙茶类中,是意愿县而不是优势县的有 1 个,是优势县且是意愿县的有 7 个,是优势县但不是意愿县的有 11 个,不是优势县也不是意愿县的有 48 个;在绿茶类中,是优势县且是意愿县的有 6 个,是优势县但不是意愿县的有 11 个,不是优势县也不是意愿县的有 49 个;在红茶类中,是优势县且是意愿县的有 2 个,是优势县但不是意愿县的有 2 个,不是优势县也不是意愿县的有 62 个。

在福建省的 4 类茶中,集聚特征最明显的是乌龙茶,该类茶主要形成了以安溪铁观音和武夷山岩茶为代表的两大茶品系产业链,其中安溪铁观音最为突出,形成以安溪为中心,连接永春、大田、漳平、华安和南靖等县为一体的空间格局。其次是绿茶和红茶,主要以福安为中心,辐射寿宁、周宁和蕉城等县区,主要以小种茶为依托;在白茶类中,由于种植区域比较少,主要集中在福鼎和政和两县,且品种和工艺也有所区别,产业链条比较短。

第三节 小结与政策建议

一、研究结论

茶产业作为经济作物在福建农业产业中占有很大的份额,但产业结构雷同、布局不合理,使得价格波动大,为了更好促进县域间茶产业结构的合理布局和可持续发展,本研究从测算茶产业竞争力、分布特征分析、主导产业选择调查等进行研究。研究结果如下。

(1) 茶产业的竞争力测度。在测算的67个县域样本中,除东山县、石狮市、晋江市和平潭县4个县域没有发展茶产业,其他63个县域均有种植茶叶,但从优势指数测算结果发现,比较优势指数 $E>5$ 的县域仅4个,比较优势指数 $3<E<5$ 的县域也仅为11个,这说明四大类茶在福建省分布的品种和区域比较广泛,茶结构雷同较多,影响力强的品牌少。

(2) 县域农业主导产业对茶产业的选择。67个县域中有16个县域选择茶产业作为农业主导产业,占比达到25.4%,16个县域中的福安市、寿宁县、宁德市辖区、尤溪县、周宁县和莆田市辖区6个县域选择了两类茶作为主导产业。结合福建省的自然条件和区域特征,说明茶产业在福建农业产业中的重要位置,但16个县域的优势指数比较低。

(3) 优势县与选择县匹配情况和聚集特征。匹配分析得出以茶叶作为农业主导产业发展的县域除莆田市辖区外竞争力均高于平均水平。这说明在过去的十几年里,部分县域茶产业开始形成聚集特征并产生聚集效应。如安溪及其周边县域形成了铁观音乌龙茶;福安及寿宁、周宁、蕉城、尤溪、武平逐步形成以红茶和绿茶为聚集;福鼎和政和形成白茶聚集等。但是伴随消费需求的变化,结构不合理和链条不长使得茶产业效益不高。

二、优化建议

鉴于财政扶持在提升产业竞争力和引导农业产业结构优化与布局中的重要性,本研究对福建省县域茶产业优化从扶持前的规划与方向、扶持中的重点和主导、扶持后的效益和反馈等提出对策建议。

（一）财政扶持方面

（1）财政扶持前有计划和方向。地区资源优势是形成地区特色产业的基础和前提，福建茶类丰富，名品荟萃，但由于市场信息缺乏，茶农和企业对各类茶叶种植面积和年度产量有一定的滞后性。因此，各地各级政府部门要根据地方特色资源的状况和环境压力，以"自上而下"和"自下而上"相互结合的方式，根据市场需求变化情况，通过预测评估等手段对茶叶质量和数量的调整做出计划性的布局，避免企业和茶农盲目跟风，过度发展，造成价格剧烈波动。

（2）财政扶持有重点和主导。伴随市场需求和产业环境下降，茶叶的发展格局要不断调整和改善，防止过度开发和产品质量下降。为此，要通过农业补贴的指向性、精准性和实效性，重点补贴农业基础设施建设、品牌建设、土壤改良等基本环节。同时，各县域要在供给侧结构性改革背景下，利用宏观政策手段，扶持地方特色产业和优势产业，不搞"跟风运动"。一是要立足现有条件，扬长避短，发挥特色，比较中求生存，优势中求发展；二是要分析市场，深挖需求，谋求特色和优势；三是要紧密结合市场需求。

（3）财政扶持后有效益和反馈。由于我国农业农村管理部门多头分散，重复补助和补助针对性不强多有出现，为提高优化结构的效果，要改变政府部门既当"运动员"又当"裁判员"的不合理机制，形成政府购买服务，从理念、职能、机制上实现政府职能转变，从政策制定方面当好"教练员"和依法监督做好"裁判员"。在补贴对象选择和审查方面可由社会服务机构来完成，让更多的社会力量参与进来，营造发展特色农业经济的优良环境和反馈机制。特别是根据福建不同区域的茶叶最适宜类型、品种，把分散的生产经营者联结起来，提高市场的组织化程度。

（二）产业链提升方面

在安溪、武夷山等重点茶区集成并推广一批优质高效、生态低碳的技术模式；在福鼎、政和、建阳、松溪等闽东北茶区，加快白茶发展，调高红茶类比重，改造完善绿茶加工设施设备；在闽东红绿茶区、闽南乌龙茶区重点推广高香型、制优率高、适制性好的茶树品种，推进低产茶园改植换种。同时，着力拓展茶叶精深加工，延伸产业链条。

（1）围绕一产着力稳定面积、优化结构、提升品质和质量水平。在安溪、武夷山等重点茶区研究集成组装并推广标准化茶园种植模式，加快农机农艺配合，夯实安溪铁观音、武夷岩茶等区域公用品牌推广基础。在闽东红绿茶区、闽南乌龙茶区重点推广金牡丹、紫玫瑰、春闺等高香型、适制性好的茶树品种。推进低产茶园改植换种，积极推进茶叶标准化生产，推行茶树病虫害专业化统防统治，推广茶树病虫害绿色防控技术。建成标准化茶叶基地100万亩，实施病虫害专业化统防统治180万亩以上。

（2）围绕二产着力拓展茶叶精深加工，延伸产业链条。推动茶叶初制加工升级改造，推广使用清洁能源替代传统能源，全面完成老旧加工厂改造升级。组织开发适应市场需求的茶叶产品，提升标准化加工水平，新增茶叶精制加工不落地自动化生产线100条，精制茶加工量提升10个百分点以上。鼓励开发速溶茶、保健功能茶、休闲茶食品、茶生物制剂和添加剂等产品。

（3）围绕三产着力培育品牌、拓展市场。巩固提升安溪铁观音、武夷岩茶、福鼎白茶等10个重点区域公用品牌，支持重点龙头企业加强品牌茶叶的系列化多样化开发，推动茶叶标识销售。鼓励新型茶业商业模式创新，促进茶叶电子商务规范发展，加快实体店功能转型。支持开设品牌专卖店、连锁营销、电子商务和现代茶馆茶楼等经营网点。持续开展"闽茶海丝行"茶叶经贸活动，扶持有条件的茶叶企业积极参与国际市场竞争。

第六章 特色水产竞争优势与区域布局研究

第一节 福建水产品概况与研究

2017年中央一号文件指出,我国农业的主要矛盾已由总量不足转变为结构性矛盾,突出表现为阶段性供过于求和供给不足并存,矛盾的主要方面在供给侧。在2016年农业部首次亮出的中国农业供给侧结构性改革清单中,渔业是重点推进结构调整和转型升级的产业之一(于文静,2016)。渔业供给侧结构性改革旨在从供给端入手,通过促进水产品供给结构优化,有效扩大中高端供给,实现水产品供给与消费需求的无缝对接(许瑞泉,2016)。

一、福建水产品概况

"闽之利在于水""海,闽人之田也"。福建是我国渔业大省,海岸线3 324千米,居全国第二位,海洋国土面积13.6万平方千米,占福建国土面积的"半壁江山"。农业农村部网站公布的数据显示,2020年,福建渔业产量约833万吨,产值约1 373亿元,分别占全国的12.72%和10.75%。多年来,水产出口量位居全国首位。因此,水产产业是福建省一大优势特色产业。"十三五"期间福建省提出着力创新驱动和供给侧结构性改革,实现各设区市渔业的重点功能、主攻差异化发展,重点打造大黄鱼、石斑鱼、鳗鲡、对虾、牡蛎、鲍鱼、海带、紫菜、海参、河鲀十大特色品种,实现十大特色品种全产业链产值全部超过百亿元。虽然,近年来福建省渔业发展提质增效明显,但是水产品整体附加值低、水产养殖结构趋同普遍、水产品质量安全问题突出、水产养殖抗防灾能力不足、水域生态环境污染等问题依然凸显。因此,现阶段渔业要完成"调结构、提品质、促融合、去库存、降成本和补短板"六大任务,解决的基本途径是要优化水产产业空间布局,发挥供给地渔业生产的区域比较优势,做大做强现代特色渔业产业。

二、特色水产品研究

发达国家特色农业的研究最早可追溯到20世纪50年代,而我国对特色农业的探索和实践则萌芽于20世纪80年代(严小燕 等,2017)。其中,对特色农业竞争力评价及其空间布局是近年来研究的热点。从研究的空间尺度上看,从微观地域到宏观地域研究均有涉及,中观和宏观居多。微观尺度:秦宏等(2015)在

GEMS模型框架下对青岛市海洋渔业产业集群竞争力进行评价。于谨凯等（2014）从经济效益、社会效益、资源环境效益和功能一致性等角度构建海洋渔业空间布局合理度评价模型，并对山东半岛蓝区海洋渔业空间布局合理度进行了评价。王金荣（2008）对河西走廊主要特色农产品，包括棉花、制种等进行了区域优势布局调整。王俊元（2016）以海洋渔业为例，对浙江主要海洋产业优势度进行评价，并对空间布局演化进行了探究。屈宝香（2011）、卢布（2010）分别分析了我国粮食生产区域布局优化趋势与生产区域结构演变的特点，以及我国小麦优势区域布局规划。在研究方法上，黄海平（2010）运用GEM模型，对新疆特色农业产业集群竞争力进行了定量分析，认为新疆特色农业产业集群具有一定的潜在竞争优势，但与发达地区相比竞争力还不够强，Pearson分析表明，新疆特色农业产业集群的发展可以有效提升新疆区域竞争力。车斌（2007）、王友丽（2010）运用TOPSIS模型分别对区域水产养殖业、区域渔业进行了竞争力评价。多数学者以比较优势指数为基础进行特色农业竞争力研究，龚大鑫（2012）分别采用资源禀赋系数法、成本收益分析法和综合比较优势系数法，依次从甘肃省特色农业资源的丰度、收益量和区域比较优势三方面分析甘肃特色农业竞争优势。李丽（2011）、滕明兰（2011）用国内比较优势指标和显示性指标做了区域特色农业竞争力评价。

纵观已有的研究，特色农业竞争力评价及空间布局已经初步形成了研究区域多样化、研究方法多元化、研究层次纵深化的基本趋势。然而，就水产产业而言，一方面，以县域为研究单元进行全省水产竞争力评价与特色水产空间布局研究较少，对具体区域发挥比较优势发展特色水产指导性不强；另一方面，研究方法以统计数据为基础的定量模型测算居多，而与实地调研数据相结合的研究尚鲜见。因此，本研究尝试以福建省84个县（市、区）为研究单元，运用TOPSIS模型、比较优势法，以及实地调查法相结合，对福建省主要特色水产品进行空间布局优化，以期为福建渔业供给侧提供有益的参考。

第二节 研究方法构建

针对"优势特色渔业竞争力与空间布局优化"这一核心，本研究以特色农业四大内涵，即特色性、高效性、规模性和区域性为指导，分定量与定性两条主线展开（于谨凯 等，2014）。定量研究主线选用TOPSIS模型和比较优势法，拟从统计意义上对区域水产进行竞争力测算和比较优势分析。根据 T·哈格斯特朗的研究,影响农业空间差异性的不仅是环境、经济因素,更多的是非环境、非经济因素(李小建,2007)。因此,只有将客观的经济因素与主观的非经济因素结合研究,才能对农业经济问题做出满意的解释。因此,为避免计量测算的行为主义思考缺失,了解区域在发展本地特色农业方面的自身思考和意向,本研究在定性研究主线上进行了特色产业发展意愿调查,将调查结果与计量结果相耦合,达到优化特色水产品空间布局的目的。概括而言,在研究构架上主要围绕:"一个研究核心(Core)""两条研究主线(Thread)""三种研究方法(Method)""四大特色农业内涵(Connotation)"展开,简称 CTMC,如图 6-1 所示。

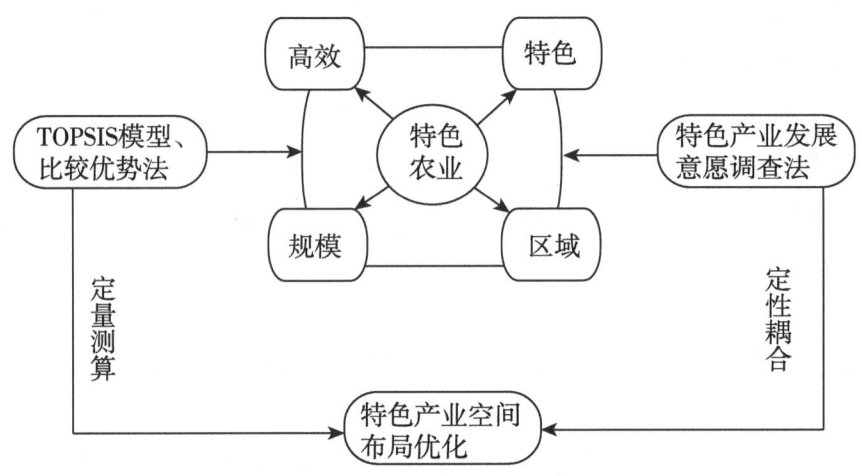

图 6-1 CTMC 研究构架

一、指标体系构建与 TOPSIS 模型

由于县域水产统计数据在水产基础设施建设、水产贸易、渔政管理、科技与推广、生态保育等体现水产产业竞争力方面的统计缺失,在对渔业竞争力评价上,学者多采用与生产相关的经济指标进行衡量。本研究所构建的指标体系主要包括产出指标(水产品总产量、渔业产值、水产加工品总值)与生产要素指标(水产品养殖面积、渔业船舶拥有量、渔业人口、水产加工企业个数),共 7 个(表 6-1)。数据均来源于《2021 福建省渔业统计年鉴》和《2021 中国统计年鉴》。

表 6-1 福建省县域渔业竞争力评价指标

目标层	指标层	指标解释
水产竞争力	水产品总产量（吨）X1	总产量=海洋捕捞产量+远洋渔业产量+海水养殖产量+淡水捕捞产量+淡水养殖产量
	水产品养殖面积（公顷）X2	养殖面积=海水养殖面积+淡水养殖面积
	渔业船舶拥有量（艘）X3	以机动渔船数替代
	水产加工品总值（万元）X4	加工品总产值=淡水加工产值+海水加工产值
	渔业人口（人）X5	采用传统渔民数
	渔业产值（万元）X6	产值=海水产品产值+淡水产品产值
	水产加工企业数（个）X7	

TOPSIS 模型（Technique for Order Preference by Similarity to Ideal Solution），即逼近理想点法，是由 Hwang 和 Yoon 于 1981 年提出（沈素素 等，2012），Lai 等将其转化到多目标决策问题上（王友丽 等，2010）。此方法用于对福建省 84 个评价县（市、区）水产产业竞争力综合评价及其排名。

TOPSIS 模型的中心思想：先选定可行方案中的一个"正理想方案"和一个"负理想方案"，利用与正理想解和负理想解的距离信息，找出与正理想方案最近且和负理想方案最远的方案作为最优方案。

首先，构造福建省县域水产竞争力原始数据矩阵，假设 m 为福建省各县（市）的总数，n 为评价指标总数，x_{ij} 表示第 i 个评价单元的第 j 个指标的评价值。

$$X = \begin{bmatrix} x_{11} & x_{12} & \cdots & x_{1j} \\ x_{21} & x_{22} & \cdots & x_{2j} \\ \cdots & \cdots & \cdots & \cdots \\ x_{i1} & x_{i2} & \cdots & x_{ij} \end{bmatrix}$$

其次，对初始数据进行归一化处理，公式如下：

$$Y_{ij} = \frac{x_{ij}}{\sqrt{\sum_{i=1}^{j}(x_{ij})^2}} \text{ 或 } Y = \frac{1/x_{ij}}{\sqrt{\sum(1/x_{ij})^2}}$$

得到归一化的矩阵为：$Y = (Z_{ij})n \times m$

再次，将各列最大值构成的最优指标评价值集合 V_+（正理想解），最小值构成最劣指标评价值集合 V_-（负理想解），分别计算各评价单元各指标值与正理想解及负理想解的距离 D^- 和 D^+。

$$V_+ = (Z_{max1}, Z_{max2}, \cdots, Z_{maxn})$$

$$V_- = (Z_{min1}, Z_{min2}, \cdots, Z_{minn})$$

$$D_i^+ = \sqrt{\sum_{j=1}^{n}(v_{ij} - v_j^+)^2} \ (i = 1, 2, 3, \cdots, m)$$

$$D_i^- = \sqrt{\sum_{j=1}^{n}(v_{ij} - v_j^-)^2} \ (i = 1, 2, 3, \cdots, m)$$

最后，计算各评价单元与最优方案的接近程度 K。

$$K_i = D_i^- / (D_i^+ + D_i^-)$$

K_i 越接近1，表示该评价单元越接近正理想解，竞争力最大。

二、区域特色优势产业发展意愿调查

以《福建省农业综合开发扶持农业优势特色产业规划（2016—2018）》细分的十大类特色农业产业为依据，按照国家农业综合开发办公室统一部署设计的《农业综合开发扶持农业优势特色产业情况表》对福建省开展县域优势特色农业产业调查。每个县（市、区）被要求选择填写2016—2018年拟扶持发展的优势特色农业产业，种类不得超过3个。

第三节 县域竞争力测度与区域结构

一、福建渔业县域竞争力评价与空间分布

（一）福建渔业县域竞争力评价

运用 TOPSIS 模型计算84个评价单元评价值与理想解的相对距离度 K，K_i 指标表示各区域渔业竞争力水平的高低，指标值越大表示竞争力水平越高，反之，则越低。84个县（市、区）中，综合实力排名前19位的地区（$K_i > 0.1$）如表6-2所示。以 K_i 指标值0.5、0.2、0.1为分界点，将福建省水产产业竞争力水平划分为四大类型：竞争优势核心区（0.5以上），竞争优势扩展区（0.2~0.5），竞争优势潜

力区（0.1～0.2），不具竞争优势区（0～0.1）。福建省地市渔业竞争力县域分布见图 6-2。

表 6-2　2020 年福建省县域渔业竞争力前 19 位排序

地区	K_i	排名	地区	K_i	排名
连江县	0.600	1	马尾区	0.258	11
福清市	0.565	2	诏安县	0.245	12
霞浦县	0.561	3	龙海市	0.237	13
东山县	0.488	4	长乐区	0.209	14
秀屿区	0.391	5	惠安县	0.203	15
漳浦县	0.372	6	罗源县	0.198	16
宁德市辖区	0.361	7	晋江市	0.173	17
石狮市	0.340	8	泉港区	0.158	18
福鼎市	0.296	9	云霄县	0.158	19
平潭县	0.290	10			

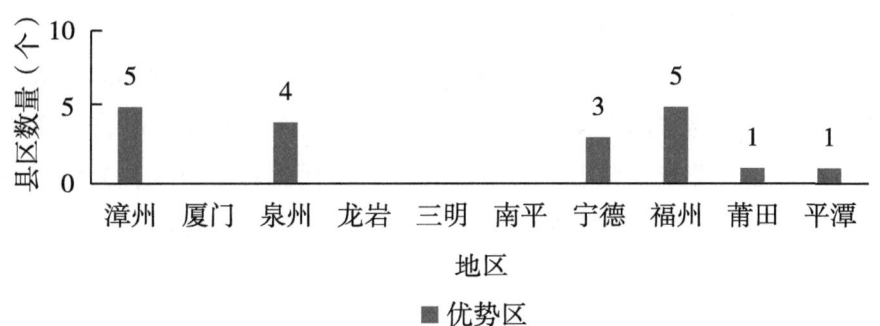

图 6-2　福建省地市渔业竞争力县域个数分布状况

（二）福建渔业县域空间布局

从表 6-2 中可知，竞争优势核心区、竞争优势扩展区、竞争优势潜力区均高度聚集在福建省沿海区域。

竞争优势核心区包括连江县、福清市和霞浦县 3 个，是福建省水产经济最具竞争力的增长极。连江是全国渔业大县，海域面积 3 112 平方千米，是陆地面积的 2.7

倍，著名的"三湾三口"（黄岐湾、罗源湾、定海湾、闽江口、敖江口、可门口）是福建省重要的水产生产区，拥有得天独厚的水产资源，水产总量连续20多年名列全省第一、全国县级第二。正在建设的福建省海峡现代渔业经济区，将打造成为全省最大的传统渔业向智能养殖转型的现代渔业基地。

竞争优势扩展区包括东山县、秀屿区、漳浦县、蕉城区、石狮市、福鼎市、平潭综合实验区、马尾区、诏安县、龙海市、长乐区和惠安县12个，扩展区竞争力虽然低一个等级，但渔业经济实力在全省占据着举足轻重的地位，有些地区在某些水产品种或品牌方面甚至超过核心区，如莆田的花蛤、福鼎大黄鱼、漳州石斑鱼等。若能提升综合实力，这些区域在未来有可能晋升为核心区。

竞争优势潜力区包括罗源县、晋江市、泉港区和云霄县4个。潜力区是在全省范围内水产综合实力处于有竞争力与不具竞争力的过渡地带，这些地区在全省平均水平上具备明显竞争力，也是福建渔业经济较发达地区，虽然实力较核心区和扩张区弱，但在未来发展中具备较大的发展潜力。不具竞争优势区为剩余的65个县（市、区），这些地区在水产综合实力上明显落后，不具备发展特色水产竞争力。

二、各类水产品县域比较优势与空间分布

为进一步分析福建省各主要水产县（市、区）渔业分品种的比较优势，本研究选择综合竞争力排名前19位的县域作为水产重点县，分别对鱼类、甲壳类、贝类、藻类的比较优势及区域分布特点进行分析。福建沿海生物资源种类多、数量大，具有经济价值的各类生物资源有400多种，具备发展水产产业的优越自然条件和资源潜力。以《福建省渔业统计年鉴》为分类标准，运用比较优势法，分别对水产产业中的鱼类、甲壳类、贝类、藻类和其他类进行比较优势指数测算。

（一）鱼类

1. 福建鱼类特性与分布

鱼类主要包括海水中的海鳗、沙丁鱼、石斑鱼、大黄鱼、白姑鱼、黄姑鱼、美国红鱼、鲽鱼等和淡水中的鲟鱼、青鱼、彩玉、鲢鱼、鲤鱼等。在特色鱼类中，宁德大黄鱼是闽东特色支柱产业和全国最具特色的海水鱼类养殖业，大黄鱼养殖产品以内销为主，并远销美国、韩国、新加坡等国家及我国港、澳地区。我国鳗鲡养殖产量约占世界总产量的70%（不含香港、澳门、台湾地区数据），福建的鳗鲡产量占全国产量的一半以上，而福清的鳗鲡养殖业占福建的60%以上，目前已经形成了集鳗苗培育、成鳗养殖、饲料生产、烤鳗及鳗鲡副产品加工及出口一条龙的外向型

产业。漳州是"中国石斑鱼之都",也是全省特色品种最多的水产养殖基地。近年来,河鲀养殖成为福建沿海地区致富的重要途径,福建已成为我国南方河鲀养殖的重要省份,漳浦县是福建省河鲀养殖的主要基地,规模占全省的80%以上,其推广发展的河鲀、斑节对虾和花蛤等品种生态立体混养模式在全国独树一帜。

2. 福建鱼类优势区域分析

海水鱼类中,比较优势指数 $C_i>1$ 的地区从高到低依次为连江县、石狮市、平潭县、晋江市、东山县、龙海市、霞浦县、福鼎市、惠安县、蕉城区、漳浦县、长乐区、秀屿区、诏安县和罗源县等15个(表6-3,图6-3)。

表6-3 2020年福建省县域渔业竞争力前19名县域的海水鱼类比较优势

县市	C_i	排名	地区	C_i	排名
连江县	8.865	1	漳浦县	1.789	11
石狮市	6.356	2	长乐区	1.661	12
平潭县	3.880	3	秀屿区	1.572	13
晋江市	3.600	4	诏安县	1.447	14
东山县	3.518	5	罗源县	1.351	15
龙海市	3.262	6	福清市	0.825	16
霞浦县	2.714	7	云霄县	0.775	17
福鼎市	2.437	8	洛江区	0.128	18
惠安县	2.032	9	台江区	0.000	19
蕉城区	1.963	10			

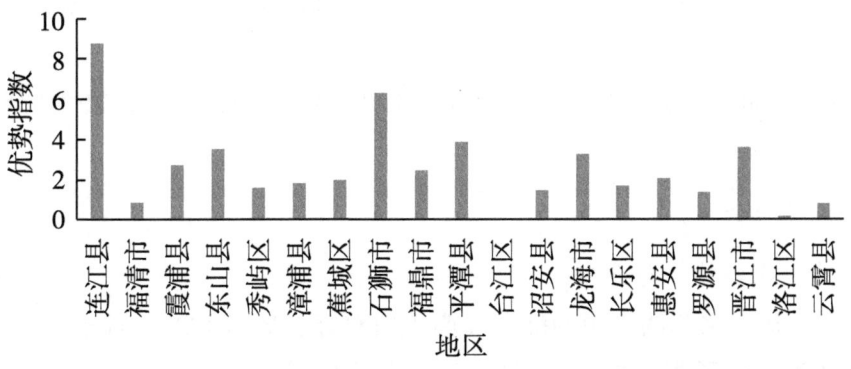

图6-3 2020年福建省县域渔业竞争力前19名县域的海水鱼类比较优势分布

淡水鱼类中，比较优势指数 $C_i > 1$ 的地区从高到低依次为福清市、龙海市、长乐区、漳浦县、诏安县、罗源县、云霄县和东山县等 8 个（表 6-4，图 6-4）。

表 6-4　2020 年福建省县域渔业竞争力前 19 名县域的淡水鱼类比较优势

地区	C_i	排名	地区	C_i	排名
福清市	5.509	1	晋江市	0.752	11
龙海市	5.501	2	福鼎市	0.718	12
长乐区	3.276	3	惠安县	0.629	13
漳浦县	2.652	4	平潭县	0.617	14
诏安县	1.666	5	蕉城区	0.538	15
罗源县	1.462	6	秀屿区	0.532	16
云霄县	1.375	7	霞浦县	0.326	17
东山县	1.187	8	洛江区	0.169	18
连江县	0.980	9	台江区	0.000	19
石狮市	0.837	10			

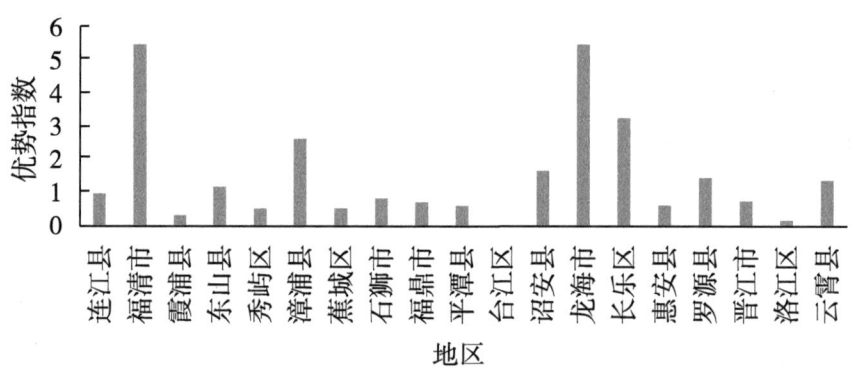

图 6-4　2020 年福建省县域渔业竞争力前 19 名县域的淡水鱼类比较优势分布

（二）甲壳类

1. 福建甲壳类特性与分布

甲壳类包括海水和淡水中的虾类（南美白对虾、斑节对虾、日本对虾、罗氏沼虾等）和蟹类（梭子蟹、青蟹、河蟹等）。在特色甲壳类水产中，南美白对虾是福州市主要养殖品种之一，养殖区主要分布在资源丰富的福清、长乐和罗源，形成

"三足鼎立"局面。目前,福州市已经基本形成南美白对虾从苗种、养殖,到加工以及饲料、病害防治配套的完整产业链。福建省蟹类生产以梭子蟹和青蟹为主,这两类占全省蟹类总产量的83.4%,捕捞和养殖主要分布在福州市、宁德市和漳州市的水产县域内。

2. 福建甲壳类优势区域分析

海水甲壳类$C_i>1$的地区依次为连江县、福鼎市、长乐区、秀屿区、东山县、龙海市、惠安县、霞浦县、漳浦县、诏安县、福清市、罗源县、石狮市、晋江市和平潭县等15个(表6-5,图6-5)。

表6-5　2020年福建省县域渔业竞争力前19名县域的海水甲壳类比较优势

地区	C_i	排名	地区	C_i	排名
连江县	6.232	1	福清市	2.365	11
福鼎市	4.287	2	罗源县	2.182	12
长乐区	4.219	3	石狮市	1.953	13
秀屿区	4.013	4	晋江市	1.839	14
东山县	3.890	5	平潭县	1.642	15
龙海市	3.562	6	云霄县	0.926	16
惠安县	3.429	7	蕉城区	0.599	17
霞浦县	3.022	8	洛江区	0.126	18
漳浦县	3.016	9	台江区	0.000	19
诏安县	2.747	10			

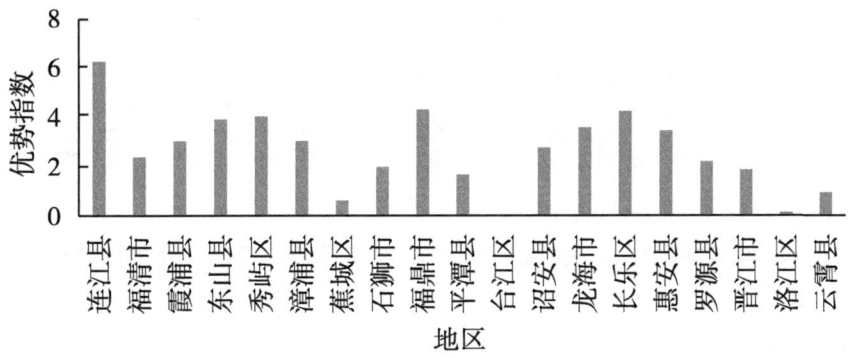

图6-5　2020年福建省县域渔业竞争力前19名县域的海水甲壳类比较优势分布

淡水甲壳类 $C_i > 1$ 的地区依次为龙海市、长乐区、福清市、漳浦县、罗源县、福鼎市和诏安县等 7 个。甲壳类中，整体上比较优势指数波动较为缓和、地区差距较小，较为均匀地分布在 19 个水产县（表 6-6，图 6-6）。

表 6-6　2020 年福建省县域渔业竞争力前 19 名县域的淡水甲壳类比较优势

地区	C_i	排名	地区	C_i	排名
龙海市	12.041	1	云霄县	0.763	11
长乐区	10.308	2	连江县	0.744	12
福清市	8.473	3	惠安县	0.627	13
漳浦县	5.685	4	平潭县	0.610	14
罗源县	1.396	5	晋江市	0.598	15
福鼎市	1.213	6	秀屿区	0.532	16
诏安县	1.198	7	霞浦县	0.304	17
蕉城区	0.949	8	洛江区	0.126	18
东山县	0.935	9	台江区	0.000	19
石狮市	0.813	10			

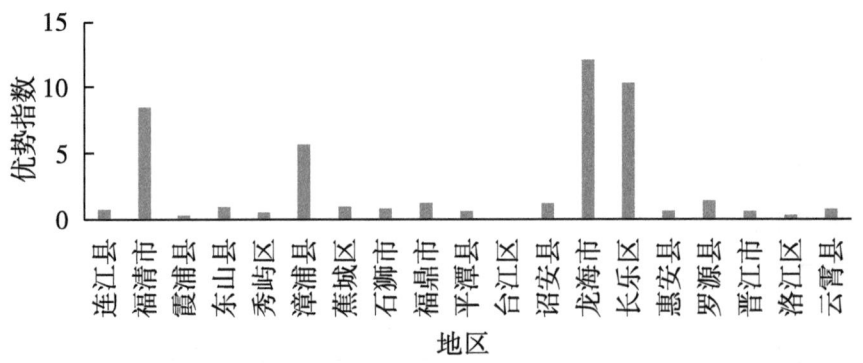

图 6-6　2020 年福建省县域渔业竞争力前 19 名县域的淡水甲壳类比较优势分布

（三）贝类

1. 福建贝类特性与分布

贝类包括海水中的鲍鱼、牡蛎、螺、蛤、蛏等和淡水中的河蚌、螺等。福建是贝类生产大省，2015 年贝类产量占全国的 18.8%。在特色贝类中，福建省以养殖业为主，其中养殖牡蛎产量最大，2015 年牡蛎养殖约占贝类总养殖量的 63.6%。近年来，福建省牡蛎养殖在科技投入与品牌打造上取得了可喜的成果，如漳浦的"霞美牡蛎"获得国家"绿色食品""福建省农产品名牌"等称号，畅销全国（含港澳台地区）并在新加坡和日本获得广阔的市场；"中国花蛤之乡"的莆田市是我国最早、最大的花蛤苗种繁育和养殖基地，莆田花蛤的苗种供应量占全国的 70%，花蛤育苗技术荣获全国科技进步奖二等奖，是福建省十大渔业品牌之一。连江县和莆田南日岛在鲍鱼养殖方面尤为突出，连江是我国鲍鱼养殖第一大县，2015 年鲍鱼产量占福建省的 37.8%，被中国水产流通与加工协会授予"中国鲍鱼之乡"的称号；南日岛鲍鱼在 2007 年获评"国家地理标志产品"，备受市场青睐。

2. 福建贝类优势区域分析

海水贝类 $C_i>1$ 的地区依次为连江县、诏安县、福清市、秀屿区、龙海市、云霄县、平潭县、东山县、漳浦县、惠安县、罗源县、霞浦县、石狮市、晋江市和蕉城区等 15 个县域（表 6-7，图 6-7）。

表 6-7 2020 年福建省县域渔业竞争力前 19 名县域的海水贝类比较优势

地区	C_i	排名	地区	C_i	排名
连江县	5.256	1	罗源县	1.660	11
诏安县	5.129	2	霞浦县	1.638	12
福清市	5.081	3	石狮市	1.599	13
秀屿区	4.902	4	晋江市	1.365	14
龙海市	3.574	5	蕉城区	1.166	15
云霄县	3.562	6	福鼎市	0.844	16
平潭县	3.402	7	长乐区	0.784	17
东山县	3.185	8	洛江区	0.135	18
漳浦县	2.865	9	台江区	0.000	19
惠安县	1.844	10			

淡水贝类 $C_i>1$ 的地区依次为龙海市、长乐区、漳浦县（表 6-8，图 6-8）。

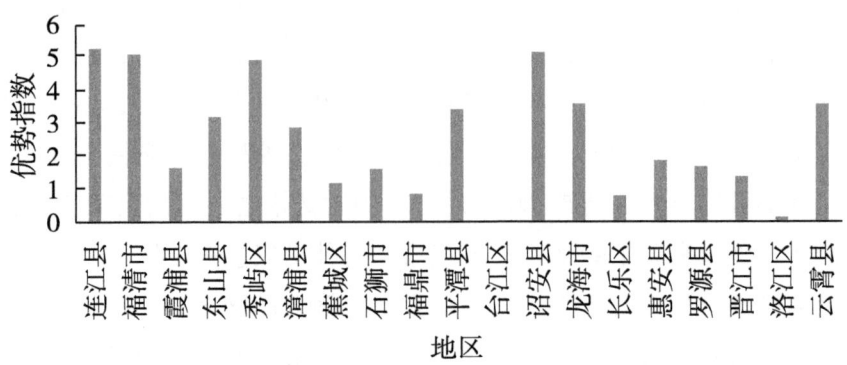

图 6-7 2020 年福建省县域渔业竞争力前 19 名县域的海水贝类比较优势分布

表 6-8 2020 年福建省县域渔业竞争力前 19 名县域的淡水贝类比较优势

地区	C_i	排名	地区	C_i	排名
龙海市	22.367	1	罗源县	0.557	11
长乐区	4.280	2	福清市	0.537	12
漳浦县	3.393	3	秀屿区	0.532	13
诏安县	0.846	4	惠安县	0.513	14
云霄县	0.820	5	福鼎市	0.339	15
石狮市	0.813	6	霞浦县	0.301	16
东山县	0.738	7	蕉城区	0.266	17
连江县	0.733	8	洛江区	0.126	18
平潭县	0.610	9	台江区	0.000	19
晋江市	0.598	10			

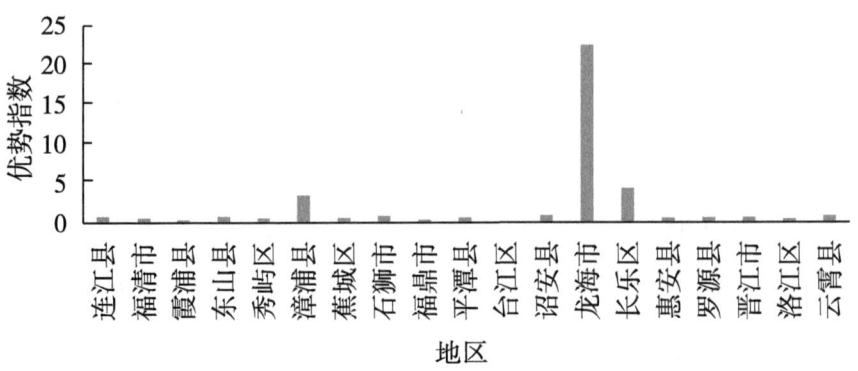

图 6-8 2020 年福建省县域渔业竞争力前 19 名县域的淡水贝类比较优势分布

(四) 藻类

1. 福建藻类特性与分布

藻类包括海水中的海带、裙带菜、紫菜、江蓠麒麟菜等和淡水中的螺旋藻等。海带和紫菜在霞浦、连江和晋江也形成了地区特色产业和品牌产业。霞浦被誉为"中国海带之乡"和"中国紫菜之乡"。晋江紫菜是福建省十大渔业品牌之一。福州市被称为"中国海带之都",海带加工是福州市水产加工支柱产业之一。目前海带养殖龙头企业主要集中在连江县、罗源县和福清市,其中连江县是福州市海带苗种重要产区,供应全国20%以上的苗种,并出口韩国等国家。

2. 福建藻类优势区域分析

藻类 $C_i>1$ 的地区依次为连江县、秀屿区、霞浦县、平潭县、漳浦县、东山县、罗源县、福清市、蕉城区、龙海市和福鼎市等11个(表6-9,图6-9)。藻类比较优势突出的区域主要集中在莆田市辖区、连江县和霞浦县。莆田市藻类生产主要以海带、紫菜和江蓠为主,藻类总产量占全省的29.3%。

表6-9 2020年福建省县域渔业竞争力前19名县域的藻类比较优势

地区	C_i	排名	地区	C_i	排名
连江县	11.914	1	福鼎市	1.236	11
秀屿区	11.791	2	石狮市	0.862	12
霞浦县	6.610	3	晋江市	0.853	13
平潭县	2.845	4	诏安县	0.700	14
漳浦县	2.519	5	惠安县	0.631	15
东山县	2.320	6	云霄县	0.608	16
罗源县	2.233	7	长乐区	0.583	17
福清市	2.073	8	洛江区	0.126	18
蕉城区	2.028	9	台江区	0.000	19
龙海市	1.451	10			

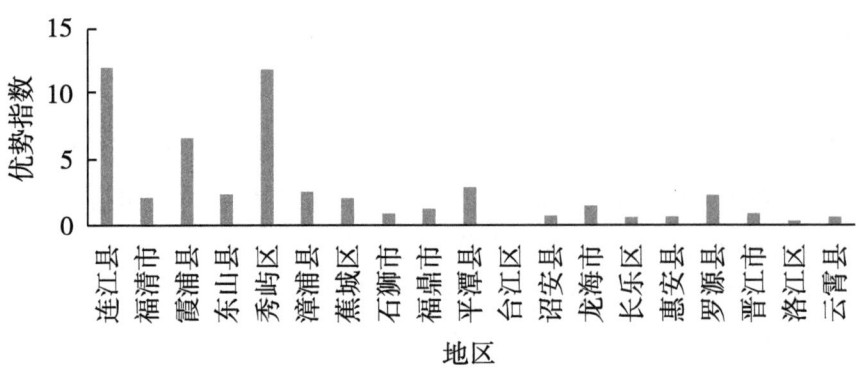

图 6-9　2020 年福建省县域渔业竞争力前 19 名县域的藻类比较优势分布

三、特色水产品空间布局优化

（一）特色水产调查情况

将《农业综合开发扶持农业优势特色产业》调查结果进行整理（表6-10），剔除东山县、石狮市、平潭综合实验区、福州市辖区、罗源县、厦门市6个地区未参与调查，以及泉州市辖区、云霄县、福安市和长泰县4个地区未将水产产业选为拟扶持的优势特色农业产业外，其余12个县（市、区）拟扶持的水产产业品种在大类上基本上与本研究结果相吻合，说明多数地区对本地水产产业的比较优势把握准确。但调查结果发现，在选择扶持的具体品种上，有的地区还存在一定的盲目性，具有明显的产业结构区域同质化现象。如甲壳类，过度集中在南美白对虾的生产上，蟹类等较少，仅有龙海市和莆田市辖区两地有重点扶持。贝类拟重点扶持鲍鱼生产的地区有7个，占贝类扶持的78%。拟扶持的藻类主要集中在海带和紫菜的生产加工上，其他类仅集中于海参养殖一种。区域产业同质化表面上有利于同业竞争，但实际上不利于区域长远发展，易导致企业创新受阻，引发产能过剩危机和削弱区域产业特色。

表 6-10　福建省农业综合开发扶持优势特色农业调查基本情况

县（市、区）	数量（个）	特色农业产业	特色水产品种	投资估算（万元）
未参与调查县	6	—	—	—

（续表）

县（市、区）	数量（个）	特色农业产业	特色水产品种	投资估算（万元）
不做特色水产扶持县	4	—	—	—
有效县	12	水产+蔬菜5个；水产+茶叶3个；水产+水果1个；水产+花卉1个；水产+畜禽蜂1个；仅有水产1个	鱼类9种；甲壳类3种；贝类5种；藻类3种；其他类1种	水产投资共87.6亿元，平均每个县投资7.3亿元

（二）特色水产布局优化

为调整水产主产区产业扶持结构，培育特色明显、类型多样、竞争力强的特色水产品专业区，形成合理的区域分工和专业化生产格局。本研究将比较优势法研究结果与实地调研数据相耦合，耦合结果如表6-11所示。特色鱼类集中在福州、宁德和漳州，以石斑鱼、大黄鱼、鳗鲡、河鲀、鲷鱼等品种为主；特色甲壳类也主要集中在福州、宁德和漳州三地，主要品种为南美白对虾、梭子蟹和青蟹；特色贝类在福州、宁德、莆田和漳州均有分布，以鲍鱼、蛤、牡蛎居多；特色藻类在福州、宁德、莆田和漳州集中分布，品种上以海带和紫菜为主；其他类特色水产区域分布与贝类、藻类相似，但品种较为单一，海参是其特色鲜明的产品。福建省渔业"十四五"规划提出要重点打造大黄鱼、石斑鱼、鳗鲡、对虾、牡蛎、鲍鱼、海带、紫菜、海参、河鲀十大全产业链产值超过百亿元的特色水产品种。

从耦合结果来看，这十大类特色水产产业重点打造区主要聚集地如下。大黄鱼产业：连江县、霞浦县、福鼎市和蕉城区；石斑鱼产业：连江县、龙海市和漳浦县；鳗鲡产业：福清市；对虾产业：霞浦县、龙海市、福清市、漳浦县、诏安县和长乐区；牡蛎产业：龙海市、福鼎市、漳浦县、诏安县、惠安县；鲍鱼产业：连江县、霞浦县、秀屿区、漳浦县和晋江市；海带和紫菜产业：连江县、霞浦县、秀屿区、福鼎市、漳浦县、晋江市和惠安县；海参产业：连江县、霞浦县秀屿区和漳浦县；河鲀产业：漳浦县。

表 6-11 福建省特色水产优化布局

地区	鱼类	甲壳类	贝类	藻类	其他类
连江县	大黄鱼与石斑鱼养殖、大宗鱼类捕捞与加工	虾类捕捞,梭子蟹、青蟹捕捞、养殖	鲍鱼养殖、加工	海带养殖、加工	海参养殖
霞浦县	大黄鱼养殖	甲壳类捕捞、南美白对虾养殖	鲍鱼养殖、加工	海带、紫菜养殖、加工	海参养殖
龙海市	罗非鱼、石斑鱼、鲷鱼、美国红鱼养殖	南美白对虾养殖和加工、青蟹、梭子蟹养殖	牡蛎、缢蛏养殖、加工		
福清市	鳗鲡养殖、加工、出口	南北美白对虾养殖、加工、出口			
秀屿区		锯缘青蟹养殖	花蛤、鲍鱼养殖	海带、江蓠养殖加工	海参养殖
福鼎市	鲈鱼、大黄鱼、美国红鱼养殖		牡蛎、缢蛏养殖	紫菜、海带养殖、加工	
漳浦县	鲷鱼、河鲀、石斑鱼养殖	南美白对虾、青蟹养殖、加工	牡蛎、鲍鱼养殖加工	海带、紫菜、江蓠、羊栖菜养殖、加工	海参养殖
蕉城区	大黄鱼、香鱼、弹涂鱼养殖				
诏安县	鱼类加工	南美白对虾养殖、加工	牡蛎、螺、蛤等养殖加工		
长乐区	鱼类加工	南美白对虾养殖			
晋江市			鲍鱼加工	紫菜深加工	
惠安县			牡蛎、蛤、江瑶养殖	海带、紫菜、江篱养殖加工	

第四节　小结与政策建议

一、研究结论

1. 生产总量方面

身为海洋大省的福建，海洋生物资源丰富，2020年水产品总产量达833万吨，居全国第二位。其中，海水养殖产量、远洋渔业产量、水产品人均占有量、水产品出口额等指标均居全国第一。作为我国水产业重点发展地区之一，福建省在水产养殖领域也一直处于我国水产养殖业发展前列。2016年以来，福建省水产养殖面积保持平稳增长的发展势头，到2020年，全省水产养殖面积增长至25.02万公顷，同比增长0.1%。从水产养殖面积构成来看，福建海水养殖面积远超淡水养殖面积，2016年以来，福建省海水养殖面积占总面积的比重维持在60%以上，到2020年，全省淡水养殖面积为8.710万公顷，占总面积的34.8%，海水养殖面积为16.314万公顷，占总面积的65.2%。

2. 地区分布方面

从第二节的分析中，综合实力在0.2以上的19个县（区、市）主要分布于漳州、泉州、福州和宁德四个地市，同时平潭综合示范区和秀屿区也在其中。从鱼类、甲壳类、贝类、藻类等小类看，海水鱼类突出的主要是连江、石狮、平潭、晋江和东山等；淡水鱼类突出的主要有福清、龙海、长乐和漳浦等。甲壳类方面，海水甲壳类突出的县域相对丰富，包括连江县、福鼎市、长乐区、秀屿区、东山县、龙海市、惠安县、霞浦县、漳浦县、诏安县、福清市、罗源县等12个县（区、市），淡水甲壳类相对少而集中，包括龙海市、长乐区、福清市。贝类方面，海水贝类比较丰富，包括连江县、诏安县、福清市、秀屿区、龙海市、云霄县、平潭县、东山县、漳浦县；淡水贝类比较少，主要有龙海市、长乐区和漳浦县3个县（区）。藻类方面，主要的重点县（区）有连江县、秀屿区、霞浦县、平潭县和漳浦县等。

二、优化建议

科学把握区域农产品比较优势，合理统筹区域分工和专业化生产，大力发展特色渔业是福建省渔业供给侧结构性改革的重要支撑。因此，提出以下几点建议。

1. 打造优势特色水产以提质量、去库存

只有提高特色渔业占渔业经济的比重，才能从整体上提高水产品质量安全、科技含量和附加值，创造品牌效应，从而提高市场占有率，防止水产品因质量不合格或缺乏竞争优势而出现压塘压库现象。一是通过加大优质特色产业项目培植力度，将大黄鱼、石斑鱼、鳗鲡、鲍鱼等优势特色区逐步打造成"一县一品""一镇一品"或"一村一品"格局，达到生产专业化、经营一体化、质量安全追溯体系化标准。二是在优势特色水产品培育过程中，应重视品牌化营销策略和营销方式创新，以达到去库存目的。引导企业和农户提高对名牌价值的认识，加强品牌的策划、包装和宣传，提高县域特色产品的知名度，拓宽销路。推行灵活上市策略，采取轮捕轮放，淡季、重大节假日随机上市，名优水产多品种错季节全年均衡上市的经营模式。

2. 优化特色渔业空间布局以调结构、促融合

优化产业空间布局是调整区域产业结构，避免区域产品同质化竞争和促进渔业一二三产业融合的有效手段。一方面，明确区域渔业资源禀赋和比较优势，调整不同特色水产品区域布局，形成分工合理、优势互补的产业布局。另一方面，要以市场为导向，优化水产品结构，增加高质量、高附加值水产产量和比例，减少或淘汰结构性过剩的水产品种。完善种苗、养殖、加工、冷链物流、仓储、销售、出口等产业链和价值链，拓展海洋生物医药、远洋渔业和休闲渔业等新业态，以促进渔业一二三产业融合。

3. 科学分配财政扶持以降成本、补短板

科学的政策导向、合理的财政扶持结构在降低渔业企业生产成本、壮大渔业人才队伍和保护渔业生态环境方面具有导向作用。应制定特色渔业优惠政策或激励机制，对符合区域比较优势的特色水产品给予重点扶持和培育。对养殖企业良种培育、现代智能化养殖装备、疾病防疫等方面积极扶持，降低企业生产成本，充分调动企业、农户的积极性。加大渔业职业教育投入，加强涉渔专业和学科建设，提高渔业从业者科技素质、技能水平和经营能力，培养一批渔业科技领军人才和创新团队。鼓励高校和科研院所开展跨区域、跨系统、多学科、多领域协作配合，提高自主创新能力，促进渔业科技成果转化效率。建立渔业资源环境保护长效机制，科学规划滩涂水域养殖，积极实施海洋环境和渔业资源调查与监测，加大渔业面源污染防治力度和生态修复投入，走资源利用率高、生态环境好、产品质量优的可持续渔业发展之路。

第七章 特色粮油产业区域比较优势

第一节 福建省粮油产业概况

一、粮油发展趋势

粮油是关系国计民生的特殊商品，保障国家粮油安全，牵涉到经济发展、国家自立和社会稳定大局。长期以来，国家对粮油安全高度关注，出台一系列粮油安全保障政策，如：不断提高小麦、稻谷的最低收购价格；多次启动玉米、大豆、油菜籽的临储收购；提高和扩大种粮综合、良种、农机以及农资补贴标准与范围；增加农民收入，保护种粮积极性；在推进城镇化的进程中，守住了18亿亩耕地的红线等。近年来我国粮食综合生产能力得到稳固和提升，但粮油生产和满足国内消费的结构性问题依然严峻。

2000—2020年粮油播种面积和产量稳步增长，粮食播种面积由2000年的10 846.3万公顷增长到2020年的11 676.8万公顷，增长了7.65%。粮食产量由2000年的46 218万吨，增长到2020年的66 949万吨，增长了44.66%。2015年人均粮食占有量达到453千克，比世界平均水平高53千克，稻谷、小麦、玉米等主要粮食作物的自给率超过了98%，已经突破了1996年我国在世界粮食首脑会议上，承诺的粮食自给率保持在95%的水平。

2020年油料生产中，以油菜籽、花生、芝麻为主的油料的总产量为3 586.4万吨，比2000年增长21.3%。尽管近些年我国的油料生产发展较为稳定，但仍然跟不上油料油脂消费的快速增长，2015年各类油料进口达8 757.1万吨，食用油自给率仅为34.2%。大豆自给率甚至不足20%，大豆进口量占国际市场大豆贸易量的2/3，高度对外依赖。为满足我国食用油市场供应和饲养业发展的需要，近10年来，我国进口油料油脂的数量一直居高不下。为此，2016年中央农村工作会议上，我国粮食安全战略提出了重大转变，即"从主要满足'量'的需求，向追求绿色生态可持续、更加注重满足'质'的需求转变"。要把农业供给侧结构性改革的重点放在确保国家粮食安全基础上，着力优化产业产品结构。

二、福建省粮油生产状况

福建是我国人口最密集的地区之一，人均占有耕地0.51亩，仅为全国人均耕地的1/3，由于地理条件限制，耕地零散破碎化，粮油作物种植规模较小，而粮油的刚性需求量却与日俱增，成为我国第三大缺粮大省，仅次于广东、浙江，粮食安全问题一直备受关注。由于福建地处东南沿海,属于亚热带季风气候,比较适合水稻、薯类、花生、油菜的生长,粮食作物主要包括稻谷、甘薯、马铃薯、豆类、麦子、杂粮等,其中,以稻谷、薯类为主;油料作物有油菜、大豆、花生、芝麻、油茶等,其中以花生、油菜和芝麻为主。

(一) 粮食生产情况

如表7-1所示,2000—2020年,福建省粮食播种面积和产量呈先下降后回升的趋势,粮食播种面积由2000年的1 828.51万亩,下降到2020年的1 251.65万亩,下降了31.55%,播种面积占全国比重由原来的1.12%下降到2020年的1.07%。粮食产量由2000年的854.68万吨,下降到2020年的502.32万吨,下降了41.23%。产量占全国的比重由原来的0.53%下降到2020年的0.75%。

表7-1 2000—2020年全国与福建粮食播种面积和产量

年份	全国粮食播种面积（万亩）	全国粮食产量（万吨）	福建粮食播种面积（万亩）	福建粮食产量（万吨）
2000	162 694.5	46 218.0	1 828.51	854.68
2010	164 814.0	54 648.0	1 232.30	661.89
2014	169 084.5	60 703.0	1 197.75	667.03
2015	170 014.5	62 144.0	1 193.22	661.10
2020	116 768.0	66 949.2	1 251.65	502.32

(二) 油料生产状况

如表7-2所示,与粮食作物不同的是,油料作物播种面积虽然有所波动,但产量却逐年上升。油料作物播种面积2000—2010年跌幅较大,由原来的187.56万亩下降到2010年的167.49万亩,随后面积逐年有所增加,但截至2015年,面积还未达到2000年的规模,2015年以后又开始降低至2020年的79.31万亩。油料产量呈先呈增长态势后下降,由2000年的25.79万吨,增长到2015年的30.67万吨,增长了18.92%,全国产量占比稳定在0.87%。2020年又下降到22.73万吨。

表7-2 2000—2020年油料播种面积和产量

年份	全国油料播种面积（万亩）	全国油料产量（万吨）	福建油料播种面积（万亩）	福建油料产量（万吨）
2000	23 100	2 955	187.56	25.79

(续表)

年份	全国油料播种面积（万亩）	全国油料产量（万吨）	福建油料播种面积（万亩）	福建油料产量（万吨）
2010	20 835.0	3 230.0	167.49	26.64
2014	21 064.5	3 507.0	175.67	29.82
2015	21 052.5	3 537.0	178.50	30.67
2020	19 693.5	3 586.4	79.31	22.73

第二节 粮食产业比较优势与空间分布

一、粮食规模比较优势分析

粮食作物规模比较优势指数（E_i）福建全省差异性不大，且分布面积较广，超过全省面积的1/2。分布区域主要包括两大区域，一是沿着闽北、闽西、闽南靠近省界边沿的狭长地带分布，二是集中在沿海平原的部分县市，如南安市、仙游县、诏安县等（表7-3）。

表7-3 2020年福建粮食规模比较优势县

排名	地区	E_i	排名	地区	E_i
1	古田县	1.551	17	南平市辖区	1.228
2	浦城县	1.489	18	龙岩市辖区	1.199
3	武平县	1.402	19	寿宁县	1.169
4	南安市	1.390	20	永春县	1.157
5	邵武市	1.379	21	武夷山市	1.136
6	泰宁县	1.342	22	明溪县	1.134
7	建瓯市	1.334	23	德化县	1.112
8	尤溪县	1.293	24	周宁县	1.096
9	将乐县	1.278	25	沙县	1.090
10	顺昌县	1.275	26	连江县	1.075
11	仙游县	1.259	27	上杭县	1.075
12	建宁县	1.253	28	松溪县	1.071
13	屏南县	1.250	29	安溪县	1.046
14	长汀县	1.236	30	光泽县	1.036
15	宁化县	1.232	31	惠安县	1.023
16	连城县	1.230			

二、稻谷产业比较优势

1. 福建稻谷产业特点与分布

稻谷是福建省的主要口粮，占粮食结构的一半以上，对保障粮食安全具有重要的战略意义。2020年福建省稻谷播种面积占粮食播种面积的72.11%，稻谷产量占粮食总产量的77.99%。由于福建耕地面积分散，且农田多为山垄田，难以实施规模化、机械化生产，水稻生产成本居高不下，加上温度高、湿度大，稻瘟病易发，稻米品质不高。福建粮食产量仅占全国的2.33%，远远低于全国31个省、自治区、直辖市的平均水平，农民多依靠种植经济作物增收，而水稻种植的积极性普遍不高。

尽管如此，随着农业供给侧结构性改革的纵深推进，减少低端供给，增加中高端供给，培育优质、绿色、高产、高效水稻品种成为迫切需求。福建省发展杂交水稻产业具备得天独厚的优势：一是气候优势。福建省适于水稻抽穗扬花的季节时间较长，特别是内陆山区杂交水稻制种期间正值少雨季节，但常有浓雾笼罩，适合水稻异花授粉（林琼 等，2011）。二是地形优势。福建省地形复杂，气候垂直变化显著，形成了多种多样的微域气候，如亚热带、暖温带以及中温带气候等。不出省就可进行品种多样抗性、适应性的试验与筛选。多样的生态环境为选育和繁育品性多样的杂交水稻品种提供了先决条件。三是育种技术优势。福建省凭借自然优势选育的品种适应性广，种性多样，抗稻瘟病和超高产育种居国内领先水平。福建省农业科学院水稻所选育的中稻"荃优212"达到了国家水稻一级米标准，晚稻"泰丰优2165""内6优7075"达到国家二级米标准。1983年由福建省农业科学院稻麦所牵头，福建省地（市）农科所、厦门大学生物系等参加的水稻育种科研攻关，至2000年，先后选育出69个品种（组合），最具代表性的是谢华安院士选育的"汕优63"，一直名列全国种植面积最大杂交稻组合首位，堪称世界稻作史之最（郑群力，2007）。四是育种基地优势。三明市不仅是福建省粮食主产区，而且是福建省最大的杂交稻种子生产基地。全市有9个商品粮基地县，形成了以建宁、泰宁、宁化为主的福建省最重要的杂交稻种子生产基地，年生产量占全省的90%，年最高制种面积达5万亩以上，种子生产量在福建省乃至全国均占有举足轻重的地位。2016年，福建省专门就支持三明市稻种基地建设出台了《福建省人民政府办公厅关于支持三明市建设"中国稻种基地"六条措施的通知》，包括设立连续6年每年2 000万元（2015—2020年）总共1.2亿元的专项资金、列入发展规划、打造种业基地、提升机械装备、培育重点企业、搭建科研平台等6条扶持政策。三明市出台了《三明市人民政府办公室关于印发三明市"中国稻种基地"建设实施方案的通知》，规划创建一个国家级种子产业园，建立一批院士工作站和实施"六大工程"及扶持企业上市等主要目标任务。目前，三明市稻种基地建设"一园一站六工程"及扶持企业上市工作正稳步推进。此外，福建山区建宁、泰宁、尤溪、沙县、将乐等地，杂交水稻制种知识、操作技术十分普及，当地农民习惯以杂交水稻制种作为职业，建宁、泰宁优势尤为突出。因此，中种集团、丰乐种业、隆平高科、神农大丰等知名企业都在福建省建立制种基地。

2. 福建稻谷产业优势区域分析

福建省稻米综合优势区分布广泛，全省有22个县域综合比较优势指数＞1，但是各地综合比较优势指数普遍不高，且各优势区之间的差距不大，优势度最高的县为南平市辖区（2.51），最低的为漳平市（1.00）（表7-4，图7-1）。区域分布连片集中在闽西北、闽西、闽中南的部分县域。

表7-4 2020年福建省稻谷综合比较优势指数

排名	地区	E_i	排名	地区	E_i
1	南平市辖区	2.51	12	古田县	1.36
2	浦城县	2.17	13	连城县	1.32
3	长汀县	1.80	14	漳浦县	1.27
4	建瓯市	1.77	15	武夷山市	1.26
5	武平县	1.76	16	建宁县	1.24
6	上杭县	1.73	17	永春县	1.11
7	邵武市	1.68	18	将乐县	1.09
8	龙岩市辖区	1.66	19	仙游县	1.08
9	宁化县	1.60	20	诏安县	1.06
10	南安市	1.59	21	沙县	1.05
11	尤溪县	1.44	22	漳平市	1.00

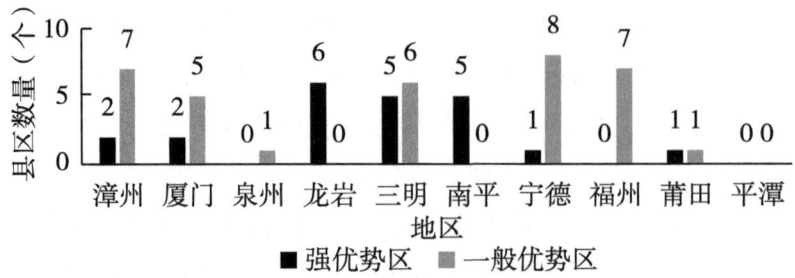

图7-1 福建地市稻谷综合比较优势县分布状况

三、薯类产业比较优势

1. 全国薯类产业特性分析

甘薯、马铃薯和木薯是中国三大薯类作物。薯类作物既是全球重要的粮食作物之一,又是重要的轻工业原料和优质饲料,以其丰富的营养、较高的产量在全球各地普遍种植。我国是世界薯类作物生产的大国,据联合国粮食及农业组织统计,中国三大薯类的总产量在全球薯类产量中约占23%(张鹏,2015)。甘薯、马铃薯的种植面积和产量均居世界首位,是位于稻谷、玉米、小麦之后的重要粮食作物,在保障国家粮食安全及促进国民社会经济发展中起着重要作用。三大薯类全国区域分布与区划如表7-5所示。

表7-5 全国薯类分布与区划①

分类	全国分布	种植区划
甘薯	以北纬40°以南地区为主,以淮海平原、长江流域和东南沿海各省最多,种植面积较大的有四川、河南、河北、山东、重庆、广东、安徽等省(市)	北方春薯区;黄淮流域春夏薯区;长江流域夏薯区;南方夏秋薯区(北回归线以北,长江流域以南);南方秋冬薯区(北回归线以南的沿海陆地和台湾等岛屿)。
马铃薯	全国广泛栽培,分布特点是北方多,山区多,杂粮区多。主产区是西南、西北、东北和华北,中原和东南沿各地较少	东北种用、淀粉加工用和鲜食用马铃薯优势区;华北种用、加工用和鲜食用马铃薯优势区;西北鲜食用、加工用和种用马铃薯优势区;西南鲜食用、加工和种用马铃薯优势区;南方马铃薯优势区
木薯	广泛栽培于热带和部分亚热带地区,华南地区,广东和广西的栽培面积最大,福建和台湾次之,云南、贵州、四川、湖南、江西等地亦有少量栽培	琼西—粤西优势区、桂南—桂东—粤中优势区、桂西—滇南优势区、粤东—闽西南优势区

2. 福建薯类产业特点分析

福建全省薯类分布面积较广,品种以甘薯和马铃薯为主,位于我国南方秋冬薯区和南方马铃薯优势区。2020年福建薯类播种面积229.29万亩,占全国薯类播种总面积的3.18%,产量82.2万吨,占全国总产量的2.75%。

---

① 资料来源:马铃薯优势区域布局规划(2008—2015年);木薯优势区域布局规划(2007—2015年);中国淀粉工业协会马铃薯淀粉专业委员会网站:http://www.cpsss.org/show.asp?id=321;《中国植物志》第16(1)卷,第78页。

惠安县是福建省甘薯产量第一大县，自古就有"番薯县"之称。从明朝始，惠安绝大多数百姓常年有食用甘薯的习惯，主食番薯，兼食杂粮，番薯食法有干蒸、汤煮、薯粿、薯丸等，故惠安人自称"番薯肚"。惠安县甘薯常年播种面积20万亩左右，甘薯生产的好坏直接关系到惠安农业生产的总体指标。惠安地势西北高，东南低，呈层状倾斜，多为坡耕地，土壤以赤砂土为主，肥力较低，全县耕地资源十分有限，人均耕地面积仅0.3亩。全县气候属温暖湿润的南亚热带海洋性季风气候，无霜期达306天，年日照时间2 112小时，年均气温19.7℃，年均降水量1 022毫米。由于薯类植物是喜阳植物，适宜在山坡上种植，对降水量要求不高，平均产量高（甘薯亩产量1.35~1.5吨）。因此土壤较为贫瘠、耕地不足的惠安县自然而然形成了薯类产品为主食之一的饮食方式。

福建省有两大地瓜国家地理标志证明商标——虹山红心地瓜和连城红心地瓜干。虹山红心地瓜是福建省泉州市洛江区虹山乡的特产，种植历史悠久，始于明代万历年间，至今已有400多年历史，其最大的品质特性是煮熟冷后不变硬，食时无根感，甜度较高，口感甘甜细腻且香。虹山乡地处群山之间，气候特殊，雨量充沛，土地以红、黄沙壤为主，这里出产的"红心地瓜"糖分高、淀粉丰富、甘甜细嫩，口感特别，素有"虹山甘薯胜柿饼"的美誉。目前，虹山乡充分利用山区资源优势，成立宏美农业农民专业合作社大力发展地瓜，虹山红心地瓜已成为当地农业支柱产业和特色产业。当地地瓜的价格已从2007年的每斤（1斤=0.5千克）0.5元，到2013年卖到了每斤3.5元，种植面积2 500亩，年产量3 700多吨、产值2 200多万元，产品供不应求。

连城县是"中国红心地瓜干之乡"，连城红心地瓜干是"闽西八大干"之首。连城县红心地瓜种植面积10万亩，加工地瓜干产量10万吨，产业产值8亿元。全县从事地瓜种植、地瓜干加工、销售的从业人口达13万人。全县有地瓜产业加工销售骨干企业53家，其中规模以上企业28家，省级农业产业化重点龙头企业6家，市级农业产业化重点龙头企业11家，成为全市最多农产品加工省级龙头企业和市级龙头企业的县份。连城红心地瓜干产品形成蜜饯、香酥、重组三大类型60多个品种，产品内销全国600多个大中城市，外销出口中国香港、澳门、台湾地区以及日本、韩国、欧美等国家，地瓜干销售量占全国地瓜干消费量的70%以上，现已形成"三万农户种地瓜，百家企业搞加工，一万农民跑销售，八亿产值富半县"的产业新格局。近年来，连城致力于打造"世界地瓜之都"，以政府为主导、协会为纽带，从科技创新、行业管理、品牌营销等方面发力，有效推动地瓜产业健康快速发展。连城先后与福州大学、福建农林大学、四川大学、北京市农林科学院、中国农业科学院农产品加工研究所等 30 多家高校、科研机构合作，对接、研发技术成果 100 多项，一改过去条、片、仔老三样的单一产品格局，形成红薯、紫薯两大品系，16 类 300 多个品种，满足了不同消费群体的需求。

3. 福建薯类产业优势区域分析

福建省薯类生产优势县（市、区）共有 24 个，约占全省主要涉农县区的 1/3。优势集中度较低，其中二级比较优势区有 3 个，包括福清、莆田市辖区和福州市辖区；一级比较优势区包括永泰、安溪、惠安、连城、建瓯、漳浦、福安、闽侯和福鼎等 21 个，具体如表 7-6、图 7-2 所示。

表 7-6　2020 年福建省薯类综合比较优势指数

排名	地区	E_i	排名	地区	E_i
1	福清市	2.79	13	晋江市	1.27
2	莆田市辖区	2.28	14	大田县	1.18
3	福州市辖区	2.14	15	南安市	1.18
4	永泰县	1.96	16	宁化县	1.17
5	安溪县	1.74	17	长汀县	1.15
6	惠安县	1.69	18	平潭县	1.15
7	连城县	1.56	19	永春县	1.10
8	建瓯市	1.54	20	尤溪县	1.10
9	漳浦县	1.42	21	德化县	1.08
10	福安市	1.34	22	邵武市	1.04
11	闽侯县	1.30	23	南平市辖区	1.03
12	福鼎市	1.29	24	连江县	1.01

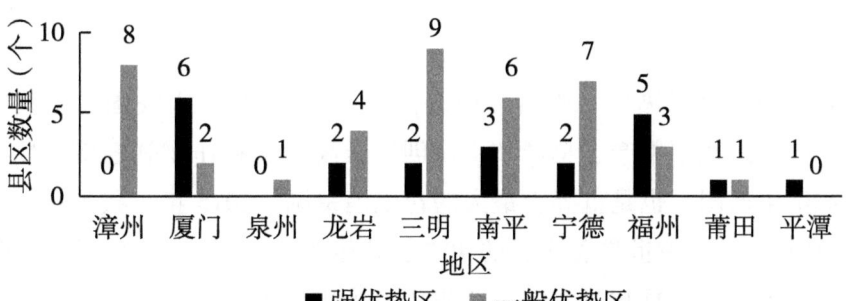

图 7-2　福建地市薯类综合比较优势县分布状况

第三节 油料产业比较优势与空间分布

一、油料规模比较优势分析

油料作物规模比较优势指数相对而言会比较分散,优势县有15个(表7-7),其中最好的是平潭县,优势指数达6.962,优势指数大于2的有8个县,包括平潭县、惠安县、福清市、莆田市辖区、泉州市辖区、东山县、仙游县和晋江市。

表7-7 2020年油料规模比较优势县

排名	地区	E_i	排名	地区	E_i
1	平潭县	6.962	9	石狮市	1.820
2	惠安县	6.485	10	南安市	1.794
3	福清市	4.726	11	长泰县	1.695
4	莆田市辖区	4.661	12	漳浦县	1.599
5	泉州市辖区	4.215	13	厦门市辖区	1.350
6	东山县	3.741	14	诏安县	1.295
7	仙游县	2.501	15	永泰县	1.023
8	晋江市	2.353			

二、花生产业比较优势

1. 全国花生产业特性分析

花生起源于南美洲热带、亚热带地区,约于16世纪传入我国,是我国四大油料作物之一,也是我国单产、总产和出口创汇最高的油料作物和经济作物。我国是世界第一花生生产国,也是世界上最大的花生消费国。2015年,我国花生年度总供应量为1 691万吨,约占世界总产量的40%,花生需求总量为1 683万吨,出口量40万吨,占世界出口额比重超过30%,为世界最大出口国[①]。

花生是一种喜温、耐旱、耐贫瘠的植物,并且在生长发育过程中需要较强的光

---

① 数据来源:中国花生信息网,http://www.62422.cn/look.asp?id=296197。

照条件，对于土壤的要求以疏松、活土等砂壤土最为适宜。因此，在我国，除宁夏、青海之外，其余各省（区、市）均有花生种植，主要分布于辽宁、山东、河北、河南、江苏、福建、广东、广西、贵州、四川等地区。根据花生的种植和生产发展变化情况、地理位置、地貌类型、气候条件、品种生态分布、栽培耕作制度等将我国花生生产划分为七大种植区域，即黄河流域花生区、长江流域花生区、东南沿海花生区、云贵高原花生区、黄土高原花生区、东北花生区、西北花生区（张怡，2015）。

2. 福建花生产业特点分析

福建省位于我国东南沿海，2020年福建花生播种面积109.77万亩，产量21.68万吨，分别占全国的1.54%和1.21%。花生是福建省最主要的油料作物，占油料作物总产量的90%以上。花生生产状况很大程度上决定着福建省植物油的供需形势。

榨油是花生利用的主要途径，天生花生油是福清名牌产品，多年来保持福建省花生油行业优势龙头企业的地位，是中国粮食行业协会和福建省粮食行业协会认定的"放心粮油""福建省著名商标""福建省名牌产品""福建省用户满意产品"及无污染、无添加剂、绿色环保安全食品。龙岩、莆田、晋江、南安、漳浦等县（市）所产花生主要供加工食用，以市场为导向加工花生糖果、花生饮料、咸酥花生等系列花生食品。龙岩花生是新罗区农业的一大特色产业，2008年6月龙岩咸酥花生申报地理标志产品保护被正式批准，2015年又被选为龙岩市农产品"八大珍"之一。目前，龙岩咸酥花生加工企业100多家，其中大中型加工厂60多家，年产量达6.2万吨，产值达10多亿元，从业人员9.1万人。实现了种植良种化、栽培标准化、加工规范化、产品优质化，并形成品牌优势、规模优势，市场发展潜力较大，经济效益显著。龙岩咸酥花生加工集团下属9个紧密型企业，已形成20多个品牌，其产品畅销北上广深等28个国内大中城市，出口中国香港、澳门、台湾地区，以及日本、新加坡、马来西亚、新西兰等国家，驰名海内外。

3. 福建花生产业优势区域分析

福建省花生主要分布于沿海丘陵旱作区和闽西北旱作区两大种植带，沿海丘陵旱作区是福建省花生主产区，福清、平潭、晋江、南安、惠安、莆田市辖区、仙游、漳浦、诏安等主产县花生播种面积占全省的55.96%。闽西北花生旱作带主要以邵武、明溪、宁化、清流、长汀等地为主。进入21世纪以来，福建花生种植出现了由沿海县市转向内陆山区的趋势（剑洪，2001）。根据花生综合比较优势分析，惠安县、莆田市辖区、福清市和漳浦县4个县域是二级比较优势区，泉州市辖区、东山县、晋江市、石狮市、南安市、云霄县、清流县等14个县域为一级比较优势区（表7-8，图7-3）。福清市是福建最大的花生生产基地，2020年花生播种面积18.88万亩，占全省总播种面积的17.20%，产量3.19万吨，占全省总产量的14.72%。

表7-8 2020年福建省花生综合比较优势指数

排名	地区	E_i	排名	地区	E_i
1	福清市	5.15	10	平潭县	1.37
2	莆田市辖区	5.09	11	云霄县	1.33
3	惠安县	3.57	12	连城县	1.31
4	漳浦县	2.63	13	泉州市辖区	1.22
5	南安市	1.73	14	厦门市辖区	1.16
6	晋江市	1.71	15	龙岩市辖区	1.16
7	仙游县	1.71	16	长汀县	1.12
8	诏安县	1.50	17	永春县	1.07
9	永泰县	1.49	18	平和县	1.05

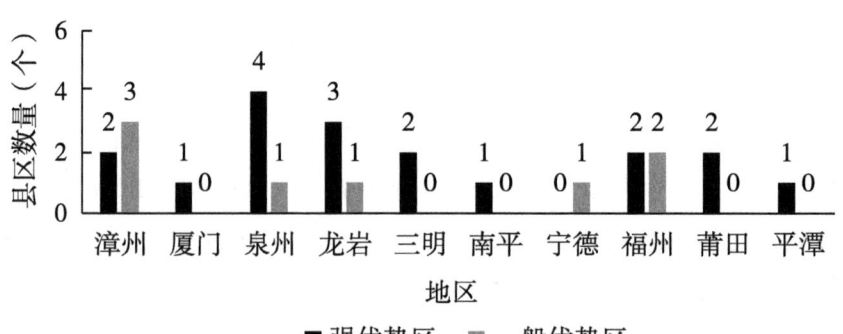

图7-3 福建地市花生综合比较优势县分布状况

三、油菜产业比较优势

1. 全国油菜产业特点分析

中国是世界油菜生产第一大国，据FAO统计，2015年油菜籽收获面积753.44万公顷，居世界第一。油菜是产油效率最高的油料作物之一，油用比例为100%，菜籽油是我国传统食用油，2020年菜籽油占国产油料作物产油的51.53%以上，是国产食用植物油的第一大来源，对于国家食用油供给安全、农业增产和农民增收发挥着重要作用（王汉中，2010）。中国油菜分为冬油菜（9月底播种，次年5月底收获）和春油菜（4月底播种，9月底收获）两大产区。冬油菜面积、产量均占90%以上，主要集中在长江流域，其中湖北、湖南、四川3省合计占全国的50%左右。春油菜主要集中在青海、内蒙古地区，甘肃、陕西和新疆地区也有部分春油菜种植。

2. 福建油菜产业特点分析

福建省是我国冬油菜的产区之一，2020年油菜籽播种面积8.58万亩，约占全国的0.08%，产量0.96万吨，占全国总产量的0.07%。浦城县是福建省油菜播种面积和产量第一大县，2020年，油菜籽播种面积1.67万亩，产量951吨，分别占全省比重的19.46%和9.9%。油菜是浦城县主要冬种作物，为加快油菜向规模化、集约化、产业化方向发展，浦城县围绕"五新"技术推广，走"科技兴油"之路，大力推广"双低"油菜（低芥酸，低硫苷，国家标准是油品中芥酸含量低于5%，饼粕中硫苷含量应低于30微摩/克）新品种及免耕油菜高效栽培、油菜秸秆还田使用腐熟剂、病虫害统防统治、油菜机械化收割等技术，推动全县油菜生产新发展。主要采取的措施：一是积极推广双低油菜新品种。双低油菜籽是优质食用油的原料，油菜的落叶、茎秆能提高土壤有机质，双低油菜的菜籽饼既是良好的有机肥，又是优质的饲料。浦城重点推广适合本县种植的"双低"油菜品种：中双11号、油研9号、油研10号、绵新油68、浙油50等，全县"双低"油菜覆盖率达90%以上。二是抓好示范片建设。该县出台了《2015—2016年度浦城县"双低"油菜示范推广项目实施方案》，在莲塘镇、仙阳镇、九牧镇、盘亭乡、官路乡、忠信镇建立1个万亩示范片，面积10 200亩，平均亩产110千克；5个千亩中心示范片，面积5 010亩，平均亩产125千克；5个百亩核心示范片1 575亩，亩产130千克。要求每个示范片种植品种不超过2个，确保了油菜产量、品质和效益。并在莲塘镇山桥村建立高标准双低油菜核心示范基地500亩，集中展示"双低"油菜新品种和油菜机械收割示范，集"观摩、田间学校、新技术展示"为一体，辐射带动全县农户科学种植双低油菜。三是推广节本增效增产技术。重点推广双低油菜高产配套技术、油菜板田直播高产栽培技术、合理密植和精量施肥、增施硼肥、科学防冻、防病虫等关键增产技术，并扩大"双低"油菜机械收割示范面积，提高油菜的种植效益。四是开展技术培训。对示范片农户统一培训指导，提升农户科学种植油菜技能。五是出台优惠政策。结合农技推广补助项目，给示范片农户统一免费发放油菜种子，并给予硼砂等肥料的物化补贴和适当的油菜机收补助。

3. 福建油菜产业优势区域分析

油菜规模化种植区域分布主要集中在闽北和闽西北地区，闽东的宁德和莆田部分县域也有集中分布。根据综合比较优势测算结果，全省油菜优势县（市、区）共有18个，其中三级比较优势区有浦城县3个，二级比较优势区有长汀县、仙游县、德化县等6个，一级比较优势区有永春县、宁化县、邵武市等9个（表7-9，图7-4）。

表7-9 2020年福建省油菜综合比较优势指数

排名	地区	E_i	排名	地区	E_i
1	浦城县	3.33	10	永春县	1.77
2	闽清县	3.31	11	宁化县	1.71
3	永泰县	3.06	12	邵武市	1.64
4	泉州市辖区	2.81	13	福清市	1.59
5	仙游县	2.75	14	福州市辖区	1.38
6	闽侯县	2.74	15	福鼎市	1.30
7	德化县	2.54	16	南靖县	1.22
8	莆田市辖区	2.35	17	连城县	1.17
9	长汀县	2.25	18	武夷山市	1.05

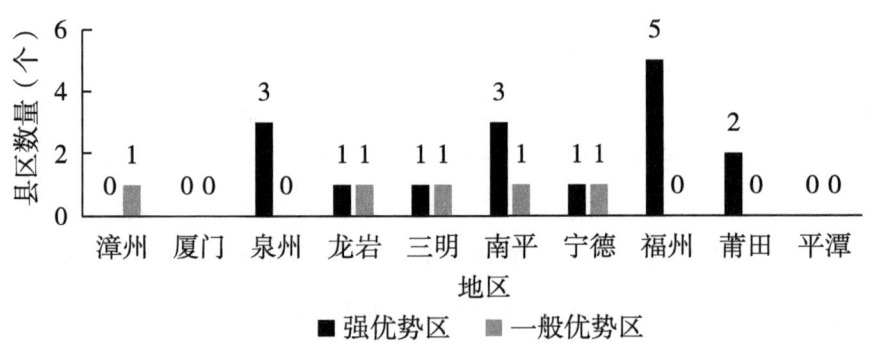

图7-4 福建地市油菜综合比较优势县分布状况

四、芝麻产业比较优势

1. 芝麻产业状况分析

芝麻属胡麻科胡麻属，是世界上最古老的油料作物之一，有2 200多年的栽培历史，广泛分布于南北纬40°之间的热带、亚热带和温带地区，中国芝麻种植区域可延伸至45°的地方。据FAO统计,世界上有60多个国家种植芝麻,排名前4位的依次是印度、苏丹、缅甸和中国。目前,这一属植物已发现37个种,只有普通栽培芝麻在生产中广泛栽培,其余均为野生或半野生种。我国芝麻生产历史悠久,种植地域广泛,总产量居世界前列,也是世界上保存芝麻种质资源最多的国家之一。主要分布在黄河及长江中下游各省,以及河南、湖北、安徽、江西、河北等省,河南、安徽和湖北是我国芝麻的主要种植地区,3省芝麻产量占我国芝麻总产量的75%左右,河南产量最多,占全国的30%左右(王瑞元,2016)。

芝麻具有较高的食用价值,其种子含油量高达55%,但在福建油料作物中所占的比重要远远低于花生和油菜,整体栽培规模较小。2020年,芝麻播种面积0.39万亩,仅占油料作物播种面积的0.32%,产量0.04万吨,仅占油料作物产量的0.18%。

2. 福建芝麻产业状况分析

在全国芝麻生产比重中,福建芝麻播种面积仅占全国总播种面积的0.30%,产量仅占全国总产量的0.26%。

3. 福建芝麻产业优势区域分析

全省芝麻栽培优势区主要集中在闽西北的南平、三明部分县域,以南平为主。17个优势县(市、区)中,属南平的有5个。优势县中,三级比较优势区有漳浦县、厦门市辖区、南安市和浦城县4个,二级比较优势区有武夷山和将乐县2个,一级比较优势区有南平市辖区、邵武市、永春县等11个县(市、区)(表7-10,图7-5)。

表7-10 2020年福建省芝麻综合比较优势指数

排名	地区	E_i	排名	地区	E_i
1	漳浦县	6.50	10	闽清县	1.61
2	厦门市辖区	4.04	11	政和县	1.50
3	南安市	3.36	12	龙海市	1.47
4	浦城县	3.07	13	华安县	1.47
5	将乐县	2.15	14	漳州市辖区	1.44
6	武夷山市	2.04	15	泉州市辖区	1.22
7	南平市辖区	1.89	16	光泽县	1.15
8	邵武市	1.88	17	闽侯县	1.13
9	永春县	1.63			

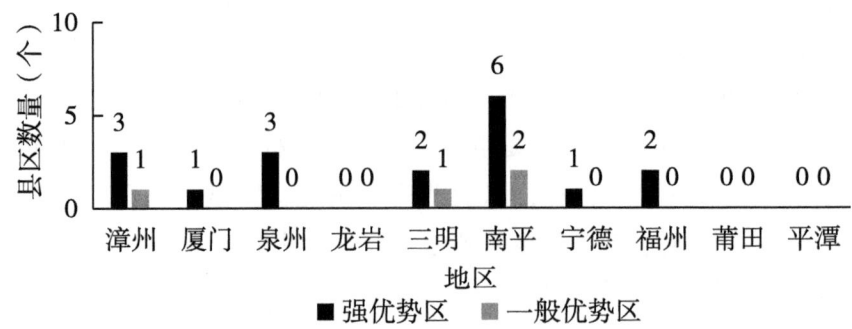

图 7-5　福建地市芝麻综合比较优势县分布状况

第四节　小结与政策建议

一、研究结论

1. 总量生产

福建省的粮食自给率比较低。同时，由于福建特殊的地理环境，以及近年来大量农村劳动力的转移，农村大量的农地抛荒严重，粮食产能下降。2016 年福建粮食产量仅为 477.28 万吨，近五年来，粮食产量有所提升，2021 年福建粮食总产量达 506.42 万吨。福建省油料的种植面积到 2020 年仅有 7.931 万公顷，2021 年仅 8.044 万公顷。油料产量 2020 年仅为 22.73 万吨，2021 年仅为 23.31 万吨。不管是粮食还是油料，福建省的生产与消费都有很大的缺口。

2. 地区分布

福建各地区的粮食生产很不平均，部分县市的粮食生产比较多，主要包括浦城、武平、邵武、泰宁的闽西北地区，还有部分平原区县。从品种看，福建的粮食生产主要是水稻，其次是甘薯，也种植一些马铃薯和玉米。其中粮食约占 80%，甘薯占 12.5%。油料种植主要分布在沿海的县市，如平潭、惠安、福清等，这和土壤有一定的关系，种植品种主要是花生和油菜，2021 年花生的种植面积为 7.374 万公顷，油菜种植面积 0.634 万公顷。

二、优化建议

中国是人口大国，粮食生产是关系国计民生的根本性问题。"中国人的饭碗任何时候都要牢牢端在自己手上，我们的饭碗应该主要装中国粮"。这是党中央、国务院的明确要求，也是必须完成的硬任务。我国人口基数大，保障粮食安全面临许多新情况、新问题。保障国家粮食安全，首先要确保口粮绝对安全，谷物基本自给。我国大豆消费量占全球总消费量的1/4，油料、大豆自给率较低。因此，针对现实情况提出几点建议。

1. 提高种粮重要性的认识

福建省属于丘陵山区地貌，连片平整的耕地不多，生产效率和劳动效率低，部分的基层干部和农民认为改种水果等经济作物的经济效益比较高，没必要强调要种太多粮，没有认识到粮食有可能短缺，没有去考虑粮食短缺带来的风险。因此，要加大宣传粮食的风险意识，让每个人认识到粮食安全大家都要关注、要付出、要支持，不能认为粮食安全是领导关心的事情，是别人应该关心的事情，和自己没多少相关。

2. 加强对种粮大县的支持

种粮大县、财政小县。虽然中央一号文件每年都在关注"三农"问题，但这种关注更多地体现在地市级以上，对于县乡两级而言，由于县级政府负责财政自理，要大力发展工业和服务业，增加财政收入。对于一产的农业，不能说不重视、不支持，但是缺乏足够重视、足够支持。粮食大县必然影响财政收入，中央和省市级政府要加强对其的补助和支持。避免出现"种粮大县、财政穷县"。

3. 树立大食物观，向大自然要食物

要树立大食物观，向森林要食物、向江河湖海要食物、向设施农业要食物；要积极推进农业供给侧结构性改革，全方位、多途径开发食物资源，开发丰富多样的食物品种，实现各类食物供求平衡，更好满足人民群众日益多元化的食物消费需求。福建森林覆盖率高，木本粮油资源丰富，推动木本粮油产业发展，是一项利国利民的民生工程、生态工程，是维护我国粮油安全的重要途径，对维护国家粮食安全具有十分重要的战略意义。

第八章 特色蔬菜和食用菌区域比较优势

第一节 福建省蔬菜产业区域比较优势与空间分布

一、产业发展状况与趋势

1. 总体情况与趋势

蔬菜是千家万户餐桌上不可或缺的民生产品，而冬春季节蔬菜产业正是福建省的特色产业和优势产业。截至2021年，福建省蔬菜种植面积近900万亩，其中，出产蔬菜有40%调供省外。根据福建"十四五"农业发展规划，到2025年，全省蔬菜播种面积将达到930万亩，蔬菜产量达到1 550万吨。福建省政府将发挥因势利导作用，积极布局产业园区，拟建设7个现代农业蔬菜产业园。

2000—2020年，福建省蔬菜播种面积与产量呈现平稳发展趋势（图8-1）。2020年，各类蔬菜的播种面积和产量差别较大，其中叶菜类、白菜类、根茎类和其他类占比较高，播种面积占61.98%，产量占62.51%，甘蓝类和水生菜类较少，播种面积仅占6.9%，产量仅占6.59%（图8-2）。

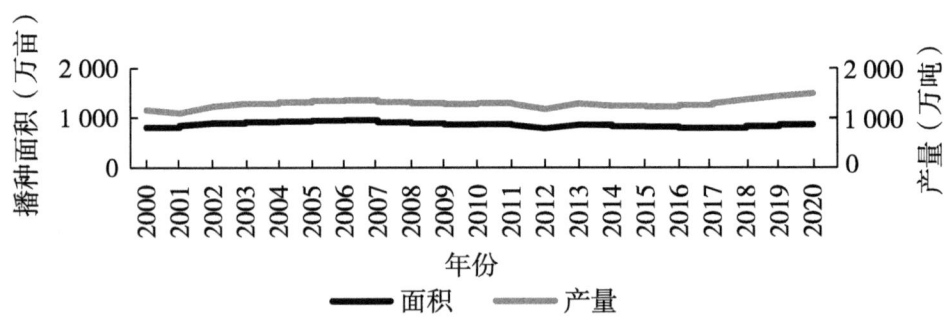

图8-1 福建省历年蔬菜播种面积与产量

2. 一产发展状况与趋势①

在闽江口以南冬春蔬菜优势区域（福清、长乐、涵江、惠安、晋江、同安、南安、龙海、漳浦、云霄、诏安、南靖、平和、长泰等地），扩大番茄、辣椒、茄子等茄果类，苦瓜、黄瓜等瓜类冬春上市蔬菜面积。在鹫峰山、戴云山脉等中高海拔山区（屏南、周宁、寿宁、建瓯、闽清、大田、尤溪、政和等地），充分利用夏秋

---

① 资料来源：《福建省人民政府关于加快农业七大优势特色产业发展的意见》。

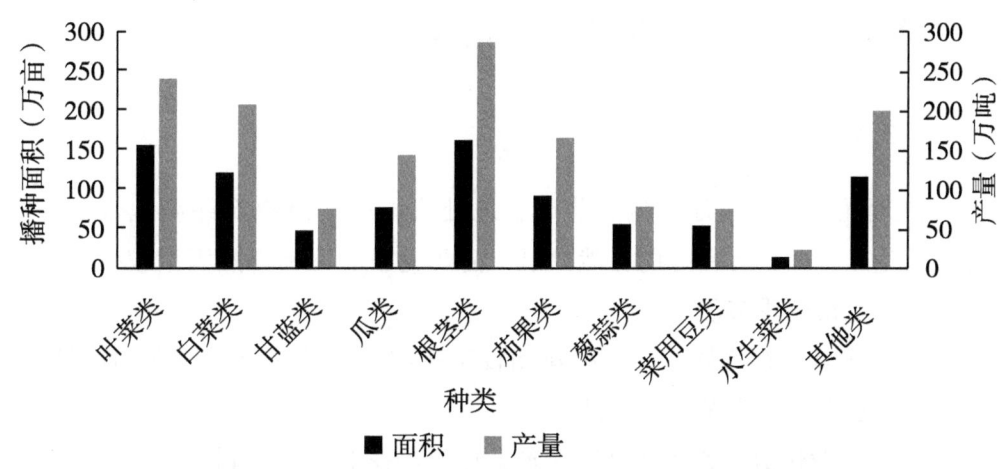

图 8-2　2020 年福建省各类蔬菜播种面积与产量

冷凉气候优势，大力发展夏秋高山蔬菜，到 2020 年增加面积 30 万亩。在城市郊区（闽侯、闽清、连江、同安、翔安、龙海、长泰、蕉城、延平、新罗等地）发展叶类蔬菜。引导设施蔬菜向"一带三区"（即闽江口以南沿海高优设施蔬菜优势生产带和闽江流域、闽东沿海、闽西地区三大设施蔬菜生产次优势区）集中，打造高优设施蔬菜优势产区。在闽东南沿海着重发展抗台风、控温控湿性能高的设施棚型，在闽东、闽西北、闽西重点发展保温性能好的设施棚型，扩大冬春设施蔬菜面积，提高设施蔬菜在全省蔬菜产业中的比重和全国冬春季蔬菜市场占有率。积极打造集约化专业育供苗中心，大力推广绿色防控技术，积极推行蔬菜病虫害专业化统防统治，推广应用商品有机肥，扶持发展基质等无土栽培。

3. 二产发展状况与趋势

着力加强商品化处理，发展优势特色包装，开发精深加工产品。完善蔬菜分级、包装、保鲜等采后商品化处理设施设备，提升采后商品化水平。开发预制菜、干制蔬菜、冻干蔬菜、蔬菜汁、蔬菜饮料等精深加工产品。

4. 三产发展状况与趋势

着力发展冷链物流，加快发展净菜上市、定制配送等流通新业态。加强蔬菜物流配套基础设施建设，打造一批蔬菜冷链物流园专区，提高蔬菜采后增值率。建设闽菜外调物流中心，在主产区改造建设一批产地批发市场，进一步完善福州海峡蔬菜批发市场、厦门闽南果蔬批发市场，形成我国南方重要的冬春蔬菜物流中心。推广农超直供对接、产品直销直供平台，完善电商销售模式，培育一批较成熟的蔬菜定制配送、农超直供、电商销售主体。扶持打造"福鼎槟榔芋""永安飞桥莴苣"

"建宁莲子"等一批蔬菜区域公用品牌。

二、福建蔬菜产业发展优势与难点

（一）优势

（1）地理优势。福建地理位置优越，地处我国东南沿海低纬度地带，气候宜人，在蔬菜生产方面具有良好的自然禀赋，需要克服的不利自然因素较少，尤其是在反季节蔬菜上市的季节。

（2）气候优势。在气候方面，福建相较于我国北方地区具有明显的比较优势，有望成为国内主流的反季节蔬菜产地。

（3）龙头企业优势。作为福建蔬菜产业已有的龙头企业，利农集团深耕设施蔬菜生产领域，有望对蔬菜集约化生产和上下游环节产生带动效应。福建省拥有包括利农集团在内的多家蔬菜龙头企业，在建立产业平台时可以更好地为蔬菜生产环节赋能。

（二）难点

（1）保质期短，效率不足。为了促进某个产业发展，政府通常会将产业链的各环节分开，通过不同环节的龙头企业带动其所在的环节，最终各环节为了保证自己的商业模式顺利运行并实现盈利，会对其他上下游环节产生自然的促进作用，进而推动整个产业链发展。然而因为蔬菜产业的产业链较短，可延伸的空间不多，蔬菜较短的保质期排除了仓单质押等物流金融属性在该产业内存在的可能性，且蔬菜产品品种繁多，业内企业之间难以形成明确的分工，难以将效率最大化。

（2）需求层次难以提升。蔬菜具有"民生产品"的性质，除去部分年轻一代的消费者，目前大部分传统消费者对蔬菜的心理预期价位基本固定在一个相对较低的水准，导致产品难以产生溢价。此外，除去酒店、学校等批量购买的消费群体，有相当一部分消费群体是以个人或家庭为单位的居民，他们的单次消费能力较低，且蔬菜不属于粮食、油料等刚需农产品，个体消费者对蔬菜的重视程度、偏爱的品类各不相同，这导致了蔬菜消费的碎片化。碎片化消费与蔬菜相对有限的保质期导致生产者无法完全实现个性化生产、选品与销售，只能事先预估销量，生产后通过超市的平台向个体消费者出售，该现状也一定程度上影响了蔬菜行业的盈利能力。

（3）分散经营难以统计。在数字经济蓬勃发展的时代，蔬菜产业的全面数字化也将面临一定的困难。目前的蔬菜市场仍然有数目繁多的小企业和个体户，他们的生产方式、品控标准与销售渠道各不相同。蔬菜的生产与销售情况、蔬菜的品质与合规情况难以统计，农业市场大数据系统无法建立。若要在蔬菜市场建立成熟的农业大数据系统，需要待蔬菜市场实现进一步结构调整，大规模、标准化、集约化的生产形式逐步取代零散、非标准化的个体生产形式。

（4）碎片化分布难以监管。虽然福建省的蔬菜产业已占据领先地位，但仍有着可为的发展空间和巨大的发展潜力。蔬菜产业的三大发展阶段分别是吃得饱、吃得安全、吃得有口感。第一阶段对中国人来说已成历史，而第二阶段则成为主要的努力方向。"吃得安全"的需求尚未被完全满足，原因在于小农户非标准化种植的广泛存在，而福建正是一大例证。福建省蔬菜农户的碎片化分布，使得政府无法收集所有农户信息，进而难以在农户种植和售卖环节做到集中、精准监管，最终导致了部分食品安全隐患难以排除。要优化蔬菜产业格局，就需要推进蔬菜市场的结构调整，鼓励设施化、规模化生产逐渐取代散户非标种植。根据专家估计，这一情况在未来十年可能出现拐点，而70%的设施化率可作为拐点到来的指标。

三、蔬菜产业比较优势与空间分布

随着城际、省际交通运输网络的快速发展，蔬菜市场全国趋向一体化，蔬菜生产区域优势成为影响蔬菜市场竞争的重要因素（吴卫东，2014）。

1. 规模比较优势

从规模比较优势来看，规模比较优势区共有22个县（市、区），其中排名靠前的闽侯县、福州市辖区、厦门市辖区、福清市、漳浦县等大部分是中亚热带，南亚热带低海拔大棚蔬菜生产优势区和出口蔬菜生产优势区；排名靠后的内陆山区部分县（市）如建瓯市、漳平市、连城县等主要为中亚热带高山反季节蔬菜生产优势区（表8-1）。

表8-1 福建省蔬菜规模比较优势

排名	地区	规模比较优势	排名	地区	规模比较优势
1	闽侯县	5.11	12	南靖县	1.47
2	福州市辖区	3.77	13	建瓯市	1.36
3	福清市	3.40	14	永安市	1.32
4	漳浦县	3.08	15	诏安县	1.25
5	永泰县	2.60	16	福安市	1.24

(续表)

排名	地区	规模比较优势	排名	地区	规模比较优势
6	厦门市辖区	2.41	17	龙岩市辖区	1.16
7	莆田市辖区	2.27	18	龙海市	1.15
8	闽清县	2.14	19	长汀县	1.11
9	大田县	2.13	20	安溪县	1.11
10	南平市辖区	1.73	21	漳平市	1.09
11	上杭县	1.56	22	连城县	1.01

2. 效率比较优势

效率比较优势区有26个，主要分布在三明、龙岩、南平、宁德等山区县，如永安县、长泰县、平和县等，以及沿海平原地区东山县、福清市、泉州市辖区等（表8-2）。

表8-2 福建省蔬菜效率比较优势

排名	地区	效率比较优势	排名	地区	效率比较优势
1	厦门市辖区	1.44	14	大田县	1.15
2	永安市	1.34	15	连城县	1.14
3	长泰县	1.33	16	永泰县	1.13
4	平和县	1.30	17	漳浦县	1.12
5	三明市辖区	1.29	18	诏安县	1.12
6	福清市	1.28	19	东山县	1.11
7	闽侯县	1.25	20	南靖县	1.11
8	华安县	1.25	21	沙县	1.09
9	福州市辖区	1.24	22	武平县	1.07
10	莆田市辖区	1.23	23	长汀县	1.07
11	闽清县	1.20	24	尤溪县	1.06
12	漳平市	1.18	25	漳州市辖区	1.05
13	泉州市辖区	1.16	26	龙岩市辖区	1.03

3. 综合比较优势

综合比较优势区有闽侯县、福州市辖区、厦门市辖区、东山县、和平县、三明市辖区、长乐区、石狮市等23个县（市、区）（表8-3，图8-3），沿着闽东、闽中和闽南呈"C"形分布。2020 福州市蔬菜播种面积 216.52 万亩，占全省总面积的 24.1%，产量 428.97 万吨，占全省总产量的 28.75%，种植面积和产量均位于全省第一。闽侯县是福州市重要的"菜篮子"保障，占全市蔬菜供应总量约 1/4。

表 8-3 福建省蔬菜综合比较优势

排名	地区	综合比较优势	排名	地区	综合比较优势
1	闽侯县	3.18	12	南平市辖区	1.29
2	福州市辖区	2.50	13	上杭县	1.23
3	福清市	2.34	14	诏安县	1.19
4	漳浦县	2.10	15	漳平市	1.13
5	厦门市辖区	1.92	16	建瓯市	1.13
6	永泰县	1.86	17	龙岩市辖区	1.10
7	莆田市辖区	1.75	18	长汀县	1.09
8	闽清县	1.67	19	龙海市	1.07
9	大田县	1.64	20	连城县	1.07
10	永安市	1.33	21	平和县	1.07
11	南靖县	1.29	22	三明市辖区	1.03
12	南平市辖区	1.29	23	尤溪县	1.02

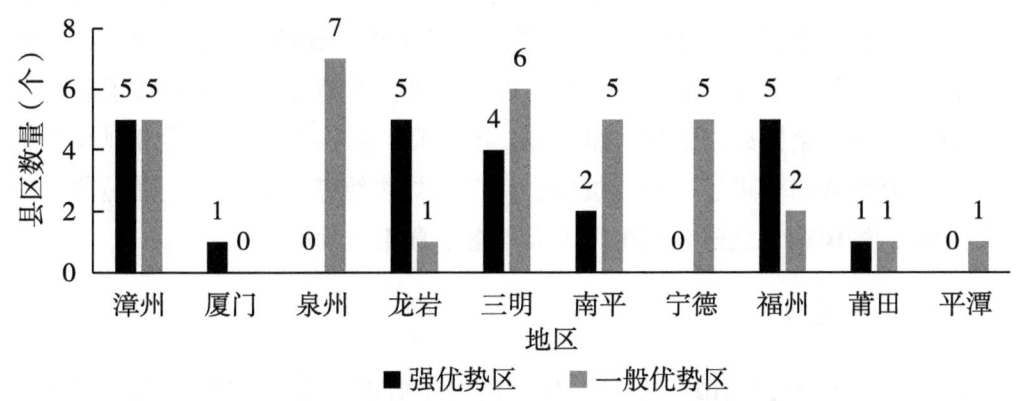

图 8-3 福建省蔬菜产业综合比较优势分布

第二节　食用菌产业区域比较优势与空间分布

一、产业发展态势

（一）基本概况

"菌物食品"被联合国粮食及农业组织誉为21世纪健康、时尚食品。食用菌是福建省优势农业产业，也是十大重点特色农产品之一。中华人民共和国成立以来，福建省食用菌经历了野生采集、半野生半人工栽培和人工栽培三个历史发展阶段。在人工栽培的现阶段，福建省食用菌产业工业化、规模化生产已经逐步取代分散化栽培，生产、加工、销售区域化集聚、多类菌产品专业化生产格局已经形成，涌现出一批规模化和具有区域特色的食用菌产业带和产业集群，如初步形成了闽东南沿海粪草生菌产业带和闽西北山区木生菌产业带；漳州、莆田、福鼎的蘑菇产业集群，寿宁、政和、屏南的花菇产业集群，漳州白背毛木耳产业集群以及古田银耳、茶树菇、香菇、猴头菇、黑木耳，仙游姬松茸，罗源秀珍菇，福州金针菇、白灵菇、杏鲍菇，武夷山灵芝，顺昌香菇、木耳、白色真姬菇、竹荪、姬松茸等集约化生产和加工销售。

2020年福建省84个县级行政区中，有72个生产食用菌，产值超亿元的县（市、区）达41个，分别为：福清、闽侯、罗源、闽清、永泰、翔安、仙游、永安、明溪、清流、宁化、大田、尤溪、沙县、将乐、泰宁、建宁、南安、永春、芗城、龙海、漳浦、南靖、华安、延平、邵武、武夷山、建瓯、建阳、顺昌、浦城、松溪、漳平、长汀、上杭、武平、福鼎、古田、屏南和寿宁。福建省除了蘑菇、香菇、平菇、草菇、金针菇、银耳、黑木耳、毛木耳、猴头菌、竹荪等常规栽培的品种外，还新开发或新引进了一些珍贵的食用菌，如杏鲍菇、姬松茸、真姬菇、白灵菇、茶树菇、杨树菇、大球盖菇等，大大丰富了食用菌种类。

（二）发展趋势

2020年，福建省食用菌产量137.89万吨（干鲜混合计），同比增长3.39%。根据《2021年福建农村统计年鉴》数据，各类食用菌产量中，蘑菇产量约37.1万吨，占总产量的26.91%，其中产量最高的是龙海市，其次为永春县；香菇产量约14.31

万吨，占总产量的 10.38%；白木耳产量约 4.56 万吨，占总产量的 3%；黑木耳产量 7.34 万吨，占总产量的 5.32%；金针菇产量 12.51 万吨，占总产量的 9.07%；草菇产量 4.57 万吨，占总产量的 3.31%；平菇产量 23.35 万吨，占总产量的 16.94%；猴头菇产量 0.47 万吨，占总产量的 0.34%；杏鲍菇产量 3.52 万吨，占总产量的 2.55%；茶树菇产量 3.96 万吨，占总产量的 2.87%；竹荪产量 1.33 万吨，占总产量的 0.96%（图 8-4）。

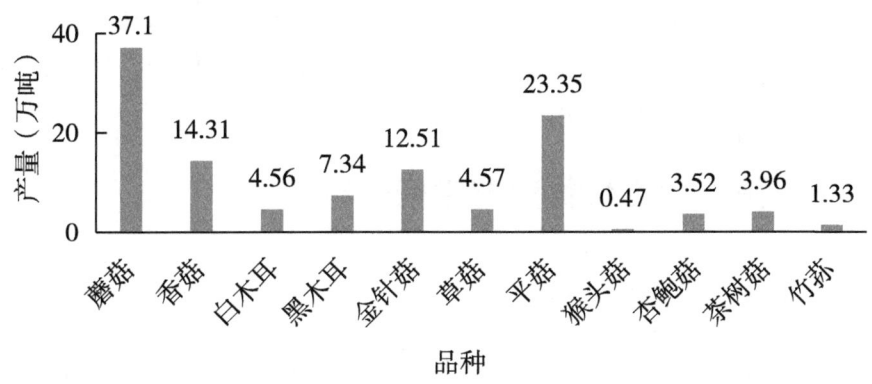

图 8-4 2020 年福建省各类食用菌产量

（三）重点县域

1. 古田县

古田县素有"中国食用菌之都"之美誉，是全国食用菌产业链条最全、专业分工最细、种植品种最全、生产规模最大、销售市场最广的基地县。先后被授予"中国食用菌之乡""全国食用菌行业先进县""全国食（药）用菌行业优秀基地县（市）""全国食用菌新农村建设优秀示范县""全国食用菌餐饮文化示范县""全国食用菌文化产业建设先进县"等称号。全县已开发种植食用菌品种 30 多个，其中银耳、茶树菇、香菇、猴头菇、黑木耳为主栽品种，全县食用菌年产量 75 万吨（鲜品），产业总产值近百亿元，特别是银耳年产量 29 万吨，占全国总产量的 95% 以上，占世界总产量的 90% 以上。其产品不仅畅销全国各地，还打入了日本、东南亚、欧洲、美洲等数十个国家和地区，产销率达 98% 以上。

2. 龙海市

龙海市是福建省食用菌生产大市和漳州最大的食用菌生产地，2020 年，食用菌产量 16.59 万吨，是福建省总产量的 12.03%，是漳州市总产量的 41.92%。九湖食用菌研究所位于龙海市,是集科研、开发、生产、推广、经营于一体的民营科技实业,拥有规模完善的菌种厂、微肥厂、加工厂、塑料厂及生产试验基地。先后首创了漳州低海拔温差小的沿海平原种植香菇先例、蘑菇培养料短期快速二次发酵法、漳州茶树菇袋栽先例、漳州市杏鲍菇工厂化栽培先例等。其"天珍商标"被认定为"福建省优质安全农产品重点推荐品牌"。龙海市绿宝集团是集食用菌科研、培育、加工、产销、科普观光等为一体的综合型上市企业、国家农业产业化重点龙头企业和全国总产量最大的杏鲍菇生产商,杏鲍菇产销全国第一,"绿鲜牌"被国家商标总局评为"中国驰名商标"。食用菌产业也是顺昌县传统特色主导产业之一,产品以海鲜菇为主导,日产量可达到120吨,占国内市场80%的份额,目前已经走向了北欧、北美等地,拥有全国市场定价权。

二、食用菌产业比较优势与空间分布

(一)食用菌区域比较优势分析

福建省食用菌资源禀赋系数大于1的县(市、区)有22个,其中系数大于2的有10个,最高的是芗城区,系数为6.954;系数大于0.5且小于1的有17个县,系数小于0.1的有10个县(表8-4)。根据以上情况,将有生产食用菌的71个县(市、区)分成5类,分别是强比较优势区、一般比较优势区、潜在比较优势区、弱比较优势区和无比较优势区。具体县(市、区)如表8-5、图8-5所示。

表8-4 2020年福建省县(市、区)食用菌资源禀赋系数

县域	系数	县域	系数	县域	系数	县域	系数
芗城区	6.954	柘荣县	1.328	福鼎市	0.556	上杭县	0.157
罗源县	6.513	松溪县	1.109	沙县	0.530	连城县	0.151
顺昌县	5.972	漳浦县	1.050	同安区	0.501	马尾区	0.149
翔安区	5.704	南安市	1.038	武平县	0.419	平和县	0.147
古田县	5.338	延平区	0.983	长泰县	0.382	丰泽区	0.125
永春县	4.921	大田县	0.950	永安市	0.370	诏安县	0.114
龙海市	4.110	闽侯县	0.946	建瓯市	0.363	永定区	0.114
屏南县	2.745	晋江市	0.926	龙文区	0.346	政和县	0.096
仙游县	2.286	云霄县	0.882	德化县	0.288	福清市	0.061

(续表)

县域	系数	县域	系数	县域	系数	县域	系数
南靖县	2.273	永泰县	0.876	长乐区	0.278	惠安县	0.055
泰宁县	1.932	邵武市	0.849	清流县	0.268	连江县	0.051
尤溪县	1.837	明溪县	0.815	长汀县	0.267	新罗区	0.047
将乐县	1.764	建宁县	0.808	福安市	0.254	安溪县	0.038
闽清县	1.760	武夷山市	0.798	光泽县	0.240	蕉城区	0.016
华安县	1.451	建阳区	0.722	三元区	0.226	石狮市	0.012
漳平市	1.378	宁化县	0.588	梅列区	0.218	集美区	0.010
寿宁县	1.376	鲤城区	0.585	浦城县	0.191	城厢区	0.001
涵江区	1.346	周宁县	0.570	霞浦县	0.177		

表8-5 2020年福建省县（市、区）食用菌生产区域优势分类

区域优势分类	主要县（市、区）
强比较优势区	芗城区、罗源县、顺昌县、翔安区、古田县、永春县、龙海市、屏南县、仙游县、南靖县
一般比较优势区	泰宁县、尤溪县、将乐县、闽清县、华安县、漳平市、寿宁县、涵江区、柘荣县、松溪县、漳浦县
潜在比较优势区	南安市、延平区、大田县、闽侯县、晋江市、云霄县、永泰县、邵武市、明溪县、建宁县、武夷山市、建阳区、宁化县、鲤城区、周宁县、福鼎市、沙县、同安区
弱比较优势区	武平县、长泰县、永安市、建瓯市、龙文区、德化县、长乐区、清流县、长汀县、福安市、光泽县、三元区、梅列区、浦城县、霞浦县、上杭县、连城县、马尾区、平和县、丰泽区、诏安县、永定区
无比较优势区	政和县、福清市、惠安县、连江县、新罗区、安溪县、蕉城区、石狮市、集美区、城厢区

（二）主要食用菌品种区域比较优势分析

1. 蘑菇

福建省蘑菇资源禀赋系数大于1的县（市、区）有12个，其中系数大于2的有7个，最高的是芗城区，系数为13.674；系数大于0.5且小于1的有10个县，系数小于0.1的有17个县（表8-6）。根据以上情况，将种植蘑菇的55个县按照强比

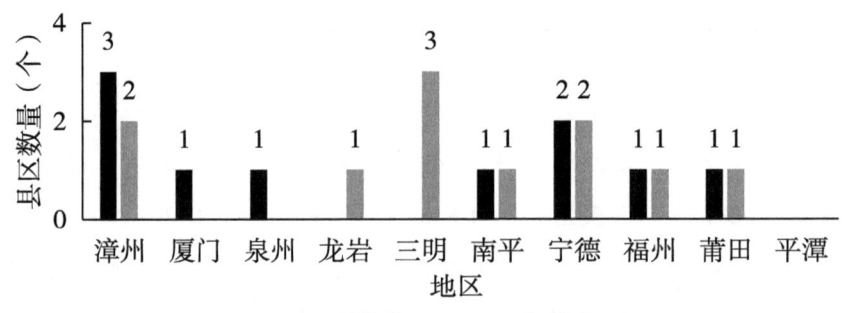

图 8-5 福建省食用菌资源禀赋比较优势分布

较优势区、一般比较优势区、潜在比较优势区、弱比较优势区和无比较优势区 5 个类型分类，具体县（市、区）如表 8-7、图 8-6 所示。

表 8-6 2020 年福建省县（市、区）蘑菇资源禀赋系数

县域	系数	县域	系数	县域	系数	县域	系数
芗城区	13.674	漳浦县	0.803	顺昌县	0.219	建阳区	0.069
龙海市	11.133	福安市	0.737	明溪县	0.204	长汀县	0.061
永春县	10.752	福鼎市	0.694	将乐县	0.198	泰宁县	0.060
仙游县	6.957	宁化县	0.684	晋江市	0.162	古田县	0.054
华安县	4.719	霞浦县	0.633	连江县	0.153	连城县	0.052
南靖县	2.251	云霄县	0.610	漳平市	0.138	清流县	0.040
闽侯县	2.042	平和县	0.545	龙文区	0.130	闽清县	0.033
尤溪县	1.568	罗源县	0.512	三元区	0.128	上杭县	0.027
秀屿区	1.469	邵武市	0.428	永安市	0.126	建瓯市	0.026
大田县	1.453	诏安县	0.401	武平县	0.125	浦城县	0.011
南安市	1.421	柘荣县	0.366	武夷山市	0.098	政和县	0.008
长泰县	1.075	周宁县	0.350	建宁县	0.098	安溪县	0.007
长乐区	0.982	德化县	0.314	永定区	0.098	福清市	0.001
寿宁县	0.828	沙县	0.258	平潭县	0.087		

表 8-7　2020 年福建省县（市、区）蘑菇生产区域优势分类

区域优势分类	主要县（市、区）
强比较优势区	芗城区、龙海市、永春县、仙游县、华安县、南靖县、闽侯县
一般比较优势区	尤溪县、秀屿区、大田县、南安市、长泰县
潜在比较优势区	长乐区、寿宁县、漳浦县、福安市、福鼎市、宁化县、霞浦县、云霄县、平和县、罗源县
弱比较优势区	邵武市、诏安县、柘荣县、周宁县、德化县、沙县、顺昌县、明溪县、将乐县、晋江市、连江县、漳平市、龙文区、三元区、永安市、武平县
无比较优势区	武夷山市、建宁县、永定区、平潭县、建阳区、长汀县、泰宁县、古田县、连城县、清流县、闽清县、上杭县、建瓯市、浦城县、政和县、安溪县、福清市

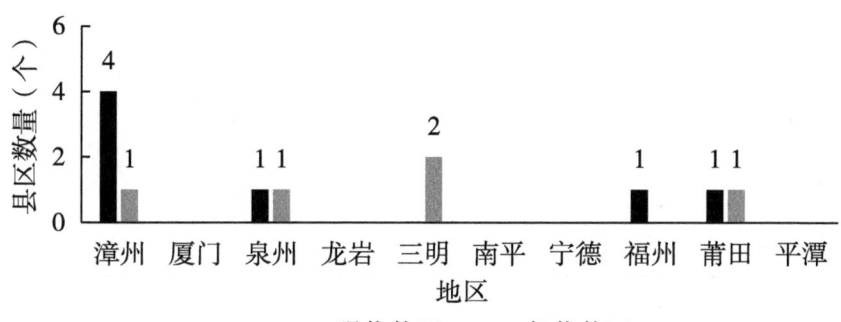

图 8-6　福建省蘑菇资源禀赋比较优势分布

2. 香菇

福建省香菇资源禀赋系数大于 1 的县（市、区）有 26 个，其中系数大于 2 的有 17 个，最高的是将乐县，系数为 7.712；系数大于 0.5 且小于 1 的有 8 个县，系数小于 0.1 的有 11 个县（表 8-8）。根据以上情况，将 53 个县（市、区）分成 5 类，分别是强比较优势区、一般比较优势区、潜在比较优势区、弱比较优势区和无比较优势区，具体县（市、区）如表 8-9、图 8-7 所示。

表 8-8　2020 年福建省县（市、区）香菇资源禀赋系数

县域	系数	县域	系数	县域	系数	县域	系数
将乐县	7.712	周宁县	2.821	三元区	0.820	连江县	0.097

(续表)

县域	系数	县域	系数	县域	系数	县域	系数
古田县	6.229	大田县	2.432	建阳区	0.811	霞浦县	0.067
平潭县	5.271	武平县	2.169	连城县	0.620	福安市	0.061
漳平市	4.780	长汀县	1.545	上杭县	0.617	马尾区	0.043
闽清县	4.681	建瓯市	1.517	武夷山市	0.562	南安市	0.027
明溪县	4.665	罗源县	1.482	永安市	0.525	光泽县	0.025
尤溪县	4.369	仙游县	1.317	政和县	0.435	秀屿区	0.012
泰宁县	3.927	沙县	1.291	永定区	0.327	华安县	0.008
屏南县	3.578	柘荣县	1.176	安溪县	0.320	福清市	0.005
寿宁县	3.360	清流县	1.106	闽侯县	0.238	城厢区	0.005
邵武市	3.338	浦城县	1.071	蕉城区	0.125	福鼎市	0.003
延平区	3.279	永春县	1.021	新罗区	0.123		
松溪县	3.199	宁化县	0.988	顺昌县	0.122		
建宁县	2.912	德化县	0.949	梅列区	0.114		

表 8-9 2020 年福建省县（市、区）香菇生产区域优势分类

区域优势分类	主要县（市、区）
强比较优势区	将乐县、古田县、平潭县、漳平市、闽清县、明溪县、尤溪县、泰宁县、屏南县、寿宁县、邵武市、延平区、松溪县、建宁县、周宁县、大田县、武平县
一般比较优势区	长汀县、建瓯市、罗源县、仙游县、沙县、柘荣县、清流县、浦城县、永春县
潜在比较优势区	宁化县、德化县、三元区、建阳区、连城县、上杭县、武夷山市、永安市
弱比较优势区	政和县、永定区、安溪县、闽侯县、蕉城区、新罗区、顺昌县、梅列区
无比较优势区	连江县、霞浦县、福安市、马尾区、南安市、光泽县、秀屿区、华安县、福清市、城厢区、福鼎市

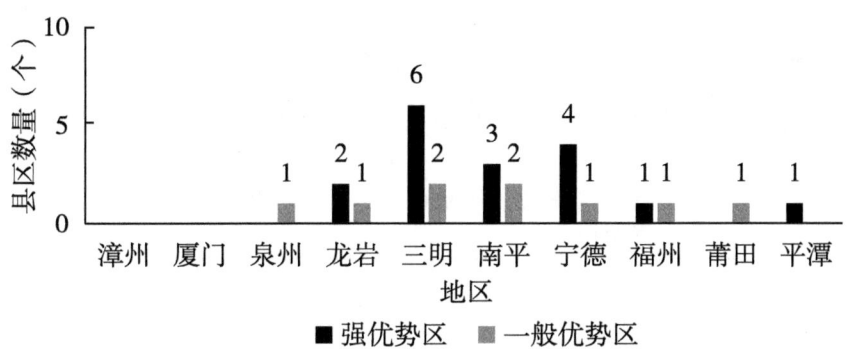

图 8-7　福建省香菇资源禀赋比较优势分布

3. 白木耳

福建省白木耳资源禀赋系数大于 1 的县（市、区）有 7 个，其中系数大于 2 的有 6 个，最高的是漳平市，系数为 11.327；系数大于 0.5 且小于 1 的有 3 个县，系数小于 0.1 的有 9 个县（表 8-10）。根据以上情况，将种植白木耳的 27 个县分成 5 类，分别是强比较优势区、一般比较优势区、潜在比较优势区、弱比较优势区和无比较优势区，具体县（市、区）如表 8-11、图 8-8 所示。

表 8-10　2020 年福建省县（市、区）白木耳资源禀赋系数

县域	系数	县域	系数	县域	系数	县域	系数
漳平市	11.327	尤溪县	0.938	长汀县	0.135	永定区	0.079
古田县	8.185	延平区	0.677	浦城县	0.126	建阳区	0.071
屏南县	6.527	建宁县	0.552	闽侯县	0.117	大田县	0.063
马尾区	3.379	邵武市	0.365	上杭县	0.101	沙县	0.042
蕉城区	2.795	武平县	0.359	明溪县	0.095	宁化县	0.031
政和县	2.170	德化县	0.163	清流县	0.092	永安市	0.026
闽清县	1.950	武夷山市	0.137	建瓯市	0.0873		

表 8-11　2020 年福建省县（市、区）白木耳生产区域优势分类

区域优势分类	主要县（市、区）
强比较优势区	漳平市、古田县、屏南县、马尾区、蕉城区、政和县
一般比较优势区	闽清县
潜在比较优势区	尤溪县、延平区、建宁县

(续表)

区域优势分类	主要县（市、区）
弱比较优势区	邵武市、武平县、德化县、武夷山市、长汀县、浦城县、闽侯县、上杭县
无比较优势区	明溪县、清流县、建瓯市、永定区、建阳区、大田县、沙县、宁化县、永安市

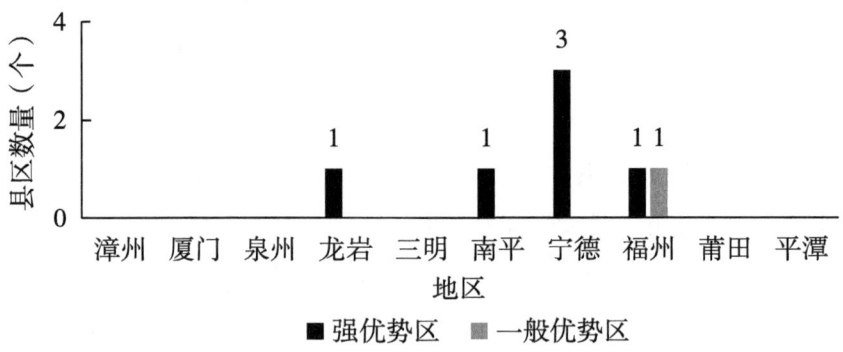

图 8-8　福建省白木耳资源禀赋比较优势分布

4. 黑木耳

福建省黑木耳资源禀赋系数大于 1 的县（市、区）有 17 个，其中系数大于 2 的有 9 个，最高的是芗城区，系数为 31.479；系数大于 0.5 且小于 1 的有 7 个县，系数小于 0.1 的有 11 个县（表 8-12）。根据以上情况，将种植黑木耳的 49 个县分成 5 类，分别是强比较优势区、一般比较优势区、潜在比较优势区、弱比较优势区和无比较优势区，具体县（市、区）如表 8-13、图 8-9 所示。

表 8-12　2020 年福建省县（市、区）黑木耳资源禀赋系数

县域	系数	县域	系数	县域	系数	县域	系数
芗城区	31.479	古田县	1.485	政和县	0.403	周宁县	0.089
闽清县	10.497	明溪县	1.442	柘荣县	0.380	寿宁县	0.088
松溪县	10.167	龙海市	1.392	仙游县	0.379	福安市	0.082
龙文区	5.850	邵武市	1.107	泰宁县	0.305	宁化县	0.076
延平区	4.305	永安市	0.868	连城县	0.286	长汀县	0.063
屏南县	3.794	建宁县	0.750	上杭县	0.273	德化县	0.053

(续表)

县域	系数	县域	系数	县域	系数	县域	系数
南靖县	3.597	大田县	0.706	华安县	0.192	顺昌县	0.049
将乐县	2.448	永春县	0.705	南安市	0.184	梅列区	0.047
沙县	2.094	武平县	0.576	清流县	0.184	三元区	0.040
尤溪县	1.746	浦城县	0.555	永定区	0.118	云霄县	0.008
长泰县	1.728	建阳区	0.520	罗源县	0.111		
平潭县	1.595	武夷山市	0.454	光泽县	0.102		
建瓯市	1.558	闽侯县	0.453	新罗区	0.094		

表8-13 2020年福建省县（市、区）黑木耳生产区域优势分类

区域优势分类	主要县（市、区）
强比较优势区	芗城区、闽清县、松溪县、龙文区、延平区、屏南县、南靖县、将乐县、沙县
一般比较优势区	尤溪县、长泰县、平潭县、建瓯市、古田县、明溪县、龙海市、邵武市
潜在比较优势区	永安市、建宁县、大田县、永春县、武平县、浦城县、建阳区
弱比较优势区	武夷山市、闽侯县、政和县、柘荣县、仙游县、泰宁县、连城县、上杭县、华安县、南安市、清流县、永定区、罗源县、光泽县
无比较优势区	新罗区、周宁县、寿宁县、福安市、宁化县、长汀县、德化县、顺昌县、梅列区、三元区、云霄县

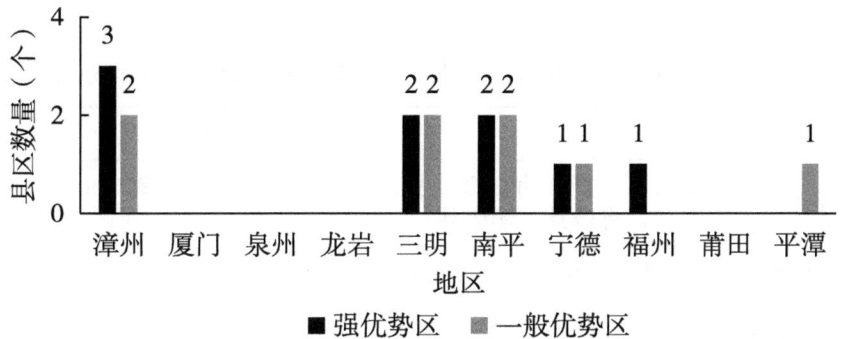

图8-9 福建省黑木耳资源禀赋比较优势分布

5. 金针菇

福建省金针菇资源禀赋系数大于 1 的县（市、区）有 15 个，其中系数大于 2 的有 10 个，最高的是翔安区，系数为 60.649；系数大于 0.5 且小于 1 的有 3 个县，系数小于 0.1 的有 14 个县（表 8-14）。根据以上情况，将生产金针菇的 52 个县分成 5 类，分别是强比较优势区、一般比较优势区、潜在比较优势区、弱比较优势区和无比较优势区。具体县（市、区）如表 8-15、图 8-10 所示。

表 8-14 2020 年福建省县（市、区）金针菇资源禀赋系数

县域	系数	县域	系数	县域	系数	县域	系数
翔安区	60.649	闽侯县	1.303	惠安县	0.260	三元区	0.066
晋江市	8.962	罗源县	1.156	梅列区	0.194	德化县	0.063
漳浦县	8.080	尤溪县	0.751	屏南县	0.176	石狮市	0.058
云霄县	7.871	沙县	0.614	清流县	0.174	建瓯市	0.057
柘荣县	7.626	周宁县	0.512	连城县	0.174	诏安县	0.056
泰宁县	3.884	建阳区	0.495	武夷山市	0.172	永定区	0.035
平潭县	3.669	芗城区	0.447	龙海市	0.158	集美区	0.028
南安市	2.646	邵武市	0.444	延平区	0.149	安溪县	0.023
将乐县	2.403	大田县	0.423	福安市	0.141	顺昌县	0.019
建宁县	2.005	永安市	0.421	新罗区	0.109	武平县	0.017
同安区	1.695	明溪县	0.337	长汀县	0.106	松溪县	0.011
闽清县	1.448	永春县	0.325	政和县	0.100	上杭县	0.006
古田县	1.305	宁化县	0.286	福清市	0.067	浦城县	0.003

表 8-15 2020 年福建省县（市、区）金针菇生产区域优势分类

区域优势分类	主要县（市、区）
强比较优势区	翔安区、晋江市、漳浦县、云霄县、柘荣县、泰宁县、平潭县、南安市、将乐县、建宁县
一般比较优势区	同安区、闽清县、古田县、闽侯县、罗源县
潜在比较优势区	尤溪县、沙县、周宁县

(续表)

区域优势分类	主要县（市、区）
弱比较优势区	建阳区、芗城区、邵武市、大田县、永安市、明溪县、永春县、宁化县、惠安县、梅列区、屏南县、清流县、连城县、武夷山市、龙海市、延平区、福安市、新罗区、长汀县、政和县
无比较优势区	福清市、三元区、德化县、石狮市、建瓯市、诏安县、永定区、集美区、安溪县、顺昌县、武平县、松溪县、上杭县、浦城县

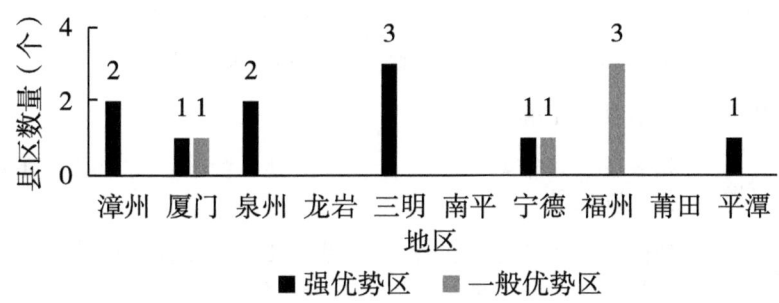

图 8-10 福建省金针菇资源禀赋比较优势分布

6. 草菇

福建省草菇资源禀赋系数大于1的县（市、区）有7个，其中系数大于2的有5个，最高的是永春县，系数为41.332；系数大于0.5且小于1的有9个县，系数小于0.1的有8个县（表8-16）。根据以上情况，将生产草菇的38个县分成5类，分别是强比较优势区、一般比较优势区、潜在比较优势区、弱比较优势区和无比较优势区，具体县（市、区）如表8-17、图8-11所示。

表 8-16 2020年福建省县（市、区）草菇资源禀赋系数

县域	系数	县域	系数	县域	系数	县域	系数
永春县	41.332	古田县	0.802	平潭县	0.290	武夷山市	0.090
龙海市	13.132	沙县	0.778	长汀县	0.260	南靖县	0.066
芗城区	2.764	周宁县	0.746	三元区	0.250	屏南县	0.062
泰宁县	2.217	邵武市	0.720	德化县	0.220	延平区	0.033
大田县	2.078	将乐县	0.616	顺昌县	0.210	诏安县	0.017
闽清县	1.698	闽侯县	0.543	梅列区	0.206	云霄县	0.012
尤溪县	1.173	建阳区	0.475	清流县	0.184	石狮市	0.012

(续表)

县域	系数	县域	系数	县域	系数	县域	系数
柘荣县	0.892	永安市	0.414	福安市	0.159	安溪县	0.011
建宁县	0.840	武平县	0.352	建瓯市	0.104		
宁化县	0.822	明溪县	0.308	南安市	0.097		

表 8-17 2020 年福建省县（市、区）草菇生产区域优势分类

区域优势分类	主要县（市、区）
强比较优势区	永春县、龙海市、芗城区、泰宁县、大田县
一般比较优势区	闽清县、尤溪县
潜在比较优势区	柘荣县、建宁县、宁化县、古田县、沙县、周宁县、邵武市、将乐县、闽侯县
弱比较优势区	建阳区、永安市、武平县、明溪县、平潭县、长汀县、三元区、德化县、顺昌县、梅列区、清流县、福安市、建瓯市
无比较优势区	南安市、武夷山市、南靖县、屏南县、延平区、诏安县、云霄县、石狮市、安溪县

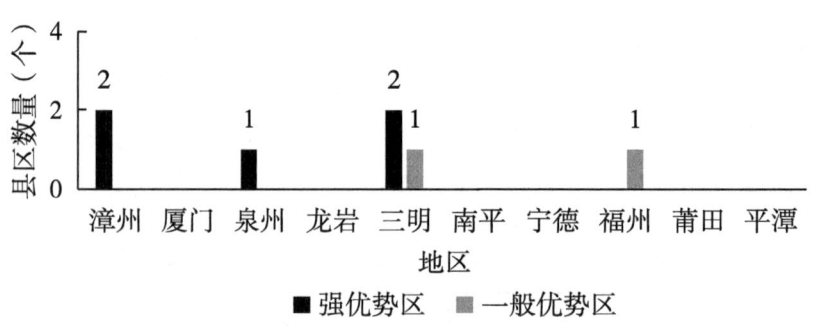

图 8-11 福建省草菇资源禀赋比较优势分布

7. 平菇类

福建省平菇类资源禀赋系数大于 1 的县（市、区）有 9 个，其中系数大于 2 的有 5 个，最高的是罗源县，系数为 34.125；系数大于 0.5 且小于 1 的有 4 个县，系数小于 0.1 的有 18 个县（表 8-18）。根据以上情况，将生产平菇类的 55 个县分成 5 类，分别是强比较优势区、一般比较优势区、潜在比较优势区、弱比较优势区和无比较优势区，具体县（市、区）如表 8-19、图 8-12 所示。

表 8-18　2020 年福建省县（市、区）平菇类资源禀赋系数

县域	系数	县域	系数	县域	系数	县域	系数
罗源县	34.125	福鼎市	0.454	周宁县	0.188	武平县	0.055
南靖县	4.723	将乐县	0.428	惠安县	0.185	集美区	0.046
寿宁县	3.658	柘荣县	0.418	连城县	0.174	上杭县	0.042
鲤城区	3.455	闽清县	0.380	永定区	0.160	石狮市	0.037
龙海市	2.490	建宁县	0.378	南安市	0.153	长汀县	0.028
永春县	1.844	大田县	0.318	延平区	0.126	建瓯市	0.022
泰宁县	1.615	晋江市	0.316	屏南县	0.124	漳浦县	0.018
古田县	1.495	建阳区	0.315	武夷山市	0.118	浦城县	0.010
同安区	1.225	宁化县	0.304	德化县	0.116	平潭县	0.006
尤溪县	0.913	梅列区	0.080	清流县	0.087	长泰县	0.006
芗城区	0.793	华安县	0.273	福安市	0.083	顺昌县	0.006
丰泽区	0.741	永安市	0.251	闽侯县	0.082	光泽县	0.005
马尾区	0.674	邵武市	0.239	新罗区	0.081	云霄县	0.003
明溪县	0.488	沙县	0.235	三元区	0.080		

表 8-19　2020 年福建省县（市、区）平菇类生产区域优势分类

区域优势分类	主要县（市、区）
强比较优势区	罗源县、南靖县、寿宁县、鲤城区、龙海市
一般比较优势区	永春县、泰宁县、古田县、同安区
潜在比较优势区	尤溪县、芗城区、丰泽区、马尾区
弱比较优势区	明溪县、福鼎市、将乐县、柘荣县、闽清县、建宁县、大田县、晋江市、建阳区、宁化县、梅列区、华安县、永安市、邵武市、沙县、周宁县、惠安县、连城县、永定区、南安市、延平区、屏南县、武夷山市、德化县
无比较优势区	清流县、福安市、闽侯县、新罗区、三元区、武平县、集美区、上杭县、石狮市、长汀县、建瓯市、漳浦县、浦城县、平潭县、长泰县、顺昌县、光泽县、云霄县

8. 杏鲍菇

福建省杏鲍菇资源禀赋系数大于 1 的县（市、区）有 11 个，其中系数大于 2

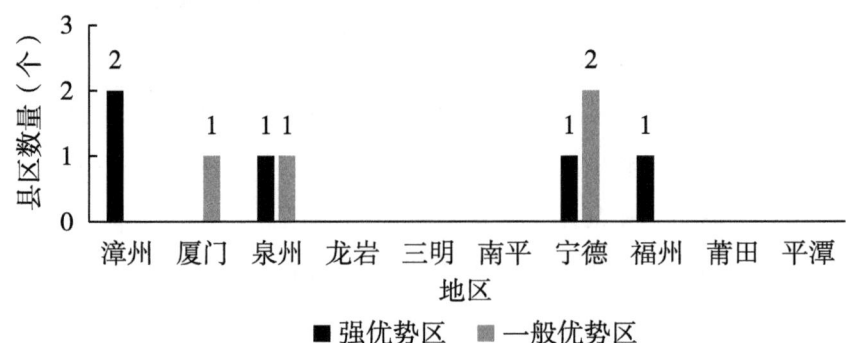

图 8-12 福建省平菇资源禀赋比较优势分布

的有 9 个，最高的是芗城区，系数为 43.361；系数大于 0.5 且小于 1 的有 4 个县，系数小于 0.1 的有 5 个县（表 8-20）。根据以上情况，将生产杏鲍菇的 28 个县分成 5 类，分别是强比较优势区、一般比较优势区、潜在比较优势区、弱比较优势区和无比较优势区，具体县（市、区）如表 8-21、图 8-13 所示。

表 8-20　2020 年福建省县（市、区）杏鲍菇资源禀赋系数

县域	系数	县域	系数	县域	系数	县域	系数
芗城区	43.361	将乐县	2.549	邵武市	0.505	大田县	0.141
福鼎市	8.873	泰宁县	2.387	延平区	0.323	建阳区	0.101
龙海市	6.063	尤溪县	1.394	柘荣县	0.296	云霄县	0.084
南靖县	5.541	漳浦县	1.256	三元区	0.254	宁化县	0.066
古田县	3.592	建宁县	0.813	福安市	0.219	武夷山市	0.054
华安县	3.527	永安市	0.696	长汀县	0.206	武平县	0.051
屏南县	3.278	建瓯市	0.561	闽清县	0.165	明溪县	0.045

表 8-21　2020 年福建省县（市、区）杏鲍菇生产区域优势分类

区域优势分类	主要县（市、区）
强比较优势区	芗城区、福鼎市、龙海市、南靖县、古田县、华安县、屏南县、将乐县、泰宁县
一般比较优势区	尤溪县、漳浦县
潜在比较优势区	建宁县、永安市、建瓯市、邵武市

(续表)

区域优势分类	主要县（市、区）
弱比较优势区	延平区、柘荣县、三元区、福安市、长汀县、闽清县、大田县、建阳区
无比较优势区	云霄县、宁化县、武夷山市、武平县、明溪县

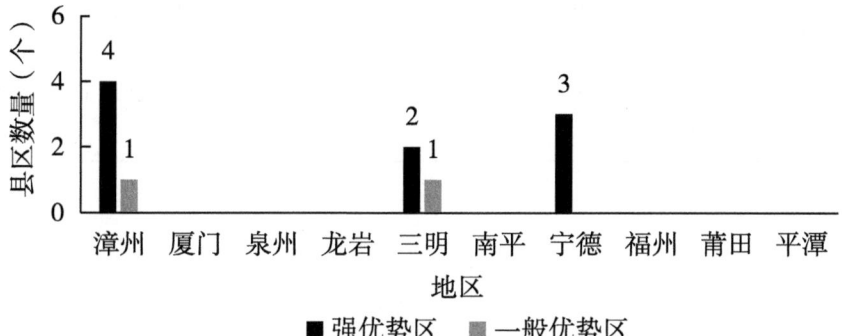

图 8-13　福建省杏鲍菇资源禀赋比较优势分布

9. 竹荪

福建省竹荪资源禀赋系数大于 1 的县（市、区）有 12 个，其中系数大于 2 的有 10 个，最高的是延平区，系数为 14.543；系数大于 0.5 且小于 1 的有 3 个县，系数小于 0.1 的有 8 个县（表 8-22）。根据以上情况，将生产竹荪的 31 个县分成 5 类，分别是强比较优势区、一般比较优势区、潜在比较优势区、弱比较优势区和无比较优势区，具体县（市、区）如表 8-23、图 8-14 所示。

表 8-22　2020 年福建省县（市、区）竹荪资源禀赋系数

县域	系数	县域	系数	县域	系数	县域	系数
延平区	14.543	尤溪县	3.185	明溪县	0.384	柘荣县	0.069
泰宁县	12.540	建宁县	2.297	松溪县	0.334	德化县	0.048
将乐县	12.369	清流县	1.753	永安市	0.308	仙游县	0.046
顺昌县	11.261	建阳区	1.652	长汀县	0.199	漳平市	0.039
邵武市	9.827	政和县	0.928	沙县	0.146	武平县	0.035
武夷山市	8.621	屏南县	0.894	闽清县	0.142	福安市	0.019
建瓯市	6.371	古田县	0.769	宁化县	0.127	上杭县	0.014
浦城县	3.340	光泽县	0.412	罗源县	0.088		

表8-23 2020年福建省县（市、区）竹荪生产区域优势分类

区域优势分类	主要县（市、区）
强比较优势区	延平区、泰宁县、将乐县、顺昌县、邵武市、武夷山市、建瓯市、浦城县、尤溪县、建宁县
一般比较优势区	清流县、建阳区
潜在比较优势区	政和县、屏南县、古田县
弱比较优势区	光泽县、明溪县、松溪县、永安市、长汀县、沙县、闽清县、宁化县
无比较优势区	罗源县、柘荣县、德化县、仙游县、漳平市、武平县、福安市、上杭县

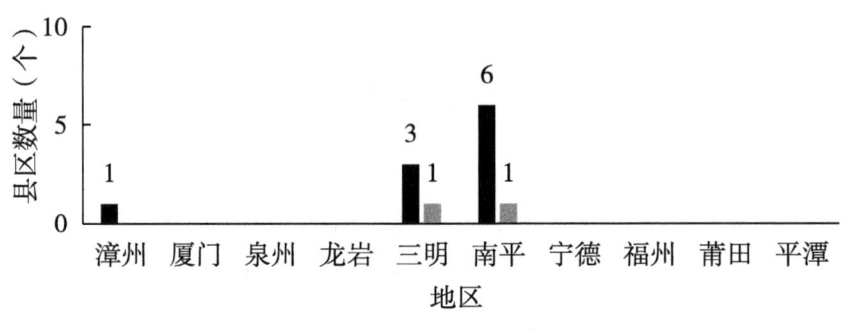

图8-14 福建省竹荪资源禀赋比较优势分布

第三节 小结与政策建议

一、研究结论

1. 总量生产方面

福建省的蔬菜种植规模在全国属于中等水平，2021年种植面积61.111万公顷。出产蔬菜有40%调供省外。福建主要通过建设现代农业蔬菜产业园区的方式提高蔬菜种植的集约化、规模化和标准化。从种植的品种方面看，叶菜类和根茎类种植较

丰富。由于冷链物流发展水平的提高，极大地促进了福建省蔬菜产业的发展。

食用菌是福建省优势农业产业，也是十大重点特色农产品之一。2020年，福建省食用菌产量137.89万吨（干鲜混合计），同比增长3.39%。在种植品种方面，产量最多的是蘑菇和平菇，香菇、金针菇和木耳等也具有较高的产量。

2. 地区分布方面

从前面的蔬菜规模比较优势来看，福建省具有比较优势的县域有22个，效率比较优势的县域有26个，综合比较优势的县域有23个，这些县域的发展存在两个类型，一是具有炎热带低海拔、以大棚种植为特点的沿海或中部地区，如闽侯、福清和漳浦等县市；二是内陆山区中亚热带的高山反季节蔬菜，如屏南、建瓯等县市。从地区分布看，优势县域漳州、福州和龙岩最多，分别有5个县域，平潭、宁德和泉州没有县域具有强比较优势。

从空间区域分布分析，福建省食用菌资源禀赋好的县域有22个，具有强比较优势的有10个，一般比较优势的有12个，主要分布在漳州、宁德、三明等地区。其中漳州地区包括的优势县有5个。

二、优化建议

食用菌产业是福建省优势特色产业，产量、产值持续增长，位居全国前列。当前，福建省食用菌产业在产业布局、现代设施装备水平、生产栽培技术模式、一二三产业融合发展、品牌创建等方面仍存在短板。为推动福建省食用菌产业转型升级，进一步提高食用菌产业发展水平，现提出如下建议。

（1）优化产业区域布局。按照"规模化、园区化、设施化、工厂化、数字化、融合化"发展要求，加大省、市、县三级联创力度，以食用菌优势区、现代农业产业园区、产业大县为重点，聚集产业发展资源要素，做大做强银耳、海鲜菇、秀珍菇、双孢蘑菇、杏鲍菇等优势品种，大力发展绣球菌、灵芝、竹荪、白背毛木耳等特色品种，提升"福"字号优质食用菌区域聚集发展优势，打造一批在全国有影响力的食用菌产业强县，发展一批食用菌产业强镇强村。

（2）推动全产业链发展。按照构建集生产、加工、收储、物流、销售、电商于一体的食用菌全产业链发展方向，补齐集中供汽、烘干、冷藏、物流等基础配套短板，支持食用菌生产企业开展饮料、调味品、休闲食品、保健食品、生物提纯等精深加工产品开发和生产线改造，充分挖掘食用菌生态价值、旅游休闲价值、文化价值，推进产业深度融合。培育多元融合主体，全链条培育发展农民专业合作社、家庭农场等新型生产经营主体，建设一批产学研联合协作平台，培训发展一批食用菌电商、直播带货等新型线上销售大户，培育壮大一批菌包集中供应社会化服务中心。

（3）提高生产设施化工厂化水平。以提高单位土地面积菇棚（房）栽培容积率及复种指数为导向，实施现代设施栽培提升行动，推广高层、多层、立体式栽培模式，推动食用菌生产从横向平面栽培向纵向立体栽培转变。突出香菇、茶树菇、毛木耳、秀珍菇等大宗季节性品种，推广食用菌钢架大棚设施栽培，配套添置温光水气等智能化自动化控制设备及多层架式栽培菇架，提升现代设施栽培水平。突出杏鲍菇、银耳、金针菇、海鲜菇、鹿茸菇、绣球菌等工厂化生产品种，推广自动化生产线、自动化高压灭菌器、无菌净化接种车间、现代发酵隧道、自动化切菇、分拣分选等先进设施装备，加快物联网等现代信息技术应用，提升智能化、数字化生产管理水平。

（4）培育壮大产业龙头。鼓励通过订单生产、股份合作、村企共建等方式，发挥龙头企业作用，引领带动各类新型农业经营主体共同发展。鼓励龙头企业发展产供销一体化经营模式，做大做强原辅料供应、机械装备制造、菌渣资源化再利用等配套产业，提高带动农户、家庭农场、专业合作社的能力，实现菇农与现代菌业有机衔接，提升食用菌家庭农场、专业合作社专业化、市场化程度。支持龙头企业开拓国际市场，建设食用菌国际贸易高质量发展基地，巩固食用菌鲜品、干品、罐头等出口优势，拓展蘑菇菌丝、药用菌、冻干品、深加工产品等出口市场。

（5）推进产业绿色发展。强化质量安全宣传与监管，指导菇农落实《食用菌生产用药安全管控技术性指导意见》《姬松茸、竹荪镉污染风险防控技术指导意见》，强化食用菌生产用药安全管控与重金属污染防控，全面提升生产者贯标、按标生产意识，大力推进优质食用菌标准化基地建设，实现杏鲍菇、海鲜菇、金针菇等工厂化主栽品种100%按标生产，推动食用菌产品"三品一标"认证数量较快增长。加强食用菌质量安全追溯管理，严格落实承诺达标合格证与一品一码追溯并行制度，并与农村重大创建认定、农产品优质品牌推选、农产品认证、农业展会等工作挂钩。持续开展区域公用品牌创建，做强做优古田银耳、顺昌海鲜菇、漳州杏鲍菇、罗源秀珍菇、南靖白背毛木耳、漳州台投区双孢蘑菇、尤溪黑木耳、浦城灵芝等区域公共品牌。

（6）加快创新成果转化。加快新品种推广应用，大力推广双孢蘑菇"福蘑"系列、金针菇"农万金"系列、真姬菇"农万真"系列、绣球菌"闽绣2号"、银耳"绣银1号""Tr2016"等新品种。示范推广菌稻轮作发展模式，充分利用冬闲田，引导发展黑木耳、竹荪、大球盖菇等菌稻轮作，实现"一田多用"，提高土地复种指数。推动移动智慧方舱菇房等栽培模式技术成果加快转化，引导菇农利用房前屋后空地，大力发展庭院食用菌；加大栽培模式创新攻关，熟化一批食用菌集约、节能、省工、高效装备及集约用地栽培模式技术集成。充分挖掘林下资源，大力发展竹荪、茯苓、灵芝等珍稀食用菌林下栽培，做大做强食用菌林下经济。

（7）强化政策扶持导向。充分发挥各级政策在食用菌产业转型升级中的导向性作用，用足用好优势特色产业集群、现代农业产业园、农业产业强镇、"一村一品"建设等支持政策，重点发展现代设施化栽培、工厂化立体栽培、集约用地生产及精深加工等项目，优先扶持未占用耕地且集约利用土地的食用菌项目。建立以新型经营主体和社会资本投入为主体的多元化投入机制，引导更多金融资本、社会资本投向优势特色食用菌产业，形成产业集聚效应。

（8）加强数字化建设。建设食用菌产业大数据运营平台，引进大型物联网运营企业，收集食用菌产业产、购、储、加、销各渠道数据，形成食用菌产业云数据中心，运用数据开展种植指导、监督管理、技术服务、业务撮合、供应链金融等业务。

第九章 特色果品产业区域比较优势

第一节 福建省果品产业概况

一、基础概况

福建省拥有热带、亚热带和温带水果高达3 000多种,柑橘、荔枝、龙眼、杨梅、枇杷、香蕉、青梅、橄榄等特色水果享誉中外,是我国南方水果生产大省,人均水果占有量全国第一。2020年全省水果总面积533.68万亩、总产量717.05万吨,其中,柚子、芦柑、脐橙等柑橘类水果面积和产量最大,分别约占水果总面积的1/3和1/2;其他面积超过10万亩的水果分别有:龙眼、枇杷、李、荔枝、香蕉、桃、柿、柰、青梅、杨梅、橄榄、葡萄等(图9-1)。近年来,百香果、莲雾、青枣、猕猴桃、阳桃、火龙果等特色新兴水果也得到快速发展。

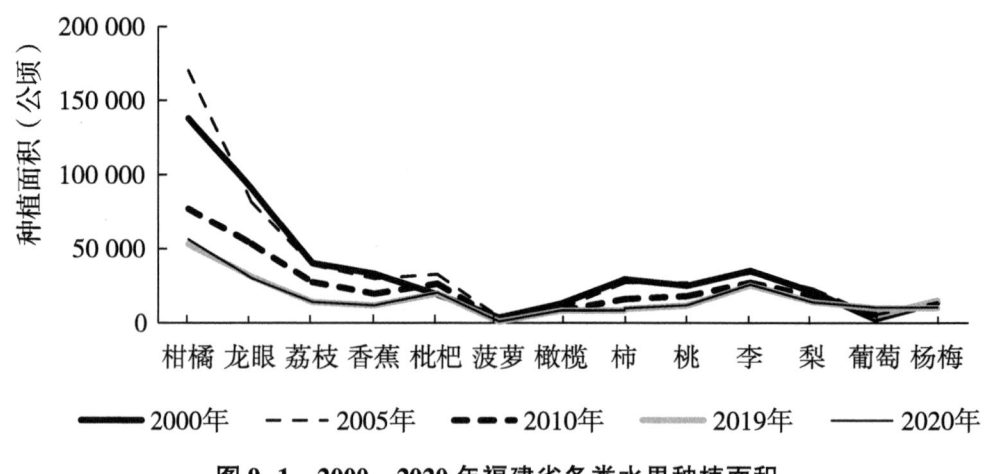

图9-1 2000—2020年福建省各类水果种植面积

2000—2020年,福建省大部分园林水果产量增长趋势明显,其中,枇杷增长率最高,达到5.182%,最低的是菠萝,呈负增长。产量方面,柑橘产量最高,年均产量占福建省园林水果总年均产量的45.7%,占全国年均柑橘产量的19.2%。其次是香蕉,产量占福建省园林水果年均总产量的16.0%,占全国香蕉年均产量的10.26%。苹果和菠萝的产量最低,且产量无明显变化(图9-2、图9-3)。

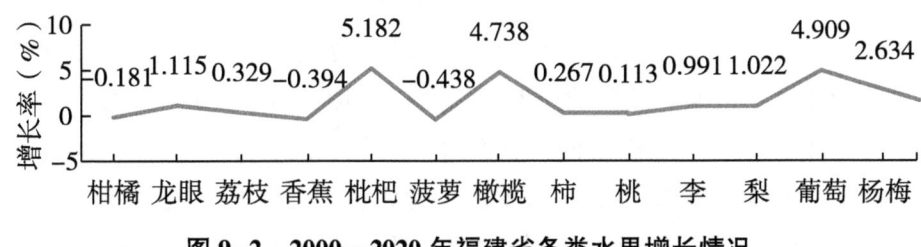

图 9-2 2000—2020 年福建省各类水果增长情况

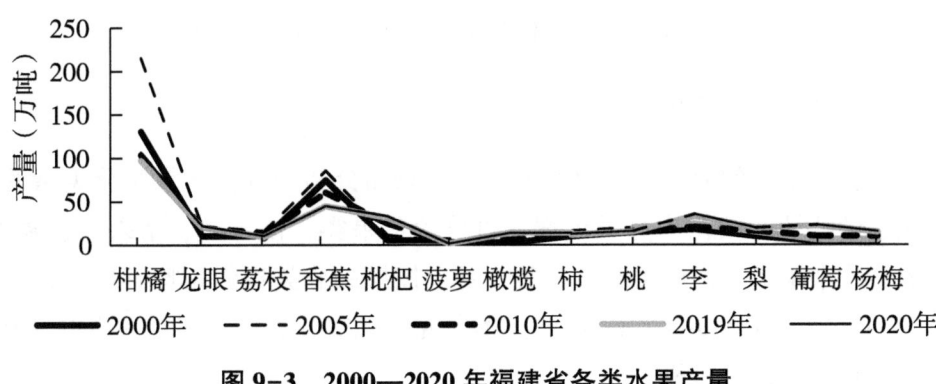

图 9-3 2000—2020 年福建省各类水果产量

二、产业主要分布区域

改革开放以来，福建省通过实行山地农业综合开发、野果茶工程、低产果园改造工程、热带水果行动计划和现代水果产业发展实施方案等一系列举措，特色水果生产的区域化布局已经形成：荔枝龙眼主产区位于闽南沿海，龙眼生产主要分布于福厦公路两侧的泉州、莆田、厦门等沿海地区。荔枝生产主要分布在漳州，重点分布在从漳州至诏安公路沿线的龙海、南靖、平和、漳浦、云霄、诏安等基地县。此外，在闽东的内海湾，低海拔地区亦有晚熟龙眼、荔枝基地；香蕉生产主要分布于漳州市的平和、南靖、漳浦、云霄等县；芦柑在闽南三角地带，柚子在平和、华安、云霄、仙游等基地形成集聚；枇杷栽培和生产集中于云霄、莆田市辖区、仙游、福清等地；橄榄基地在闽江中下游的闽清、闽侯以及闽南的诏安、闽东的福安。

三、产业结构特征

特色果品产业是福建省推进农业供给侧结构性改革，重点打造的九个全产业链产值超千亿元的优势特色产业之一。"十四五"期间，福建省水果产业将致力于三产融合：第一产业着力于优化水果区域布局，调整品种结构。在闽南、闽东沿海地区，重点发展百香果、莲雾、毛叶枣、番石榴、阳桃、火龙果等台湾水果，在闽西北、闽东山区发展百香果、蓝莓、猕猴桃、黄桃等特色果类。推动水果主产区调整品种结构，增加早熟、晚熟品种的比例，适度提高加工鲜食兼用品种比重。第二产业着力于突破加工环节，强化柑橘、百香果等水果加工，生产蜜饯、饮料等产品，积极发展柚子、青梅、橄榄、李、猕猴桃、黄桃、火龙果等福建特色果品精深加工，支持开发果汁饮料、冻干食品、精油等产品。第三产业着力于挖掘潜力，发展冷链物流、直销、配送等销售新兴业态。积极发展水果电商，加强与农产品电商相匹配的果品标准体系、质量安全追溯体系和果品冷链物流体系建设。

四、水果产品分类

一般而言，果品的分类有按果实分类和按果品分类两种。按果实分类指的是以果实的生物学特性和结构为分类依据，可分为仁果类、核果类、坚果类、浆果类、草本果类、小杂果类、柑橘类和荔枝类 8 种。按果品分类指的是按其用途，分为鲜销果品和加工果品（图 9-4，表 9-1）。本研究按果实分类，分别对福建省主要的八大类水果进行比较优势分析。

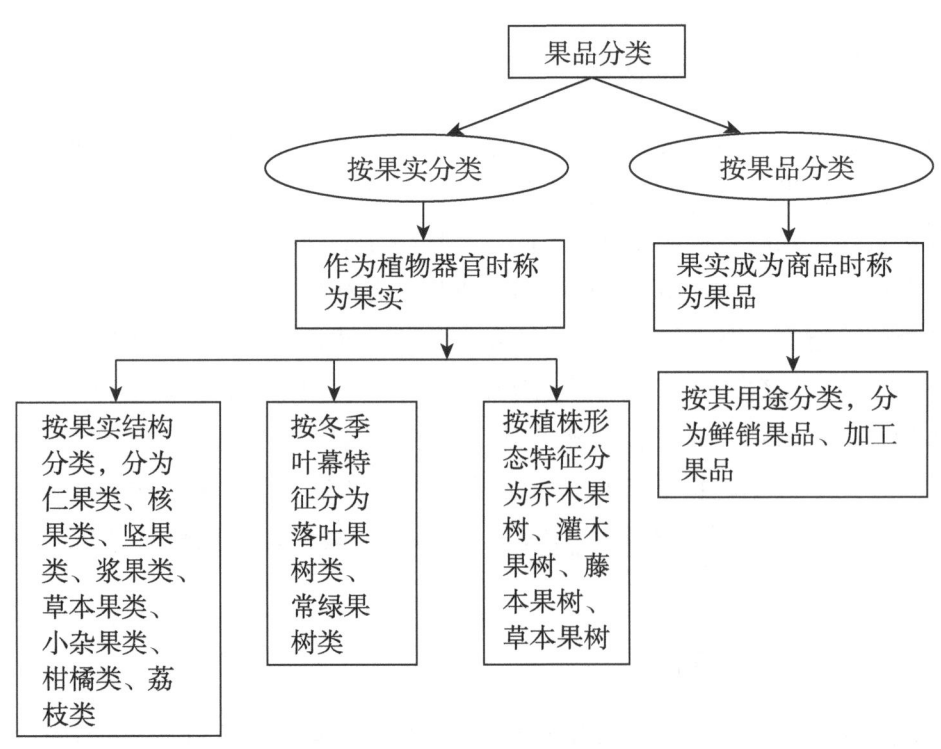

图 9-4　果品分类

表 9-1 按果实结构分类的果品

类别	特点	果品
仁果类	果实为假果,食用部分为肉质花托发育而成,果中心有多粒种子	苹果、梨、木瓜、山楂、枇杷等
核果类	果实是其果,有明显的外、中、内三层果皮,外果皮薄,中果皮肉质是食用部分,内果皮木质化成为坚硬的壳	桃、杏、李、木奈、樱桃、槟榔、橄榄、油橄榄、芒果、杨梅和余甘子等
坚果类	果实或种子外部具有坚硬的外壳,可食部分为种子的子叶或胚乳	核桃、栗、银杏、腰果、榛子、椰子、巴西坚果、山竹、榴梿等
浆果类	果实多浆汁、种子小而多,大多不耐储藏,因树种不同,果实差异较大	葡萄、提子、草莓、猕猴桃、树莓、阳桃、蒲桃、莲雾、人心果
草本果类		香蕉、菠萝、西瓜、哈密瓜、香瓜、甜瓜等
小杂果类	外果皮膜质,中果皮肉质,枣内果皮形成果核、食用部分是中果皮,柿内果皮肉质较韧,食用部分是中内果皮	柿、黑枣、枣、酸枣、酸豆、角豆树、四棱豆、苹婆等
柑橘类	果实由子房发育而成,外果皮革质,具有油胞,内果皮为白色海绵状,食用部分为内果皮囊瓣,果实大多耐贮运	橘、柑、柚子、橙子、柠檬、枳、黄皮、葡萄柚等
荔枝类		荔枝、龙眼、韶子等

第二节 仁果类果品产业比较优势与空间分布

福建省仁果类水果以梨和枇杷为代表。从仁果类综合比较优势分布来看,集聚区主要有三大块:一是以建宁为核心的闽西北梨果产业集聚区,二是以莆田为核心的闽东枇杷产业集聚区,三是以云霄为核心的闽南枇杷产业集聚区。2020 年,仁果类水果产量在福建省园林水果产量中占比 7.39%。

一、梨产业比较优势

1. 我国梨产业

我国是梨果的重要起源地之一,为世界第一产梨大国。我国梨树种植区域广泛,除了海南、港澳地区外,其余地区北起黑龙江,南至广东,西自新疆,东自海滨均有种植。梨果栽培面积和产量仅次于苹果和柑橘,是我国第三大果树。

2. 福建梨产业状况

福建为我国梨产业分布的最南沿,种植梨成熟期早、进入非产区市场便捷、区域特色明显,对我国优化梨产区域布局、增加梨产品种多样性、调节梨产供应期发挥着重要作用。2020年,福建梨树栽培面积1.39万公顷,占全国梨栽培面积的1.43%,产量19.49万吨,占全国梨产量的1.09%。虽然福建梨果规模在全国范围内占比较少,但其中也不乏一些品质优良的地方品种,如政和大雪梨、建瓯哀家梨、古田花皮梨和寿宁大雪梨等。由于长期以来,本地品种自主创新选育处于落后状态,目前省内梨果规模化栽培品种多为引进的国内外砂梨品种,主要有黄花、翠冠、新世纪、杭青、雪青、西子绿、翠玉、初夏绿、丰水、圆黄、黄金梨、大果水晶等,其中第一主栽品种为黄花梨。

3. 福建梨产业比较优势分析

从综合比较优势来看(表9-2),梨果培植高度集中在三明市的基地县,以建宁、清流、将乐、沙县、大田、明溪为代表(图9-5)。综合比较优势 $IAI_{ij} > 1$ 的11个县域除了平和、上杭、南靖、闽清、德化外,其他全部属于三明市。三明市是福建梨果主产区,2020年,梨产量15.38万吨,占全省梨产量的78.87%。建宁县是我国南方梨果重点产区之一,也是福建省最大的梨果生产县,综合比较优势指数20.12,排名全省第一,是唯一一个位于三级比较优势区的县。建宁盛产黄花梨,是早熟梨中精品,被评为中华名果和福建省名牌农产品。梨果大心小、可食率达87.83%,单果重200克以上,最大的可达500克,果实呈圆锥形,表皮光滑呈黄褐色、果肉洁白、质地细脆、汁多味甜、香气浓郁,丰产性好、抗逆性强、品质上等,耐贮性好,成熟期为7月下旬至8月上旬,是消暑的佳果。2006年,建宁被国家林业局(现国家林业和草原局)授予"中国黄花梨之乡",成为福建省最大的黄花梨生产基地。2012年7月,"建宁黄花梨"被国家质检总局(现国家市场监督管理总局)正式批准为地理标志保护产品,产地范围为福建省建宁县现辖行政区域。二级比较优势区也仅有清流县和大田县,一级比较优势区有德化、上杭、将乐、沙县等9个县域。

表 9-2 2020 年福建省梨综合比较优势指数

排名	地区	IAI_{ij}	排名	地区	IAI_{ij}
1	建宁县	20.12	7	平和县	1.17
2	清流县	1.85	8	南靖县	1.15
3	大田县	1.59	9	上杭县	1.03
4	德化县	1.42	10	闽清县	1.03
5	明溪县	1.24	11	将乐县	1.01
6	沙县	1.24			

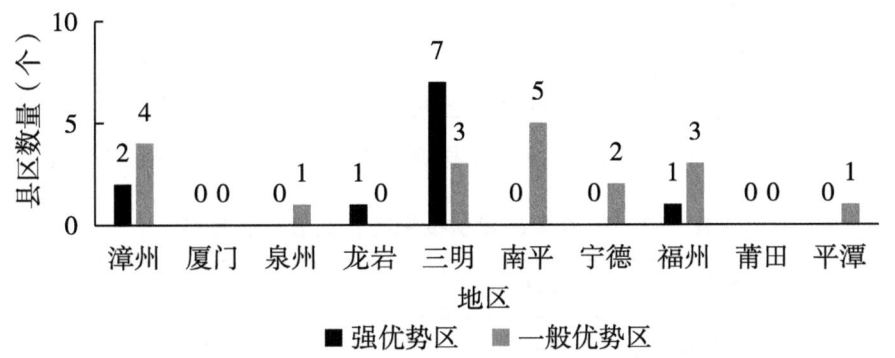

图 9-5 福建省梨产业综合比较优势分布

二、枇杷产业比较优势

1. 枇杷产业介绍

枇杷是我国南方特有的珍稀水果，秋日养蕾，冬季开花，春来结籽，夏初成熟，承四时之雨露，为"果中独备四时之气者"，其果肉柔软多汁，酸甜适度，味道鲜美，被誉为"果中之皇"。《本草纲目》中记载"枇杷能润五脏，滋心肺"，认为枇杷果实有润肺、止咳、止渴的功效，乃药膳两用食品，深受消费者青睐。世界枇杷主产国分别为西班牙、阿尔及利亚、日本、中国和巴西。我国台湾中部的中低海拔地区盛产早熟枇杷，主要集中在南投县囤姓乡、台中县和平乡、大平乡、新社乡等，是北半球最早成熟且品质最佳的枇杷种植区。我国大陆枇杷主产区在四川和福建，两省枇杷产量占中国的 80%（不含台湾地区数据），其中福建枇杷产量全国第一。

2. 福建枇杷产业状况

福建枇杷一般 3—6 月成熟，比中国枇杷成熟期最早的川南攀西地区推迟 1~4 个月，比浙江早 20 多天。福建枇杷种植区主要分布在莆田地区、云霄地区和福州地区的福清，2020 年 3 个地区枇杷产量占全省的 64.96%，当家优良品种有早早钟 6 号、长虹 3 号、解放钟、莆选 1 号、白梨、大臣 1 号等。

近年来，福建省枇杷主产区推行龙头企业带头，联合大、中种植户进行经营，走"公司+农户"的经营模式，积极延长枇杷产业链，走种、养、加一起上，科、农、工、贸联合开发的路子，并严抓产前、产中、产后综合标准化管理，通过抓示范片带动果农走科技种果的道路。枇杷酒、枇杷汁、枇杷膏、枇杷花茶等枇杷深加工产品不断丰富，市场前景广阔。枇杷产品主要销往北京、上海、广州等大中城市，还成功进入中国香港以及印度尼西亚、新加坡等东南亚国家。

3. 福建枇杷产业比较优势分析

从枇杷综合比较优势来看（表 9-3、图 9-6），$IAI_{ij}>1$ 的县域共有 10 个，其中位于三级比较优势区的县域有莆田市辖区、云霄县、福清市、仙游县 4 个，二级比较优势区的有永泰县 1 个，一级比较优势区有罗源、连江、南靖、福安、平和县 5 个。

表 9-3 2020 年福建省枇杷综合比较优势指数

排名	地区	IAI_{ij}	排名	地区	IAI_{ij}
1	云霄县	10.18	6	罗源县	1.47
2	福清市	7.23	7	连江县	1.36
3	莆田市辖区	4.78	8	南靖县	1.22
4	仙游县	2.09	9	福安市	1.11
5	永泰县	1.80	10	平和县	1.04

4. 重点县域

莆田市辖区、云霄县、福清市 3 个地区是福建省传统枇杷主产区（表 9-4）。

（1）莆田市辖区。福建省枇杷产量居全国前列，而福建枇杷又以莆田市最为集中，2020 年，莆田枇杷产量 4.8 万吨，分别占全省的 14.30%。莆田枇杷品种达 100 多种，种植历史悠久，单果重为中国最大，栽培技术最先进，以果实特大、外观艳丽、肉多味甜、早熟、耐贮运等特点而闻名，主要有早钟 6 号、解放钟、莆选 1 号、白梨、大臣 1 号等，是莆田市的地理标志产品。主产区莆田市城厢区常太镇号称"中国枇杷第一乡"。莆田仙游县书峰乡已有 1 700 多年栽培枇杷

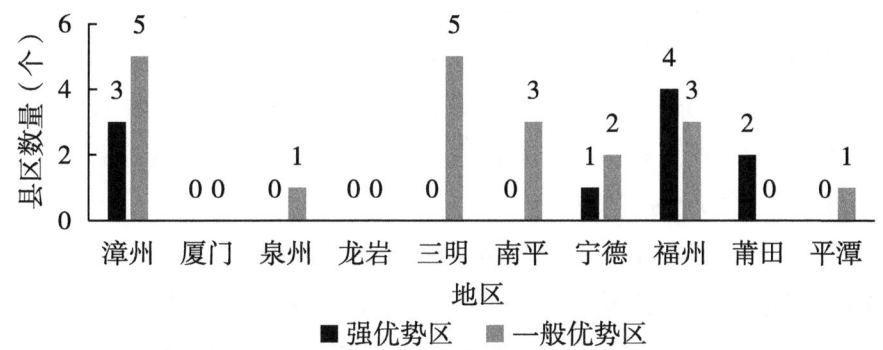

图 9-6 福建省枇杷产业综合比较优势分布

的历史,也是省定的枇杷主要生产基地。近年来,书峰乡政府依托仙游县书峰枇杷协会,引导全乡枇杷产业化经营,成立了多家农民专业合作社,注册了"书峰"牌商标枇杷,联合果农抱团闯市场。为拓展外地市场,先后在浙江、新疆等地举办"书峰枇杷营销会",每年举办一次"书峰枇杷文化节",做大做优了书峰枇杷这一支柱产业。书峰枇杷远销中国香港和新加坡,畅销北京、上海、重庆、武汉、南京、杭州、宁波、深圳、广州、福州、厦门等诸多大城市。"书峰枇杷"是继"度尾文旦柚""金沙薏米""仙游郑宅茶"后,仙游县获得的第四件国家地理标志证明商标。

表 9-4 2014 年福建枇杷三大主产区比较

县域	分布	主栽品种	成熟期	获得称号
莆田	仙游县、常太镇、涵江区	早钟6号、长虹3号、解放钟	3月上旬至5月中旬,依品种决定	"中国枇杷之乡""全国南亚热带作物名优基地(枇杷)""绿色食品标志及原产地证明标志(莆田枇杷)""地理标志证明商标""福建名牌产品"
云霄	云陵镇、莆美镇、火田镇、和平乡以及下河乡等6个乡镇	早钟6号、长红3号、大臣1号	3月上旬	"中国枇杷之乡""全国南亚热带作物名优基地(枇杷)""绿色食品标志及原产地证明标志(云霄枇杷)""福建名牌产品""地理标志证明商标"
福清	一都镇	早钟6号、解放钟、大红袍	3月上旬至5月中旬,依品种决定	"福建名牌产品""绿色食品标志""地理标志证明商标"

资料来源:依据吴文毅(2005)的文献并整理。

(2) 云霄县。云霄县土地肥沃，冬暖夏凉，日照充足，相对湿度和极端气温皆适宜枇杷生长。2001 年，云霄县荣获"中国枇杷之乡"称号。2020 年，云霄枇杷产量 10.03 万吨，云霄县枇杷已成为农民致富增收的一项支柱产业。云霄枇杷素称"闽南开春第一果"，同样品种可比省内其他枇杷产区早 10～20 天上市，主要有早钟 6 号、长红 3 号、大臣 1 号等优良品种。这些品种都具有早熟、果大、色艳、质优、丰产、稳产、抗逆性强等特点。

(3) 福清市。福清市位于福清市西北部的山区乡镇，境内与永泰、闽侯、莆田交界。2020 年福清市枇杷产量 6.99 万吨，一都镇是福清市境内枇杷主产区。20 世纪 80 年代以来，枇杷成为一都镇特色的农业产业，一都镇枇杷以"果大、色艳、肉厚、汁多、味美"而驰名，先后获得了"福建省名牌农产品"称号以及"绿色食品"标志，品种主要有早钟 6 号、解放钟、大红袍，"一都枇杷"还获得国家工商总局（现国家市场监督管理总局）的核准注册地理标志证明商标。

第三节 核果类果品产业比较优势与空间分布

福建省核果类水果种类丰富，主要以橄榄、芒果、青枣、青梅、桃、柰和李为代表，产量占全省园林水果总产量的 14.98% 以上，播种面积占全省园林水果总播种面积的 20.24% 以上。福建省核果类果品分布较广，其中宁德的福安市、古田县，南平的松溪县，福州的闽清县、闽侯县和永泰县，漳州的长泰县、南靖县、平和县、云霄县、诏安县、漳州市辖区等是核果类集中产地。

一、橄榄产业比较优势

1. 我国橄榄产业

橄榄又名青果，此果深秋成熟，仍是青色，故而得名。橄榄是硬质肉果，据《南方草木状》一书中所述："味虽苦涩，嚼之芳馥"，最初入口时，只觉酸而苦涩，待细嚼后，渐感苦尽甜来，满口生津，回味无穷。先苦涩后甜美，犹如忠言逆耳利于行，所以古时又称"忠果""谏果"。橄榄具有丰富的营养价值，其含有的营养成分有维生素 C、蛋白质、钙质等，其中维生素 C 的含量比苹果高 9 倍，比桃、梨高 4 倍。橄榄原产于中国南部、菲律宾和印度尼西亚，我国是世界上栽培橄榄最多的国家，主要分布在福建、广东（多属乌榄），其次为广西、台湾、四川、云南、浙江南部等，而福建又是我国橄榄的主要产区之一（林聪，2011）。

2. 福建橄榄产业状况

福建栽培橄榄历史已有一千多年，早在三国时期就有栽培橄榄的记载，在唐朝时期就被列为贡果，是福建省特色名果。福建橄榄栽培分布范围广，从福鼎至诏安的沿海达37个县（市），主产区为闽侯、闽清、永泰、福安、莆田、龙海、南安等地，闽侯的橄榄栽培面积和产量为福建省最多。福建主栽黄榄（又称青榄、白榄），品种分为闽江流域品种系统和莆仙地区品种系统（许长同，2009）。闽江流域品种系统主要有长营、自来圆、惠圆、檀香4个类型品种，其中惠圆是优良的加工型品种，果大、果肉松软、汁多、可食率高，是加工高档橄榄蜜饯和橄榄果汁的首选原料，但也存在产量较低，大小年明显等缺点。"惠圆1号"是从惠圆实生后代变异种筛选出的优良单株，经过选育获得的橄榄新品种，其产量和鲜果单价是普通加工品种的2~3倍。莆仙地区品种系统主要有霞溪、糯米、厝后、丁香惠圆等十多个品种，其中西天尾镇溪白村的霞溪本、华亭镇走马亭村的糯米本最优良。

早在20世纪30年代就远销世界，在东亚、欧、美各国久负盛名。近年来，随着福建橄榄的种植面积和产量的增加，为了满足市场对橄榄产品的需求，橄榄加工业也在迅速地发展。福州闽清、闽侯县橄榄加工企业主要有年加工橄榄可达5 000吨的福州大世界橄榄有限公司、年加工橄榄达1 000吨的闽侯县振园实业有限公司、年加工橄榄380吨的闽清百园食品有限公司和年加工橄榄汁20万罐的福州延福橄榄有限公司等。橄榄加工产品达100多种，主要以果汁和蜜饯为主，在国内外极为畅销。其中大世界橄榄有限公司是国内市场最具规模的橄榄蜜饯深加工企业之一，与闽侯县振园实业有限公司都是福州市农业产业化的龙头企业。

3. 福建橄榄产业比较优势分析

从综合比较优势来看（表9-5），$IAI_{ij}>1$的8个县域大部分位于东南沿海地区，其中位于一级比较优势区的有3个，分别是平和、南靖、福安3个县；二级比较优势区有连江和永泰2个县；三级比较优势区有闽侯、闽清和诏安3个县（图9-7）。

表9-5 2020年福建橄榄综合比较优势指数

排名	地区	IAI_{ij}	排名	地区	IAI_{ij}
1	闽侯县	14.10	5	连江县	1.54
2	闽清县	11.62	6	福安市	1.44
3	诏安县	2.63	7	南靖县	1.15
4	永泰县	1.58	8	平和县	1.03

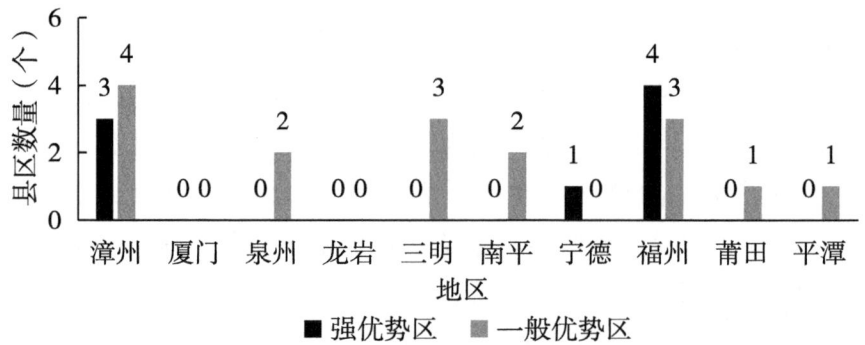

图 9-7 福建省橄榄产业综合比较优势分布

4. 重点县域

（1）闽侯县。"中国橄榄看福建，福建橄榄看闽侯"，闽侯县橄榄产业综合比较优势位居全省首位，2020 年，闽侯橄榄产量 5.88 万吨，占全省总产量的 42.67%，是福建省最大的橄榄生产县，被国务院发展研究中心农村发展研究部、中国农学会特产经济专业委员会评为"中国橄榄之乡"。2012 年，闽侯橄榄获得国家工商行政管理总局（现国家市场监督管理总局）商标局核准注册地理标志证明商标。闽侯橄榄品种丰富，其中惠圆品种最多，年产量占闽侯橄榄总产量的一半左右。

（2）闽清县。闽清是福建省第二大橄榄主产县，2020 年，橄榄产量 4.8 万吨，因其特殊的地理位置和土壤环境盛产檀香橄榄，是橄榄类树种中最优质的品种，也是当地著名的特产之一。自古以来闽清出产的檀香橄榄中，榄之香橄榄在药用功效上就具有不可比拟的优势，被誉为"闽清三宝"之一。闽清檀香橄榄原产于闽清县安仁溪一带，宋朝开始栽培，已有数百年的栽培历史，现已发展到闽侯、福州郊区、长乐、连江、永泰、莆田、仙游及漳浦等地。随近几年种植培育技术的提高，檀香橄榄分为四大品种：药用檀香橄榄、长营檀香橄榄、自来檀香橄榄和甜种檀香橄榄。橄榄也是莆田名果之一，莆田橄榄主要产区位于城厢区常太镇、龙桥街道、荔城区西天尾镇、涵江区白沙镇，以及仙游县榜头镇、盖尾镇等，其中以城厢区城郊乡的龙桥、泗华、延寿、洋西等村及华亭走马亭的橄榄最出名。

二、芒果产业比较优势

1. 我国芒果产业

芒果被称为"热带水果之王"，与香蕉、凤梨一起被誉为福建传统热带佳果。

世界主要芒果生产国分别有印度、墨西哥、巴基斯坦、泰国、中国、印度尼西亚、菲律宾、海地、刚果。我国芒果种植区域主要分布于台湾、海南、广西、广东、云南、贵州、福建南部及贵州、四川南端的河谷地带的热带、亚热带地区。

2. 福建芒果产业状况

芒果在福建已有300多年的栽培历史，1949年前芒果多为零星栽培，极少成片。1949年以后，特别是20世纪60年代起，在党和政府的重视下，有关科研单位和生产部门积极地开展了芒果引种试种和推广栽培技术，芒果生产不断得到发展。1999年春季大冻害后芒果由安溪、莆田、福州等传统主产区向栽培最适宜的闽南地区转移，品种以台湾金煌芒、爱文芒、紫花芒、红花芒、台农1号和玉文6号等为主。我国南方产区的芒果成熟期为4—9月，比东南亚晚2~3个月，与世界主要芒果生产国呈互补关系。福建又属于我国芒果的晚熟区域，芒果成熟期为8—10月，正值芒果价格上升的季节。因此，我国尤其是福建的芒果在国际市场上具有较强的竞争力。

3. 福建芒果产业比较优势分析

福建省芒果传统主产区集中在安溪、莆田、福州等地。芒果综合比较优势大于1的地区有11个县，集中在福州、莆田、泉州和漳州4个地区，其中所属漳州地区的县域有5个县，约占一半。三级比较优势区有福清、南安、福州市辖区、南靖、长泰5个县；二级比较优势区有莆田市辖区、南靖、仙游、屏南4个县；一级比较优势区有三明市辖区、云霄和松溪3个县（表9-6，图9-8）。

表9-6 2020年福建芒果综合比较优势指数

排名	地区	IAI_{ij}	排名	地区	IAI_{ij}
1	福州市辖区	14.13	7	屏南县	1.55
2	福清市	7.16	8	罗源县	1.54
3	长泰县	3.24	9	云霄县	1.43
4	莆田市辖区	1.81	10	三明市辖区	1.34
5	南靖县	1.62	11	松溪县	1.33
6	仙游县	1.59			

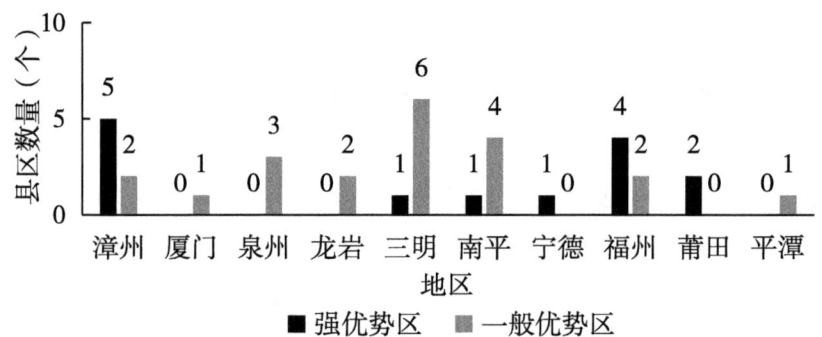

图 9-8 福建省芒果产业综合比较优势分布

三、青枣产业比较优势

1. 我国青枣产业

常见的青枣品种有台湾青枣、海南青枣和义乌南枣，福建省规模种植的青枣主要是台湾青枣。台湾青枣又名金苹枣、毛叶枣、印度枣，原产于印度、北非等热带地区，由印度毛叶枣经多代改良而来，享有"热带小苹果"的美誉。台湾青枣品种众多，由于新品种选育成功机会较大，差不多每年都有新品种育出。近年来，在台湾省内种植的品种主要有：肉龙、青龙、特龙、红云、碧云、阿莲、中甲、黄冠、五千、高朗1号、福枣等，其中种植面积最大的是五千和高朗1号。

2. 福建青枣产业状况

20世纪90年代福建省开始引种台湾青枣，2000年后台湾青枣作为新兴果树，受到福建省果农青睐，并开始规模种植，面积最大的品种是高朗1号和翠蜜。

3. 福建青枣产业比较优势分析

综合比较优势测算结果（表9-7，图9-9）显示：福建省台湾青枣种植的优势区为漳州市的云霄、漳浦、南靖、平和、长泰5县。根据李丽纯等（2017）对福建青枣气候适宜性研究，福建省青枣引种、扩种的区域分为适宜区、次适宜区和不适宜区3类，其中，适宜区主要包括泉州市辖区以南的沿海县市，以及漳州市的部分内陆县市，包括漳浦县、长泰县、南靖县、平和县等；次适宜区主要处于福建省中部沿海、闽江、九龙江和汀江周边的低平地区，包括福建中部沿海地区及龙岩南部的永定、上杭部分乡镇；其余县市为不适宜种植区。可见，5个青枣优势县均位于青枣气候适宜区。

表 9-7　2020 年福建青枣综合比较优势指数

排名	地区	IAI_{ij}	排名	地区	IAI_{ij}
1	云霄县	11.72	4	平和县	5.38
2	漳浦县	6.53	5	长泰县	2.59
3	南靖县	6.13			

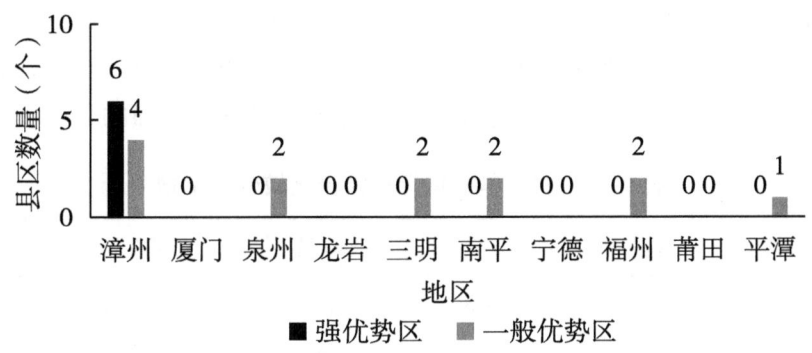

图 9-9　福建省青枣产业综合比较优势分布

4. 重点县域

（1）平和县。平和县是福建省最大的青枣生产县，自 2002 年开始引进脆蜜、中青和大叶枣等台湾青枣新品种，年产量约 3 万吨，年产值约 1.2 亿元，已成为农民新的致富亮点。近年来，台湾青枣与琯溪蜜柚、白芽奇兰一并成为平和省级农业科技园区中三大主导产业。2020 年青枣产量达 1.87 万吨。

（2）南靖县。南靖县于 20 世纪 90 年代后期引进青枣试种，是福建省引进青枣最早的地区之一，经多年示范推广，取得了良好成果。2020 年全县青枣种植面积近 20 万亩，总产量 2.15 万吨，是南靖县高优新水果示范品种之一和重要经济作物。

四、青梅产业比较优势

1. 我国青梅产业

青梅为蔷薇科植物，在世界上分布不广，至今仅局限于中国、日本、韩国及泰国等亚洲国家，而我国是青梅的原产地，也是世界上适合生长青梅地域最广的国家（李庆卫，2004）。目前我国青梅产地分布在全国 18 个省（区），主要集中在长江以南的广东、四川、浙江、江苏、福建及台湾等省（石嘉怿 等，2008）。青梅是人们喜爱的一种药食两用的果品，常用作食疗与养生，具有杀菌、抑制食物腐败及减少肠胃疾病；净化血液，维持血液正常酸碱平衡；增强活力，促进人体新陈代谢良好；消除疲劳，增进食欲等功效。

2. 福建青梅产业状况

福建省是我国青梅的主产区之一，2020年全省青梅产量12.52万吨，栽培面积24.29万亩，省内集中产地为漳州市、福州市和龙岩市的部分县市，其中漳州市青梅产量最高，占全省总产量的63.59%。

3. 福建青梅产业比较优势分析

从综合比较优势测算结果（表9-8，图9-10）可知，青梅优势产区共有6个，分别是诏安县、永泰县、连城县、南靖县、平和县和大田县，其中诏安县综合比较优势指数遥遥领先，高达15.06，是福建省青梅产业竞争力最强的县。

表9-8　2020年福建青梅综合比较优势指数

排名	地区	IAI_{ij}	排名	地区	IAI_{ij}
1	诏安县	15.06	4	大田县	1.33
2	永泰县	12.76	5	连城县	1.06
3	南靖县	1.43	6	平和县	1.03

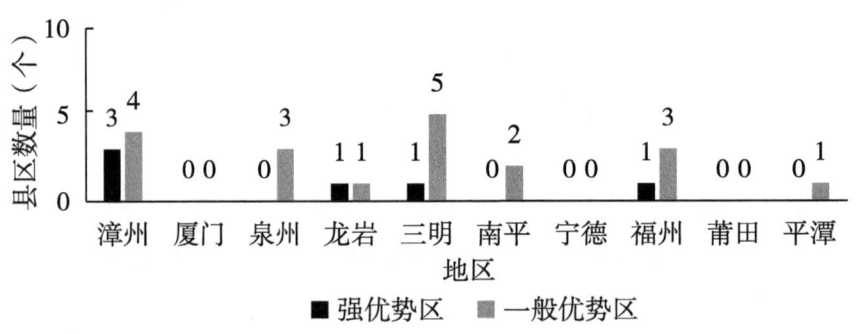

图9-10　福建省青梅产业综合比较优势分布

4. 重点县域

（1）诏安县。诏安被誉为"中国青梅之乡""中国青梅第一县"，整个县域都有种植青梅，据相关人员的统计，诏安目前种植青梅较多的区域有：太平镇、红星乡、南诏镇、四都镇、梅岭镇、桥东镇、深桥镇、霞葛镇、官陂镇、秀篆镇、金星乡、西潭乡、白洋乡、建设乡、梅洲乡、国营西山农场、国营湖内林场、岭下溪国有防护林场等。诏安种植的梅子品种丰富，集南北大全，有从北引进的十个品种

（品系），有广东主产的软枝大粒等，还有本地实生选种的优良品系，如青竹梅、白粉梅、黄梅等。从花期上分有早、中、晚熟三种类型。全县梅子生产主要以农民种植为主体，以及部分农场和联合户、专业户。目前，诏安拥有青梅种植面积 12.8 万亩，有 12 个千亩以上示范种植基地，产量约 6 万吨，拥有 100 多家青梅加工企业，是全国最大的青梅生产和主要出口基地。诏安青梅的特点具有果大、皮薄、有光泽、肉厚、核小、质脆细、汁多、酸度高、富含人体所需的多种氨基酸，具有酸中带甜的香味，特别是富含果酸及维生素 C。在诏安地区大部分的青梅被加工为半成品，这种青梅半成品富有弹性，呈淡黄色，加工时果皮不易开裂，内含物不易流失，且腌制过程中只需加适量食盐而不需添加其他任何添加剂就可达到保质期 12 个月以上，深受日本、韩国、东南亚等地欢迎，被誉为"凉果之王""天然绿色保健食品"。诏安是全国唯一的硒都，以"富硒青梅"蜚声海内外，太平镇和红星乡是诏安两大富硒青梅的主要生产基地。

（2）永泰县。永泰青梅已经有 100 多年的种植历史，自 20 世纪 80 年代以来，永泰青梅产业得到快速发展，到目前已经成为永泰的一大支柱产业。2020 年，永泰青梅种植面积达 5 万多亩，产量达 4.85 万吨，是仅次于诏安的福建第二大青梅种植地。永泰的青梅品质较为突出，果形圆、果实硕大、皮薄、肉厚核小、酸度大、宜加工，在国内外享有盛名。近年来，永泰县加大了对青梅优质品种推广的力度，通过高接换种大量繁殖和推广了白粉梅、青竹梅、龙眼梅 3 个主要优质品种，对青梅的产业发展和提升打下了坚实的基础。

五、桃产业比较优势

1. 我国桃产业

桃原产于中国，距今已有 4 000 多年的栽培历史，在国内外分布较广，河北、山东、江苏、浙江、福建等地区均有栽培。桃喜光，不耐阴，适合温和气候；耐寒、耐旱、忌涝；适宜在土层深厚、富含腐殖质、排水良好、疏松肥沃及保水、保肥能力强的土壤上种植，多生长在光照良好的向阳或半阳坡地。

2. 福建桃产业现状

福建桃果产业基础较好，在落叶果树中，桃是仅次于李的第二大经济栽培树种。福建省桃栽培面积居全国第九位，在广东、江西、浙江等周边省份中面积最大（廖汝玉 等，2010）。福建的土壤大部分为偏酸性红壤土，土壤肥沃，土层深厚，尤其是宁德的古田、福州的福清等地土壤质地疏松、透气性好，非常适宜开发种植水蜜桃。福建省桃产业分布特色明显，分为两条桃产业带：闽南地区短低温、早熟桃品种产业带和闽西北地区长低温、中晚熟桃品种产业带。目前福建省桃的主要栽培品种大多为外来品种，虽有穆阳水蜜、德早1号、古田大桃、三月桃等地方特色优异的桃种质资源，但利用率较低，杂交育种研究开展较晚、较少，育种水平偏低。除古田县品种较为丰富外，其他县（市）品种比较单一，有的县单个品种的产量和面积甚至超过80%，如漳浦、连城几乎全县种植台湾脆桃，福安市则为是穆阳水蜜桃。

3. 福建桃产业比较优势分析

从综合比较优势测算结果（表9-9，图9-11）显示，福建省桃产业优势区遍布较广，共有16个县，集中在宁德、三明、漳州、南平、福州5个地级市，其中，三级比较优势区有福安、古田2个县；二级比较优势区有闽侯、闽清和大田3个区域；一级比较优势区有三明市辖区、谭平、福州市辖区永泰、罗源和清流等11个县。

表9-9　2020年福建桃综合比较优势指数

排名	地区	IAI_{ij}	排名	地区	IAI_{ij}
1	古田县	6.15	9	永泰县	1.41
2	福安市	4.81	10	建瓯市	1.19
3	闽侯县	2.61	11	罗源县	1.18
4	闽清县	2.22	12	南靖县	1.15
5	大田县	2.17	13	永安市	1.13
6	三明市辖区	1.76	14	沙县	1.11
7	漳平市	1.57	15	平和县	1.10
8	福州市辖区	1.56	16	清流县	1.00

4. 重点县域

（1）福安市。福安市位于闽东沿海，气候温和、光照充足、雨量充沛，是南方桃品种最适宜栽培区之一。福安穆阳水蜜桃是福建省农产品地理标志产品，闻名省内外。穆阳水蜜桃具有果大、核小、味甜、外形美观、色泽鲜艳、肉质柔软多汁等风味特点，是福建单个品种高收益的代表。2020年全市水蜜桃产量2.17万吨，每个乡镇均有分布，其中以西部的穆云、穆阳、康厝、溪潭及南部的赛岐、溪柄等乡镇最为集中。目前，全市"穆阳水蜜桃"不同的海拔地区品种形成了早、中、晚三个成熟系，产地主要以福安西部地区各乡镇为主，其中穆云乡栽培面积最大，约占全市一半。

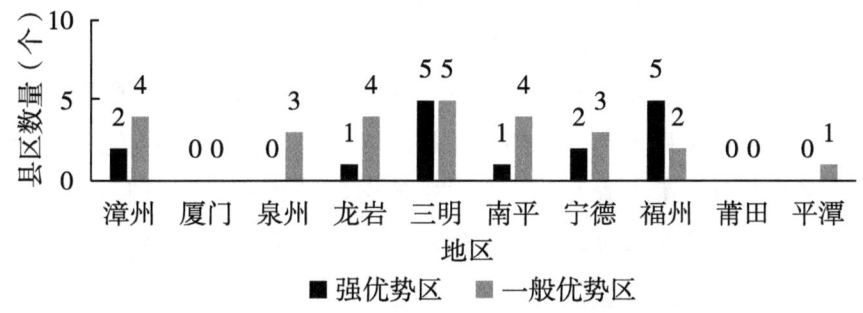

图 9-11　福建省桃产业综合比较优势分布

（2）古田县。古田则是福建省桃产业的代表，也是福建省第二大桃生产基地。2020 年产量 2.94 万吨。古田水蜜桃以其独特的风味和品质而闻名省内外，成为福建省水蜜桃的佼佼者。古田水蜜桃多分布于翠屏湖畔周围，空气清新，气候温暖湿润，优越的生长环境为古田水蜜桃生长提供理想的栽培条件。形成以雨花露、白凤、安农一号、大久保、朝霞、玉露等水蜜桃系列名优品种，每千克市场收购价均达 2.6~4.0 元，朝霞则超过 6.0 元，成为古田县农民脱贫致富的重要支柱。

六、柰产业比较优势

1. 我国柰产业

柰属蔷薇科李亚科李属，在 20 世纪 80 年代全国杏与李资源考察中被鉴定为中国李的一个变种。生产柰果的国家较少，我国是主产国之一。柰原产于福建，在我国南方地区，如江西、湖北、湖南、广西、广东等省区也有引种。柰是福建省特色珍贵果品，也是极其罕见的稀优李资源，素有"八闽佳果"的称誉，在福建、江西、广东和广西等地称其为柰，在江苏、湖南、湖北称其为柰李，在浙江被称为桃形李（孙文鹏，2014），此外还有"桃夹李""歪咀桃""西洋柰"等俗称。

2. 福建柰产业现状

福建省柰的主要品种有花柰、油柰、青柰。花柰又名大柰、硬皮杏、鹰嘴李、福州杏，主产沙县。花柰具有果顶渐尖、桃形李实、有花斑、果粉银灰、皮薄、果面暗红、果肉胭脂色、汁液较多、有油胞、质脆香爽的特点。1991 年，沙县花柰被农业部（现农业农村部）正式定名为"柰李"，为中国珍稀资源（一类资源）；青柰又名桃夹李，青宗李、歪尾李，主产福安县。青柰果形略扁、果顶突出稍歪一侧，果皮黄色，果面光滑、果肉黄色、肉质柔软、汁多味清甜；油柰主产古田县，果皮果肉黄绿色、密生银色斑点、肉质较软、汁多微甜、顶部常与果肉分离成柱孔状。根据果皮和果肉的颜色，也可以分为红皮红肉系和青皮黄肉系，红皮红肉系的柰主要品种有花柰、红柰、江西柰和高桥柰等，主要分布在福建省沙县、宁化县，顺昌县也有较少分布。红皮红肉系的成熟期为6月下旬至7月上旬。青皮黄肉系的主要品种有油柰、青柰、水柳李，主要分布在古田县、福安市、松溪县和政和县。成熟期为7月下旬至8月上旬。柰果大、核小、肉厚、质脆、甜酸适口，营养价值高，含有丰富的糖分、维生素及钙、磷、铁等多种矿物盐类。可制蜜柰李片、糖水柰李片罐头，又可加工成多种花样的蜜饯产品，深受消费者青睐，在市场上具有很强的竞争力，是福建省出口创汇的重要水果之一。

3. 福建柰产业比较优势分析

福建省柰种植优势区主要分布在三明市、南平市、宁德市等中亚热带地区（表9-10），共有18个区域，其中三级比较优势区有古田、清流和大田3个县，二级比较优势区有上杭和建瓯2个区域，一级比较优势区有武平、漳平、宁化、闽清、屏南、福安等13个区域（表9-10，图9-12）。

表9-10 2020年福建柰综合比较优势指数

排名	地区	IAI_{ij}	排名	地区	IAI_{ij}
1	古田县	7.14	10	尤溪县	1.33
2	清流县	4.37	11	屏南县	1.17
3	大田县	3.12	12	南靖县	1.15
4	上杭县	2.36	13	南平市辖区	1.10
5	建瓯市	2.06	14	福安市	1.09
6	武平县	1.65	15	宁化县	1.08
7	漳平市	1.61	16	三明市辖区	1.07
8	沙县	1.48	17	平和县	1.03
9	长汀县	1.46	18	永安市	1.00

4. 重点县域

古田是福建省乃至全国的油柰重点产区，1999年，"古田油柰"被中国绿色食品发展中心审定为"绿色食品"。2001年，荣获福建省名牌农产品称号。2003年，荣获国家地理标志证明商标。目前，古田油柰的种植范围分布在古田县行政区域全境，主产区在平湖镇、凤埔乡、松吉乡、凤都镇、大桥镇、吉巷乡、湖滨乡（含泮洋乡部分）、鹤塘镇等乡镇，2020年全县柰栽培面积4万亩，产量1.84万吨。

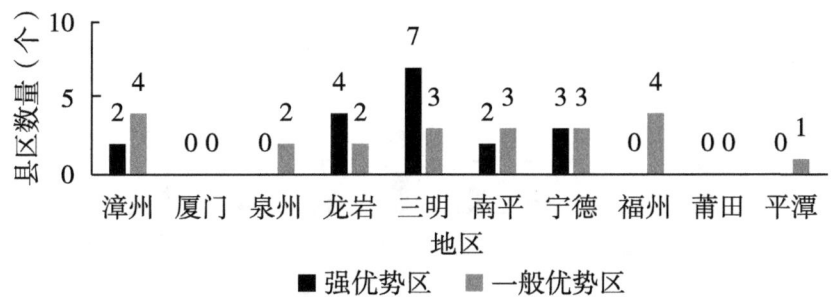

图 9-12 福建省柰产业综合比较优势分布

七、李产业比较优势

1. 我国李产业

李别名嘉庆子、布霖、李子、玉皇李、山李子。果实成熟期为 7—8 月，饱满圆润，玲珑剔透，形态美艳，口味甘甜，是人们最喜欢的水果之一。李在世界各地及中国各省均有栽培，是重要温带果树之一，在我国主要分布于河南、山东、辽宁、吉林、陕西、甘肃、四川、云南、贵州、湖南、湖北、江苏、浙江、江西、福建、广东、广西和台湾。生于海拔 400~2 600 米的山坡灌丛、山谷疏林或水边、沟底、路旁等地。

2. 福建李产业比较优势分析

福建李综合比较优势区有 14 个（表 9-11，图 9-13），其中，永泰和福安 2 个区域为三级比较优势区；古田、漳浦和长泰为二级比较优势区；剩余的永安、龙岩市辖区、清流、漳平等地共 9 个为一级比较优势区。

表 9-11 2020 年福建李综合比较优势指数

排名	地区	IAI_{ij}	排名	地区	IAI_{ij}
1	永泰县	13.55	8	清流县	1.42
2	福安市	3.36	9	漳平市	1.42
3	古田县	2.52	10	大田县	1.40
4	漳浦县	2.32	11	南靖县	1.15
5	长泰县	2.14	12	华安县	1.10
6	永安市	1.97	13	闽清县	1.07
7	龙岩市辖区	1.75	14	平和县	1.05

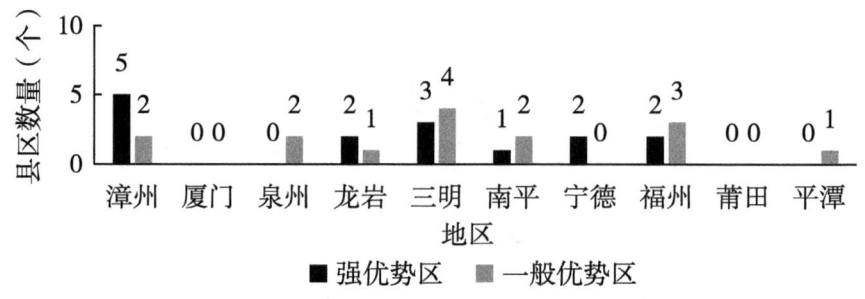

图 9-13 福建省李产业综合比较优势分布

3. 重点县域

永泰李面积达 12.08 万亩，产量 14.68 万吨，其规模居福建省及全国县级之首，形成"有乡必有李，无李不成乡"的景象。永泰栽培的李品种较多，主要有芙蓉李、玫瑰李、胭脂李、红心李、柰李、鹧黄李等，其中以芙蓉李种植面积最多，约占永泰县李栽培总面积90%以上。永泰县栽培芙蓉李已有400多年的历史，全县李果产量上万担的乡镇有8个，有面积万亩以上基地的乡镇5个，形成了以嵩口为中心，东起塘前乡、西至盖洋乡、环绕西山带的种植格局。芙蓉李是鲜食与加工兼用的优良品种，但在永泰县主要用于生产加工蜜饯产品。随着李深加工的不断发展，不少蜜饯品牌深受消费者青睐。"方广岩"牌蜜饯行销国内百余个城市；"水仙花"牌蜜饯远销非洲、美洲、欧洲，畅销中国港、澳、台；绿色食品酸梅露获北京博览会最佳新产品开发奖，此外斯威特、李都、余福记等企业的李干蜜饯产品也畅销海内外。近年来，永泰大力推行品牌战略，打造李果品牌，已拥有"中国李果之乡""永泰芙蓉李"国家地理标志证明商标、国家地理标志保护产品等"金字招牌"闻名海内外。

第四节　坚果类果品产业比较优势与空间分布

一、基础概况

坚果又称壳果，分为2个亚类，一类是杏仁、腰果、榛子（锥栗）、山核桃等树坚果；另一类是花生、葵花子、南瓜子、西瓜子等种子坚果（周钦方，2015）。坚果是植物的精华部分，一般都营养丰富，含蛋白质、油脂、矿物质、维生素较高,对人体生长发育、增强体质、预防疾病有极好的功效。美国《时代》杂志曾评选坚果为现代人的十大营养食品之一。世界范围内栽培或处于野生状态的主要坚果作物约有100种,其中在国际坚果贸易中占主导地位的坚果有核桃(胡桃)、扁桃、板栗、杏仁、阿月浑子、腰果、澳洲坚果(夏威夷果)、榛子、巴西坚果等。我国的坚果品种丰富,是世界最重要的坚果生产和出口国之一,品种主要包括核桃、板栗、杏仁、榛子、松子、白果、扁桃、腰果、莲子、阿月浑子(开心果)等,其中板栗、核桃、苦杏仁产量在世界位居前列(王慧强,2006)。我国多数坚果类果品产于北方或西北,作为南方的福建省由于气候因素,本地生产的坚果主要是锥栗、莲子、花生、腰果、瓜子等适种于热带、亚热带的坚果品种。

二、福建坚果类比较优势分析

采用67个县(市、区)的坚果产值进行比较优势测算,测算结果如表9-12所示,产值比较优势$VAI_{ij}>1$的区域有21个,基本上位于闽东、闽北、闽西的山区县,其中三级比较优势区有屏南、政和、建瓯、建阳、长汀、周宁和浦城7个,二级比较优势区有松溪、顺昌、永泰和闽清4个,一级比较优势区有泰宁、沙县、清流、大田和将乐等10个。

表9-12 2020福建坚果类产值比较优势指数

排名	地区	VAI_{ij}	排名	地区	VAI_{ij}
1	屏南县	7.84	12	泰宁县	1.46
2	政和县	7.45	13	沙县	1.42
3	建瓯市	6.57	14	清流县	1.42
4	建阳区	6.25	15	大田县	1.32
5	长汀县	5.29	16	将乐县	1.26
6	周宁县	3.69	17	明溪县	1.19
7	浦城县	3.63	18	福鼎市	1.17
8	松溪县	2.99	19	武夷山市	1.11
9	顺昌县	2.68	20	邵武市	1.05
10	永泰县	2.21	21	永安市	1.03
11	闽清县	2.17			

三、重点县域

21个坚果优势县中，多数为锥栗生产县。锥栗是我国名特优经济林干果。建瓯锥栗栽培面积占全国70%以上，占福建省80%以上（邱荣健，2008），锥栗的栽培品种数、面积、产量均居全国首位。素有"世界锥栗在中国，中国锥栗在福建，福建锥栗在建瓯"之说。早在明代，建瓯锥栗就作为贡品以"贡闽榛"闻名一时。建瓯市是国家林业局首批公布命名的"中国名特优经济林锥栗之乡"，是锥栗的原产地和土产区。建瓯锥栗种植在海拔300～1 000米山地范围内，由于昼夜温差大、雨量充足、温度适宜，促进了碳水化合物的积聚，使坚果蛋白质、糖类化合物、淀粉、氨基酸和维生素含量增加，再加上建瓯人民长期选择确定的12个优质高产品种以及传统的栽培技术、采收和贮藏工艺，使生产的锥栗坚果产品，果粒较大、均匀、外观亮泽、种仁饱满、富有糯性，具有独特的"糯、甜、香"品质特征。目前，建瓯锥栗种植面积42万亩，年产量3.3万吨，年产值达4.61亿元。锥栗加工迈向多样化、精深化，全市锥栗加工产品已达45种，在全国首创锥栗木棉醇曲奇饼干、酸枣糕、月饼、粽子、酒等系列产品。建瓯共有17家锥栗加工企业，每年可加工锥栗约1万吨，加工总产值达7 442万元，成为全国最大的锥栗市场。2001年，建瓯锥栗获评中国国际农业博览会名牌产品，2007年获评国家地理标志保护产品，2012年获评国家地理标志证明商标。如今，建瓯市已在上海、大连、广州等国内100多个大中城市建立了长期稳定的销售网点，积极拓展东南亚及欧美地区的市场，产品已打入日本、韩国、加拿大、美国等20多个国家和地区。

第五节 浆果类果品产业比较优势与空间分布

浆果类水果是由子房或联合其他花器发育成柔软多汁的肉质果。浆果类果树种类很多，如葡萄、猕猴桃、草莓、树莓、醋栗、越橘、果桑、无花果、石榴、阳桃、人心果、番木瓜、番石榴、蒲桃、西番莲等。福建省代表性的浆果类水果有杨梅、番石榴和葡萄。全省浆果类水果集中区分布在闽南的平和、诏安、漳浦、漳州市辖区、长泰、闽东的福安，以及闽北的建瓯、建阳等地。从品种来看，杨梅和番石榴主要集中在闽南，葡萄集中在闽东和闽北。

一、杨梅产业比较优势

1. 我国杨梅产业

目前,全球杨梅经济栽培面积约40万公顷,产量100多万吨,98%以上来自中国。我国境内北纬20°~30°,浙、闽、苏、粤、渝、滇、川、桂、黔等省(区、市)是杨梅主要分布区,其中浙江省面积和产量均居第一。福建处于国内杨梅生产最适区的华南滨海亚区,种植面积及产量位居全国第二。我国现有杨梅栽培品种(系)300多个,主要栽培品种4个,均来自浙江省四大主栽品种:东魁、荸荠种、丁岙梅和晚稻杨梅。

2. 福建杨梅产业状况

杨梅是福建省传统的特色名果,原产于浙江余姚。杨梅在福建已有1 500多年的栽培历史,经长期自然和人工的选择和驯化形成了众多的种质资源,主要品种有福鼎的大粒紫杨梅,长乐的八贤道杨梅,莆田的大红梅、大乌杨梅,建阳、建瓯等县(区)的二色杨梅,仙游的罗仔杨梅,南安、晋江的长蒂杨梅、短蒂杨梅,龙海的胭脂白种、水白杨梅和血红杨梅等。大部分福建地方品种由于品质较差,生产效益低下,正逐渐被市场淘汰,目前生产上主栽的品种主要有福建地方品种软丝安海变、硬丝安海变、浮宫1号等,以及从省外引进的东魁和丁岙梅等。

3. 福建杨梅产业比较优势分析

杨梅在福建省栽培遍布各地,集中栽培优势区分布于闽南、闽北、闽东的14个县(市、区),其中三级比较优势区为龙海和漳浦2个县(市),二级比较优势区有福鼎和福安2个县,一级比较优势区有上杭、大田、尤溪县、罗源、建瓯等10个(表9-13,图9-14)。

表9-13　2020年福建杨梅综合比较优势指数

排名	地区	IAI_{ij}	排名	地区	IAI_{ij}
1	龙海市	11.61	8	罗源县	1.43
2	漳浦县	3.15	9	建瓯市	1.39
3	福鼎市	2.18	10	诏安县	1.37
4	福安市	2.10	11	南平市辖区	1.23
5	上杭县	1.90	12	南靖县	1.15
6	大田县	1.61	13	永安市	1.10
7	尤溪县	1.51	14	平和县	1.04

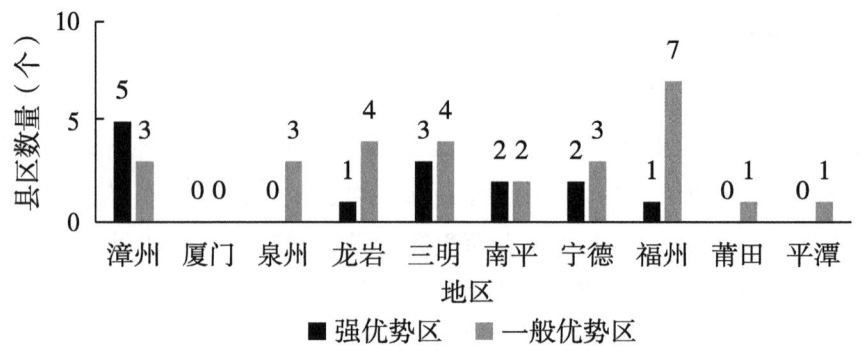

图 9-14 福建省杨梅产业综合比较优势分布

4. 重点县域

（1）龙海市。龙海是福建省最大的杨梅生产基地，有早熟、软丝、硬丝等 10 多个品种，2020 年杨梅栽培面积 8 万亩，产量 5.39 万吨。龙海杨梅栽培历史达 800 多年，其下辖浮宫镇被誉称"福建杨梅第一镇"，果中翘楚杨梅于此也扎根百年历史。浮宫杨梅不仅因肉厚核小，色泽红润发紫、汁多、酸甜可口而著称，而且含有丰富的糖、有机酸、蛋白质等，以及大量的维生素及钙、磷、铁等矿物质，具有止渴开胃、益气生津等养生功效。近年来浮宫杨梅品牌打造不断推进，2002 年，"浮宫牌"杨梅经省政府批准，被认定为福建省名牌产品；2010 年"浮宫杨梅"获批国家地理标志产品，成为果中新贵；2011 年获批"中国地理证明商标"；2013 年获批福建省著名商标。

（2）漳浦县。漳浦是仅次于龙海市的福建省杨梅第二大产地。2020 年产量达 1.32 万吨。黄埔杨梅因产于漳浦县霞美镇黄埔村而得名，是漳浦六大特色水果之一，也是漳州、闽南招牌水果之一。黄埔杨梅属于晚熟品种，具有树势强壮、粒大籽小，肉嫩汁多，色泽紫红，甘甜微酸，风味独特的特点，俗称"大乌杨梅"。1991 年霞美镇黄埔村从浙江引进杨梅试产，结出硕大的杨梅，取得良好的经济效益，此后杨梅被当地大量引种，漳浦县现已形成以霞美镇为中心的东魁杨梅生产基地。

二、葡萄产业比较优势

1. 我国葡萄产业

葡萄栽培遍布世界各地，但 95% 集中分布在北半球。我国是葡萄属植物的起源中心之一，也是东亚种群的集中分布区，已知野生葡萄 40 种、1 亚种、13 变种产于中国，约占世界葡萄属植物种类的 60%（程大伟 等，2013）。受限于生产环境要求,中国葡萄种植传统种植区集中于新疆、河北、山东、辽宁、河南等地(郑小平,2014)。

2. 福建葡萄产业状况

福建省受高温高湿的气候局限,葡萄病虫害较为严重,种植规模受限。自1984年,"福建巨峰葡萄之父"谢福鑫引进"巨峰"葡萄并试种成功以来,随着葡萄设施栽培技术的推广,福建葡萄产业步入快速发展阶段。2020年,福建省葡萄产量22.87万吨,占全国总产量的1.6%。目前,福建引进葡萄品种近百个,包括欧美的巨峰、高妻、藤稔、夏黑等,欧亚种如红地球、无核白鸡心、美人指、京玉、黑玫瑰等,其中,主栽品种为巨峰和红地球等,栽培面积占全省的90%以上。

3. 福建葡萄产业比较优势分析

福建省9个地市均有葡萄栽培,综合比较优势显示,葡萄优势区有12个,主要集中在闽东、闽北地区。其中,三级综合比较优势区分别有福安市和建瓯市2个区域,二级综合比较优势区有南平市辖区和三明市辖区2个区域,一级比较优势区有寿宁县、闽清县、霞浦县、沙县、福州市辖区、南靖县、平和县和周宁县等8个(表9-14,图9-15)。

表9-14 2020年福建葡萄综合比较优势指数

排名	地区	IAI_{ij}	排名	地区	IAI_{ij}
1	福安市	11.34	7	霞浦县	1.50
2	建瓯市	3.27	8	沙县	1.46
3	南平市辖区	2.91	9	福州市辖区	1.33
4	三明市辖区	2.64	10	南靖县	1.15
5	寿宁县	1.98	11	平和县	1.03
6	闽清县	1.80	12	周宁县	1.03

4. 重点县域

重点县域有福安市。"北有吐鲁番,南有闽福安",自20世纪80年代引种巨峰葡萄取得成功以来,福安打破了南方不适合种植葡萄的神话,经过30多年的培植和发展,福安葡萄种植面积达5.41万亩,产量达7.78万吨,产量和面积占福建省的40%以上,已成为我国东南沿海面积最大、生产规范、规模连片的县(市)级葡萄生产基地,也是我国南方最重要的鲜食葡萄产区,产品畅销省内外,被誉为"南国葡萄之乡"。福安属亚热带海洋性气候,独特的地形和气候条件使其气候温暖、

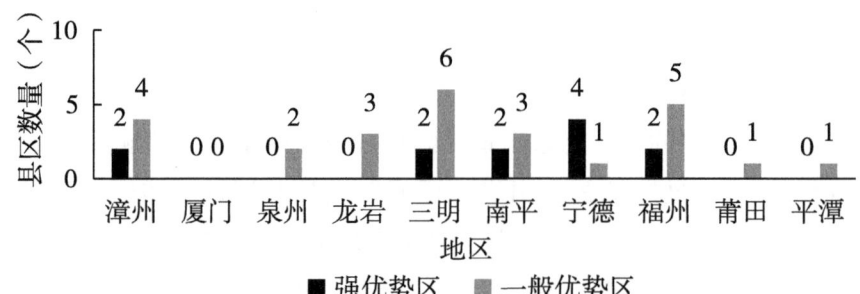

图 9-15　福建省葡萄产业综合比较优势分布

有效积温高、7月昼夜温差较大，有利于葡萄生长发育、果皮着色和糖分积累，所产的巨峰葡萄商品性能好，曾获得"中国农产品地理标志"和"2011年全国优质葡萄评比金奖"等荣誉称号。福安刺葡萄是福安当地的一种野生葡萄，也是福安市的特产。福安刺葡萄具汁丰味甜、抗病虫、耐高温高湿、耐贮运、经济、生态和社会效益显著等优点，是东亚种群中最好的酿酒品种，也是我国珍贵野生葡萄种类。2013年，溪塔村刺葡萄获得国家地理标志保护产品，中国名特优新农产品等殊荣。福安市葡萄产业带以溪塔刺葡萄沟为主产地，包括虎头、高岭、玉林等16个村。2016年，溪塔刺葡萄沟被中国农学会葡萄协会和中国果品流通协会葡萄分会联合授予"中国最美葡萄沟"称号。

三、番石榴产业比较优势

1. 我国番石榴产业

番石榴别名芭乐、鸡矢果、拔子、喇叭番石榴，原产于墨西哥、巴西、秘鲁及西印度群岛等美洲热带地区，是一种适应性很强的热带果树。番石榴浆果似卵圆形、球形或梨形，果皮有绿色、红色、黄色，果肉有白色、红色、黄色等，肉质细嫩、清脆香甜、爽口舒心，富含果胶、维生素C、钾、铁、胡萝卜素等，对防治高血压、糖尿病、肥胖症及肠胃疾病具有绝佳的养生食疗效果，还是美容养颜的理想果品。番石榴虽引进我国已有300多年历史，但由于受气候、土壤等生长条件制约，多数集中分布在我国南亚热带地区。番石榴主要引种栽培的省（区）有海南、广东、广西、贵州、福建、云南、台湾等，其中，广东、广西、海南、台湾的栽培规模较大，为主产区。目前广泛种植的品种主要有吕宋、新世纪、珍珠、八月、梨仔、红番、水晶等。

2. 福建番石榴产业状况

福建番石榴主要从台湾引进，主栽区在闽南无霜冻地区，以漳州最为集中，栽培规模和产量分别占全省的77%和90.08%，主要品种有新世纪、珍珠和水晶等。

3. 福建番石榴产业比较优势分析

福建省番石榴综合比较优势区有平和县、长泰县、诏安县、福清市和漳州市辖区等13个。其中，三级综合比较优势区分别有长泰县、诏安县、平和县和龙海市等4个区域，没有二级综合比较优势区，一级比较优势区有福清市、南靖县、屏南县、三明市辖区、松溪县、华安县等9个区域，具体如表9-15、图9-16所示。

表9-15 2020年福建番石榴综合比较优势指数

排名	地区	IAI_{ij}	排名	地区	IAI_{ij}
1	长泰县	12.71	8	三明市辖区	1.34
2	诏安县	9.86	9	松溪县	1.33
3	平和县	4.22	10	华安县	1.32
4	龙海市	3.44	11	漳浦县	1.28
5	福清市	1.83	12	漳州市辖区	1.05
6	南靖县	1.62	13	罗源县	1.04
7	屏南县	1.55			

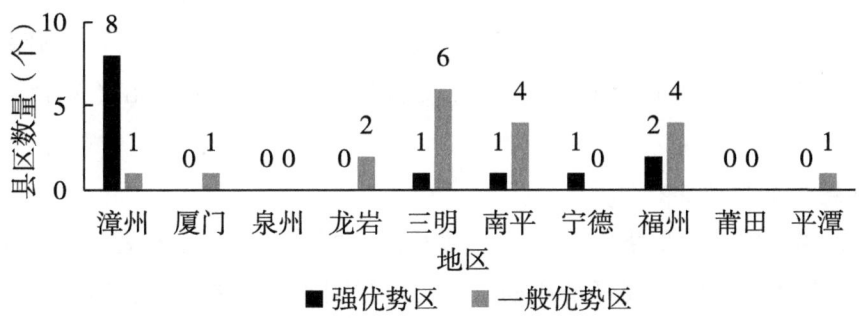

图9-16 福建省番石榴产业综合比较优势分布

4. 重点县域

重点县域为平和县。2020年，平和县番石榴栽培面积1.55万亩，产量3.56万吨，分别占全省的45.9%和60.19%。随着近年来朝着规模化、绿色食品生产方向发展，番石榴逐渐成为当地新兴的致富水果产业。

第六节　草本类果品产业比较优势与空间分布

以果用瓜、香蕉、菠萝为代表的草本果类综合比较优势区在福建省分布较广，除了香蕉、菠萝具有明显的区域集中性外（漳州和泉州南部地区），果用瓜优势区遍布闽北、闽中和闽东大部分地区。

一、果用瓜产业比较优势

1. 我国果用瓜产业

果用瓜主要特指西瓜和甜瓜。我国是世界西瓜甜瓜生产和消费第一大国，2013年西瓜种植面积2 759.7万亩，产量7 318.88万吨，分别占世界总种植面积的52.73%和世界总产量的66.97%；甜瓜种植面积641.7万亩，产量1 440.05万吨，分别占世界总种植面积和总产量的36.10%和48.88%。我国传统的西瓜、甜瓜优势产区位于华北和西北地区，为适应我国西瓜、甜瓜产业的生产和市场发展的需要，近20年来，南方西瓜甜瓜产业获得快速发展，优势产区逐步向南方集中趋势明显，西瓜甜瓜产业成为我国南方农民增收的重要产业之一。为科学谋划我国西瓜甜瓜产业的发展思路和主攻方向，优化区域空间布局，引导要素集聚和优化资源配置，2015年农业部制定《全国西瓜甜瓜产业发展规划（2014—2020年）》，在全国范围内确定西甜瓜五大优势区：华南（冬春）优势区、黄淮海（春夏）设施栽培优势区、长江流域（夏季）优势区、西北（夏秋）优势区以及东北（夏秋）优势区（图9-17）。

2. 福建果用瓜产业状况

福建省属于西瓜甜瓜华南（冬春）优势区，西瓜和甜瓜是福建省主要果用瓜品种，也是闽东闽北地区主要经济作物之一。根据国家统计局数据，2020年福建果用瓜产量47.42万吨。其中西瓜产量39.6万吨，甜瓜产量3.74万吨。

3. 福建果用瓜产业比较优势分析

福建省有25个县（市、区）具有西瓜甜瓜种植综合比较优势，绝大部分集中在闽东和闽北地区。其中，没有三级比较优势区，二级比较优势区有永泰、建瓯、晋江、大田、福州市辖区、闽侯和南平市辖区等7个区域，一级比较优势区有惠安、连江、泉州市辖区、邵武、南平市辖区、永安市和松溪县等18个，具体如表9-16、图9-18所示。

第九章 特色果品产业区域比较优势

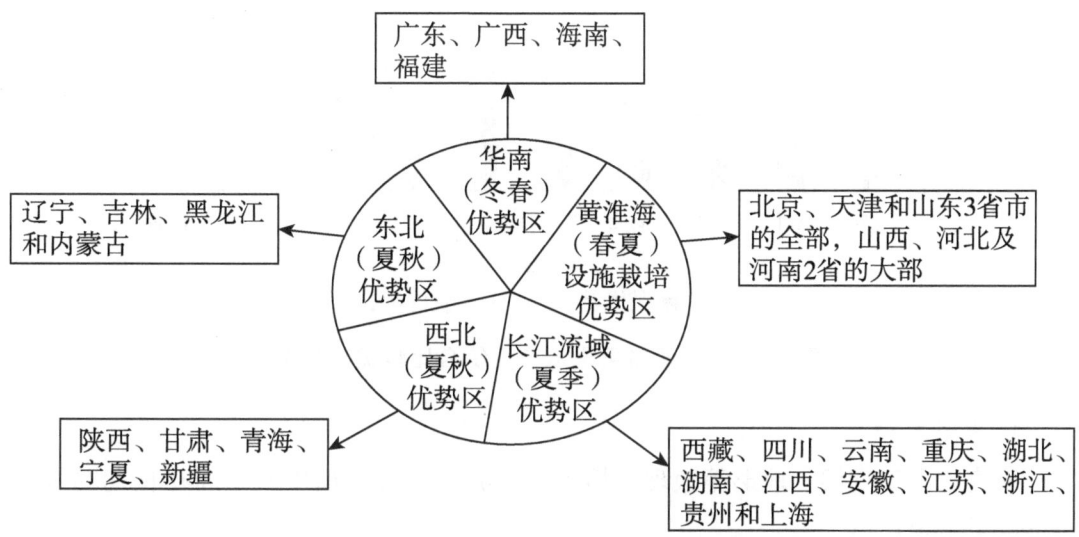

图 9-17 西瓜、甜瓜主产区及其分布

表 9-16 2020 年福建果用瓜综合比较优势指数

排名	地区	IAI_{ij}	排名	地区	IAI_{ij}
1	永泰县	2.49	14	闽清县	1.34
2	建瓯市	2.41	15	连城县	1.34
3	晋江市	2.38	16	霞浦县	1.26
4	大田县	2.22	17	福清市	1.22
5	福州市辖区	2.21	18	永安市	1.22
6	闽侯县	2.09	19	福安市	1.20
7	南平市辖区	2.06	20	屏南县	1.12
8	惠安县	1.84	21	松溪县	1.08
9	泉州市辖区	1.60	22	武夷山市	1.08
10	连江县	1.59	23	漳浦县	1.06
11	邵武市	1.51	24	政和县	1.03
12	沙县	1.50	25	长汀县	1.02
13	三明市辖区	1.43			

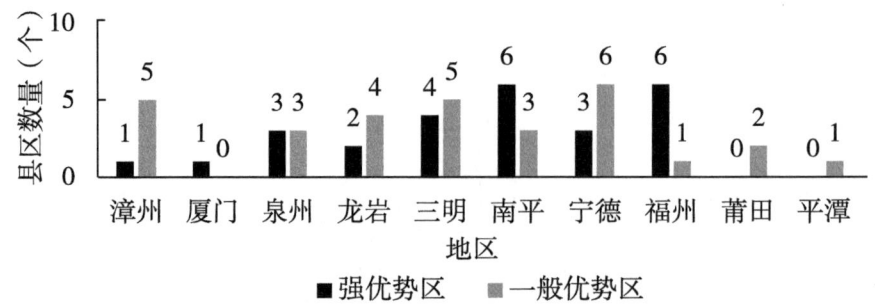

图 9-18 福建省果用瓜产业综合比较优势分布

4. 重点县域

福建省由于气候、地形等地理环境条件差异，西瓜甜瓜生产布局在长期的栽培中形成了一定特色。

（1）闽东沿海地区。以宁德、福州、长乐、莆仙等为代表，利用春季气温回升快、夏秋季雨水充沛等气候优势，主要生产早熟有籽中小型西瓜、夏秋无籽西瓜、特早熟薄皮甜瓜，生产面积约占全省栽培面积的 30%。

（2）闽东闽北内陆山区。以屏南、建瓯、南平、武夷山、邵武等为代表，充分利用山区昼夜温差大、高山自然屏障、台风影响小等优势，主要生产中晚熟的大果型西瓜、露地薄皮甜瓜和少量厚皮甜瓜、中小果型西瓜，生产面积约占全省栽培面积 45%。

（3）闽南地区。以厦门、漳州、漳浦、诏安、云霄为代表，以冬季气候温暖的优势，主要生产冬季小型有籽西瓜，厚皮甜瓜、生产面积约占全省栽培面积的 15%。

二、香蕉产业比较优势

1. 我国香蕉产业

世界香蕉栽培国家和地区约有 136 个，以中美洲产量最多，其次是亚洲，主要分布在全球南北纬 30°以内的热带、亚热带地区。香蕉不只是世界上最大宗的热带水果，还是非洲、大洋洲、中美洲部分贫穷国家 4 亿多人口的主要食物来源和经济来源，其重要性相当于亚洲地区的水稻和南美地区的马铃薯，被联合国粮食及农业组织确定为仅次于水稻、小麦和玉米的第四大粮食作物。中国是世界第三大香蕉生产国，也是香蕉原产国之一，栽培历史长达 3 000 多年。我国香蕉种质资源丰富，品种繁多，以栽培香牙蕉类为最普遍，此外还有小面积的粉蕉、大蕉、龙牙蕉、贡蕉等。香蕉在我国主要分布在广东、广西、福建、台湾、云南和海南，贵州、四川、重庆也有少量栽培,全国香蕉优势区域主要集中在海南、广东、广西、福建和云南5省(区),已经形成了海南—雷州、粤西—桂南、桂西—滇南、珠三角—粤东—闽南等4个主要的优势产业带(陈民,2006)。

2. 福建香蕉产业状况

福建是全国香蕉优势主产区之一。香蕉主要分布在闽南近海一带,闽南地区以其常年温暖湿润的气候特点、独特的地理位置,较大的昼夜温差等优势,所生产的香蕉品质好,风味极佳,深受消费者喜爱。但由于闽南是香蕉分布的北线,又处于沿海地区,霜冻和台风的侵袭成为这一带香蕉产业的发展的两大主要自然灾害。2020年福建省香蕉栽培面积20万亩,产量45.21万吨,分别占全国的4.0%和4.5%。福建省主栽香蕉品种有巴西蕉、红皮香蕉、威廉斯、粉蕉、哥斯达黎加蕉、台湾蕉系列等,基本为引进品种。天宝香蕉和平和坂仔香蕉是福建省现有的两大香蕉品牌。

3. 福建香蕉产业比较优势分析

香蕉优势主产区中,三级比较优势区有南靖县、漳州市辖区和华安县3个;没有二级比较优势区;一级比较优势区有诏安县、漳浦县、屏南县、长泰县等11个,具体如表9-17、图9-19所示。

表9-17 2020年福建香蕉综合比较优势指数

排名	地区	IAI_{ij}	排名	地区	IAI_{ij}
1	南靖县	19.35	8	三明市辖区	1.34
2	漳州市辖区	3.40	9	长泰县	1.33
3	华安县	3.35	10	松溪县	1.33
4	诏安县	1.59	11	龙海市	1.32
5	漳浦县	1.56	12	云霄县	1.24
6	屏南县	1.55	13	罗源县	1.13
7	平和县	1.42	14	闽侯县	1.12

4. 重点县域

(1)南靖县。"中国香蕉之乡"的南靖不仅是福建省最大的香蕉种植县,而且是全国最大的县级香蕉生产基地县。2020年香蕉产量25.06万吨,占福建省总产量的55.43%,全县现有香蕉种植专业村43个,专业户1.2万户,种植面积12万

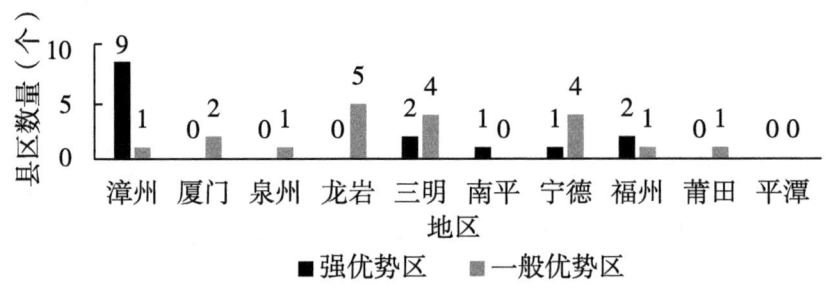

图 9-19 福建省香蕉产业综合比较优势分布

亩,产值 8 亿元,香蕉是南靖农业支柱产业之一①。南靖香蕉质量优良,具有皮薄、质甜、味香、无芯四大独特品质,获地理标志证明商标,是中国名牌农产品。

(2)芗城区。漳州市芗城区天宝镇盛产香蕉,有"十里蕉香"之美称。"天宝香蕉"具有果个适中,皮薄,肉质软滑细腻,果肉无心、浓甜爽口、香气浓郁等特点,备受海内外消费者的喜爱,是中国绿色食品、福建省名牌农产品和漳州市首个地理标志保护产品。

(3)平和县。平和县坂仔镇"坂仔香蕉"是福建省另一大获得地理标志证明商标的香蕉品牌,以"穗大、果多、无芯、皮薄、肉甜、味香"闻名于世,与琯溪蜜柚、白芽奇兰茶一起被誉为"平和三宝"。坂仔香蕉曾获得全国香蕉类产品首家绿色食品标志使用权,国务院经济研究中心也命名该镇为"中国香蕉之乡"。坂仔也是唯一在国家工商总局注册香蕉商标的乡镇,并被中国绿色食品发展中心列入全国最大的绿色食品基地。

天宝香蕉地理标志产品保护范围包括漳州市芗城区和南靖县山城镇、靖城镇、丰田镇、龙山镇、金山镇、船场镇、南坑镇等 7 个乡镇所辖行政区域,主要栽植品种有香蕉、粉蕉、柴蕉、度蕉,其中香蕉品种有天宝矮、台湾北蕉和台湾仙人蕉。

三、菠萝产业比较优势

1. 菠萝产业介绍

菠萝原名凤梨,属凤梨科凤梨属,是多年生草本植物。菠萝原产于南美洲巴西、巴拉圭的亚马孙河流域一带,16 世纪从巴西传入中国,系热带四大名果之一。菠萝广泛种植于南北回归线之间,约有 90 个国家和地区,主产区集中在泰国、菲律宾、印度尼西亚、印度、中国、巴西和南非等国,亚洲的菠萝收获面积世界最

---

① 资料来源:http://www.zhangzhou.gov.cn/cms/html/zzsrmzf/2017-11-05/1117034665.html。

大，约占全球收获面积的41.34%，其次是非洲，约占34.86%。我国是菠萝十大主产国之一，主要分布在广东、海南、广西、福建、云南、台湾等省，集中优势带位于桂西南、闽粤南部、海南东部、滇南和干热河谷地区。近年来，我国菠萝种植优势区正逐步向海南、广东集聚。

菠萝栽培品种较多，现有70多个，根据其形态、叶刺和果实特性分为皇后、卡因、西班牙和杂交种等四大类，但仅有一些主导品种进行规模生产与商贸。皇后类主要特点是植株中等大，叶缘有刺，花浅紫红色，果皮黄色，果眼深，小果凸起，果肉黄色至深黄色，风味较甜，纤维少，果实加工制罐和鲜食均好。栽培品种有皇后、金皇后、菲律宾（巴厘）、纳塔尔、神湾、鲁比等，其中巴厘菠萝是最古老的栽培品种，有400多年的栽培历史，为中国、南非、越南、澳大利亚和菲律宾的主栽品种之一；卡因类又名沙捞越，主要特点是植株高大、直立，叶缘无刺或近尖端有少许刺，果形大，长圆筒形，果皮橙黄至古铜色，果眼扁平而浅，果肉淡黄至黄色，风味甜，中等酸，纤维柔软而韧，多汁，果实制罐加工性状好。栽培品种有无刺卡因（夏威夷、沙捞越）、台凤、希路等，卡因类栽培极广，约占全世界菠萝栽培面积的80%；西班牙类为有刺和无刺土种，植株中等大，稍开张，叶片长且宽，叶色淡绿带红，花瓣艳红色，果形中等大，果眼平，果眼特深，果皮深橙和黄红色，果肉深黄至白色，肉质粗，纤维多，风味芳香带酸，果实耐贮运，加工制罐好，耐霜寒能力最弱。主要品种有西班牙、土种、新加坡罐用种、卡比宗那等。目前除小规模生产和科研单位保存有此类品种外，大田生产基本上已淘汰；杂交种是通过有性杂交等手段培杂交种育的良种。植株高大直立，叶缘有刺，花淡紫色，果形欠端正，果肉色黄，质爽脆，纤维少，清甜可口，既可鲜食，也可加工罐头。常见的有台农系列、4312、3136杂交种等。

2. 福建菠萝产业状况

福建菠萝集中优势区位于漳州市，2020年全市菠萝产量为1.5万吨，占全省的88.26%，此外，泉州的南安市也有规模分布，产量0.13万吨，占全省7.9%。漳州菠萝品种以沙捞越、台种为主要代表。省内目前有两大菠萝地理标志证明商标——程溪菠萝和大南坂菠萝。位于龙海市西部山区的程溪镇是福建省最大菠萝生产基地，"程溪菠萝"是由台湾有刺菠萝，经过特殊培育而成的，并与程溪一带地理环境与气候相适应的菠萝名品，是龙海市"一县一品"的主打水果和特色产业，果品远销浙江、江苏、上海、北京、黑龙江及俄罗斯等地，并在东南亚市场享有盛誉。

3. 福建菠萝产业比较优势分析

从福建省菠萝产业综合比较优势指数看，优势集中度高，主要分布于闽南的热带与亚热带交汇区，云霄的综合比较优势指数达 13.57，其余的诏安和龙海均位于三级比较优势区之中，二级比较优势区有南安和漳浦 2 个区域。具体如表 9-18、图 9-20 所示。

表 9-18 2020 年福建菠萝综合比较优势指数

排名	地区	IAI_{ij}	排名	地区	IAI_{ij}
1	云霄县	13.57	7	屏南县	1.55
2	诏安县	9.87	8	三明市辖区	1.34
3	龙海市	4.47	9	松溪县	1.33
4	南安市	2.62	10	平和县	1.15
5	漳浦县	2.38	11	厦门市辖区	1.11
6	南靖县	1.62	12	福清市	1.04

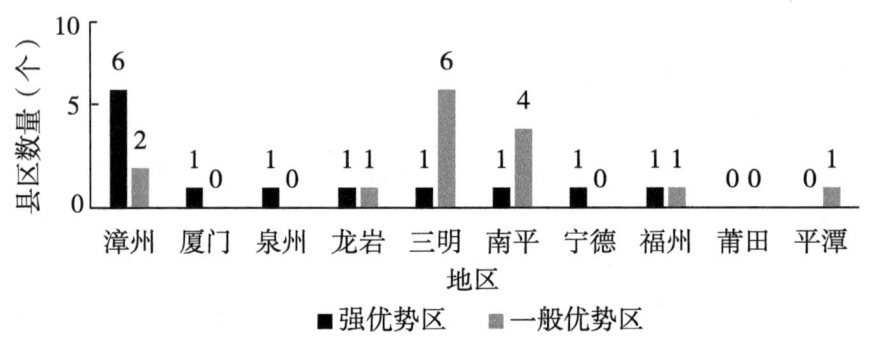

图 9-20 福建省菠萝产业综合比较优势分布

第七节 小杂果类（柿）产业比较优势与空间分布

一、产业介绍

近年来，全国多地特色小杂果频频出现走俏现象，这在一定程度上折射出小杂果类作为新兴致富水果产业的发展潜力。小杂果是一个区域相对传统大宗水果而言的一类水果类型，包括柿、黑枣、枣、酸枣、酸豆、角豆树、四棱豆、苹婆等。

二、福建小杂果类（柿）产业状况

柿是福建省广泛种植的小杂果。柿是隶属柿科柿属的多年生落叶果树，原产地为中国。全世界分布的柿属植物主要分布于中国、日本和韩国，巴西、意大利次之，印度、菲律宾、澳大利亚、西班牙等国也有少量栽培。中国是世界上产柿最多的国家，2020年柿产量347.1万吨，以黄河流域的陕西、山西、河南、河北、山东5省栽培最多，产量占全国的70%～80%。福建省年产量10.2万吨，占全国2.93%。柿从色泽上可分为红柿、黄柿、青柿、朱柿、白柿、乌柿等，从果形上可分为圆柿、长柿、方柿、葫芦柿、牛心柿等，从风味上可分为甜柿和涩柿。中国原产柿品种952个（可能有同物异名现象存在），其中，原产甜柿仅有1个，即罗田甜柿，其他均为涩柿（李高潮 等，2006）。在国内长期的风土驯化和生产实践中，人们培育出一系列优质的柿品种，主要有：河南渑池的牛心柿，华北的大盘柿，河北、山东一带的莲花柿、镜面柿，河南以及陕西泾阳、三原一带出产的鸡心黄柿，河南以及陕西富平的尖柿，陕西临潼的火晶柿、华县的陆柿、彬县的尖顶柿，山东青岛的金瓶柿，青州市的大萼子柿、浙江杭州古荡一带的方柿、福建永定红柿等都是国内有名的柿产区。

三、福建小杂果类（柿）产业比较优势分析

福建省小杂果类（柿）有11个具有综合比较优势的县（市、区），主要集中在福建省中部及西南地区。其中，三级比较优势区有龙岩市辖区和沙县2个，二级比较优势区有永泰、大田、永安和仙游县4个，其余的福安、闽清等5个县（市、区）均为一级比较优势区，具体如表9-19、图9-21所示。

表9-19　2020年福建柿综合比较优势指数

排名	地区	IAI_{ij}	排名	地区	IAI_{ij}
1	龙岩市辖区	14.02	7	闽侯县	1.47
2	沙县	4.14	8	福安市	1.42
3	永泰县	2.70	9	闽清县	1.31
4	大田县	2.44	10	南靖县	1.17
5	永安市	2.41	11	平和县	1.04
6	仙游县	2.28			

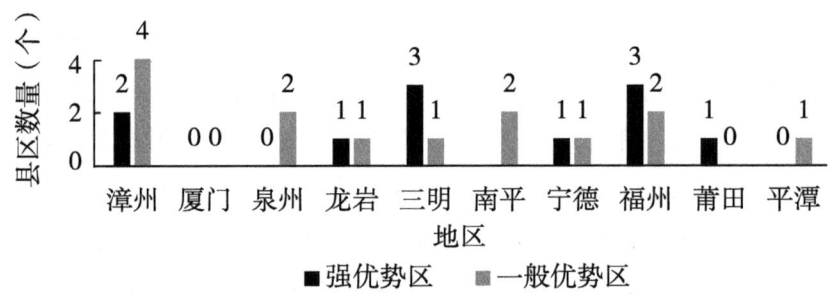

图 9-21　福建省柿综合比较优势分布

四、重点县域

永定区是福建省乃至华东地区最大的红柿生产基地。以红柿产业为依托，近年来一直致力于打造"华东红柿之乡"。永定红柿生产主要集中在金峰片的古竹、高头、湖坑、大溪、陈东、岐岭、下洋、湖山8个乡镇，在特殊气候条件下，永定红柿经过数十代柿农历时500余年逐步栽培而成，具有少核或无核、观鲜红艳丽、肉嫩汁稠味甜、清甜爽口的特点。目前，全县红柿种植面积达8.6万亩，产量达6万多吨，参与产业化经营的农户2万余户。1994年通过了福建省新品种审定委员会认定为柿类优良品种，2001年获得绿色食品标志使用权，2014年开始实施国家农产品地理标志登记保护。为了改变品种单一，成熟期和上市期高度集中的状况，2009年开始，永定区财政每年投入100万元，用于引进新品种和改良传统品种红柿，先后引进日本太秋、富有、次郎等果大、质优、脆甜可口的早熟柿，并积极研制柿饼、柿酒、柿脯、柿酱等系列产品，提升产品附加值。

第八节　柑橘类果品产业比较优势与空间分布

一、我国柑橘类果品现状

我国蕴藏着丰富的柑橘种质资源，是全球柑橘的原生中心，柑橘类树种多数原产于中国，此外，马来半岛、缅甸和印度等地也是柑橘类水果的原产地。我国柑橘的经济栽培区主要集中在北纬20°~30°，海拔700~1 000米的19个省（区、市），其中柑橘主产省有浙江、福建、湖北、江西、四川、湖南、广西、广东、重庆和台湾 10 个，陕西、河南、海南、安徽、上海、贵州、云南等省（市）也有一定规模。位于亚热带海洋性季风气候区的福建是我国柑橘主产区之一，经济栽培的柑橘类水果主要包括柑类、橘类、橙类和柚类。

二、福建柑橘类产业状况

2020 年福建柑橘种植面积 216.60 万亩，产量 386.14 万吨。在全省均有分布，区域布局大体形成以鹫峰山、戴云山、博平岭为界的闽东南芦柑、橘、柚栽培区和闽西北中亚热带橘、甜橙、芦柑栽培区。闽东南栽培区包括闽东沿海、闽江下游的中亚热带地区和闽南漳州、泉州亚热带地区沿海县市，是福建省晚熟柑橘品种栽培区（表 9-20）。这一地区的主要生产优势在于：一是闽南一带受纬度和海洋性气候双重影响，热量条件和春季平均气温普遍低于其他南亚热带，另外，由于受台湾山脉屏障，本地区较同热量地区夏、秋季日照多 100 小时，降水量少 200 毫米左右，有利于柑橘果实外观和内质的提升；二是闽西北栽培区受北部武夷山脉阻挡，在闽江上游流域低海拔河谷、盆地地区，因地形封闭，聚热量条件好，春季回温快，秋季降温早，气温条件优于其他同纬度地区，生产早熟柑橘品种气候条件优越。

表 9-20 福建省部分地方特色柑橘类水果

分类	名优品种	备注
柑	永春芦柑、长泰芦柑、尤溪金柑、沙阳芦柑、建瓯芦柑	前 3 个为福建地理标志产品
橘	福州福橘	福州市果
橙	古田脐橙	古田特产
柚	平和琯溪蜜柚、度尾文旦柚、建阳桔柚	均为福建地理标志产品

三、比较优势状况分析

柑橘类水果是福建省主产水果之一。2020 年，柑橘类水果栽培面积约占福建省园林水果总面积的 53.85%，其中柑、橘、橙、柚之比为 18∶24∶10∶97，除橙的栽培面积比重较少外，其余柚类明显占较大比重。四大柑橘类水果的优势栽培区分布除了柚类较为收敛外（仅有 6 个县市），其余 3 个优势县域均达到 14 个及其以上（柑类 16 个、橘类 15 个、橙类 14 个）。

(一) 柑类

三级比较优势区有建瓯和三明市辖区 2 个区域，二级比较优势区有沙县、华安、顺昌和闽清 4 个区域，一级比较优势区有罗源、平和、闽侯、明溪、永安等 8 个区域，具体如表 9-21、图 9-22 所示。

表 9-21 2020 年福建柑综合比较优势指数

排名	地区	IAI_{ij}	排名	地区	IAI_{ij}
1	建瓯市	5.78	8	平和县	1.63
2	三明市辖区	3.34	9	闽侯县	1.60
3	沙县	2.53	10	明溪县	1.39
4	华安县	2.40	11	大田县	1.38
5	顺昌县	2.25	12	尤溪县	1.36
6	闽清县	2.05	13	永安市	1.31
7	罗源县	1.80	14	诏安县	1.11

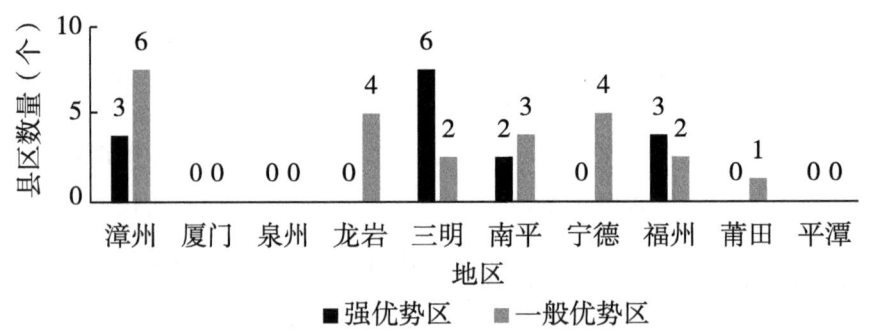

图 9-22 福建省柑综合比较优势分布

(二) 橘类

三级比较优势区有建瓯和三明市辖区 2 个区域，二级比较优势区有永春、沙县和顺昌 3 个区域，一级比较优势区有永安、大田、华安和闽侯等 9 个，具体如表 9-22、图 9-23 所示。

表9-22　2020年福建橘综合比较优势指数

排名	地区	IAI_{ij}	排名	地区	IAI_{ij}
1	建瓯市	5.71	8	尤溪县	1.49
2	三明市辖区	5.68	9	华安县	1.48
3	永春县	2.95	10	闽侯县	1.43
4	顺昌县	2.25	11	明溪县	1.32
5	沙县	2.14	12	闽清县	1.26
6	永安市	1.82	13	南平市辖区	1.08
7	大田县	1.52	14	罗源县	1.06

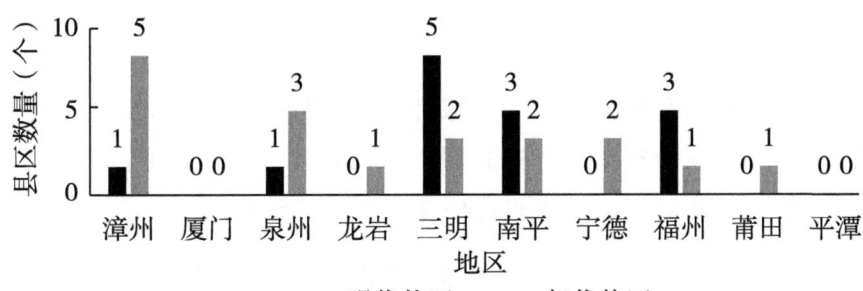

图9-23　福建省橘综合比较优势分布

（三）橙类

三级比较优势区有闽清和福安2个区域，二级比较优势区有古田、平和、三明市辖区和闽侯4个区域，一级比较优势区有寿宁、宁德、沙县和武平等7个，具体如表9-23、图9-24所示。

表9-23　2020年福建橙综合比较优势指数

排名	地区	IAI_{ij}	排名	地区	IAI_{ij}
1	闽清县	5.59	8	宁德市辖区	1.72
2	福安市	5.07	9	沙县	1.34
3	古田县	2.66	10	武平县	1.25
4	闽侯县	2.33	11	福清市	1.23
5	平和县	2.29	12	尤溪县	1.21
6	三明市辖区	2.21	13	永安市	1.19
7	寿宁县	1.96			

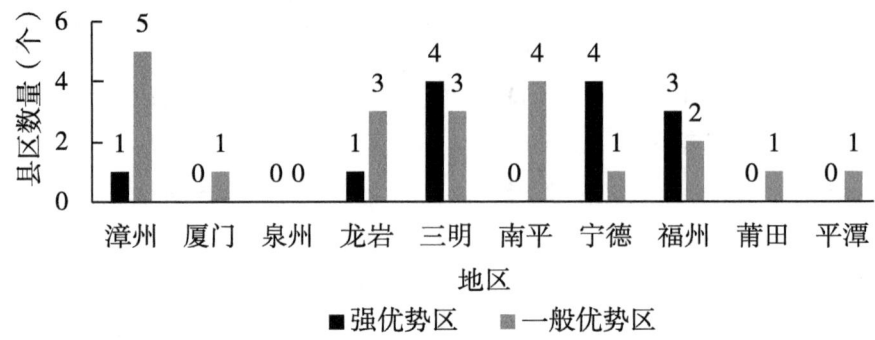

图 9-24　福建省橙综合比较优势分布

（四）柚类

三级比较优势区仅有平和县 1 个，综合比较优势指数高达 25.10，远远高于其他地区，说明平和柚在全省柚生产中高度集中。云霄、华安、龙岩市辖区和仙游 4 个区域均为一级比较优势区，具体如表 9-24、图 9-25 所示。

表 9-24　2020 年福建柚综合比较优势指数

排名	地区	IAI_{ij}	排名	地区	IAI_{ij}
1	平和县	25.10	4	云霄县	1.32
2	华安县	1.90	5	龙岩市辖区	1.10
3	仙游县	1.38			

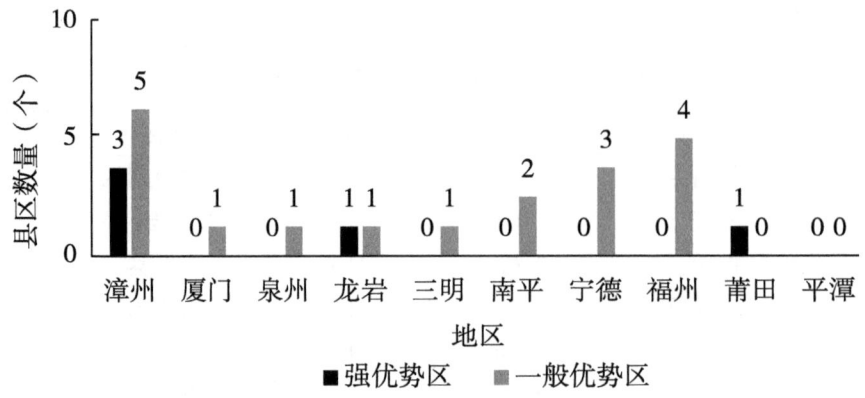

图 9-25　福建省柚综合比较优势分布

四、重点县域

福建省在长期栽培和选育过程中形成了一系列富有地域特色的柑橘果品，如永春芦柑、建瓯芦柑、福州福橘、古田脐橙、琯溪蜜柚、度尾文旦柚等。

（1）建瓯市。建瓯作为全国柑橘基地县之一，也是福建省柑、橘类水果的最佳栽培优势区，柑、橘产量位居全省县域首位，建瓯芦柑以其肉质脆嫩、味道芳香甘美、色泽鲜艳享誉中外。

（2）平和县。"世界柚乡"平和县是我国最大的柚类商品出口生产基地，蜜柚品种主要分为黄金蜜柚、红肉蜜柚和琯溪蜜柚三大类。其中琯溪蜜柚系福建省平和县著名的地方传统名果，以其果大无核质优，适应性强，高产，商品性佳，被称为柚中之冠。在"品牌兴农"战略的推动下，琯溪蜜柚陆续打开欧盟、北美、俄罗斯、东南亚等国家和地区的市场，出口量逐年上升。2009年出口的国家和地区就已达40多个。在政策引导下，龙头加工企业与科研院所技术合作，大量柚果脯、蜜柚软糖、蜜柚果茶、蜜柚果酱、蜜柚果冻、蜜柚饮料等系列深加工蜜柚产品得到研制开发。

（3）永春县。受市场波动和黄龙病蔓延影响，近年来部分柑橘类水果品牌原产地出现了衰退迹象，如被誉为"中国芦柑之乡"的永春县，一度成为全国最大柑橘生产出口基地，面积、产量曾经连续15年居福建省第一位，其生产的"永春芦柑"曾连续5次获全国、福建省芦柑评比第一名，是著名的福建地理标志产品。但2020年永春芦柑栽培面积仅剩3.17万亩，与全省最大的芦柑栽培基地建瓯市的11.98亩相比，已经萎缩较多。

（4）福州市。作为福州市的"市果"——福橘，是福州人过年时的必备果品，因其与"福"同名，又同"吉"谐音，有福寿吉祥的寓意，是广受福州当地居民喜爱的特色水果品种。20世纪60—70年代，福橘红遍闽江两岸，于1986年被正式定为福州市果，1998年，福橘种植面积达15万亩左右，占全市柑橘类水果种植面积的半壁江山。但近年来，随着水果种类的丰富，柑橘市场竞争愈发激烈，口味偏酸的福橘日趋边缘化。

第九节　荔枝类果品产业比较优势与空间分布

荔枝和龙眼是福建省主要的荔枝类水果，同属无患子科，是起源于我国的著名南亚热带果树。荔枝、龙眼与香蕉、菠萝一同号称"南国四大果品",但这2类树种对生长条件要求较为严苛:年平均气温21～23℃,1月平均气温13～17℃,冬季绝对低温不低于-1℃(一方面成花时节昼温需控制在20℃以下,另一方面接近0℃的低温又易导致冷害);≥10℃的年活动积温7 500～8 300℃,平均霜日少于5天;年降水量1 500～2 500毫米;土壤以红壤、砂壤或黏壤土为佳,pH值5～6,有机质2%以上。因此,其适种区域较香蕉和菠萝较窄,在世界范围内属于小宗树种,仅分布在南北纬17°～26°,以及毗邻沿海、沿大江的部分"飞地"(可延伸至32°)(陈厚彬 等,2013)。福建省荔枝龙眼分布区集中在漳州市以及福建沿海各县(市、区)。

一、荔枝产业比较优势

1. 荔枝产业介绍

荔枝又名离枝,世界荔枝主要生产国家和地区有中国、泰国、越南、印度、南非、以色列、马达加斯加、澳大利亚、毛里求斯等,约96%的荔枝生产于北半球,而南半球产量仅占4%左右(陈厚彬 等,2013)。我国是世界上荔枝栽培面积最广、产量最大,经济栽培历史悠久的国家,荔枝生产主要集中在海南、广东、广西、福建、台湾、四川和云南等地,此外,在贵州、浙江一些具有特殊小气候的地区也有少量栽培。我国荔枝生产优势区有:①海南特早熟和特色荔枝优势区:包括海南全省,以妃子笑等特早熟品和鹅蛋荔、紫娘喜等无核、大果型特色品种为优势;②粤西早中熟荔枝优势区:包括广东湛江市、茂名市、阳江市等地,以白糖罂、白腊、黑叶等早中熟品种为优势;③粤中、桂东南、闽南晚熟荔枝优势区:以黑叶、妃子笑、糯米糍、桂味、怀枝等优质鲜食和加工型品种为优势;④四川、闽中特晚熟荔枝优势区:四川以优质特晚熟鲜食品种为优势,福建以鲜食和加工型优质品种为优势(吴志櫜,2012)。

2. 福建荔枝产业状况

福建荔枝主要分布于闽南和东南沿海,北起福鼎、南至诏安,共37个县(市)(卢新坤 等,2010),种植产区地理纬度处于我国荔枝产区的最北缘,具发展晚熟品种的特有优势,主栽品种有乌叶、兰竹、陈紫、亮功红、桂味、下番枝、红绿、宋家香、绿荷苞、大丁香、糯米滋和元红等。

3. 福建荔枝产业比较优势分析

福建省荔枝生产优势区较为集中,根据综合比较优势指数测算,全省共有14个荔枝生产优势县。三级比较优势区有漳浦、诏安、云霄和龙海4个,没有二级比较优势区,一级比较优势区有屏南、漳州市辖区、南靖、闽侯、长泰、福清等10

个，具体如表9-25、图9-26所示。

表9-25 2020年福建荔枝综合比较优势指数

排名	地区	IAI_{ij}	排名	地区	IAI_{ij}
1	漳浦县	11.96	8	屏南县	1.55
2	诏安县	7.34	9	长泰县	1.42
3	龙海市	4.81	10	三明市辖区	1.34
4	云霄县	3.22	11	平和县	1.33
5	南靖县	1.73	12	松溪县	1.33
6	闽侯县	1.62	13	华安县	1.24
7	漳州市辖区	1.59	14	福清市	1.12

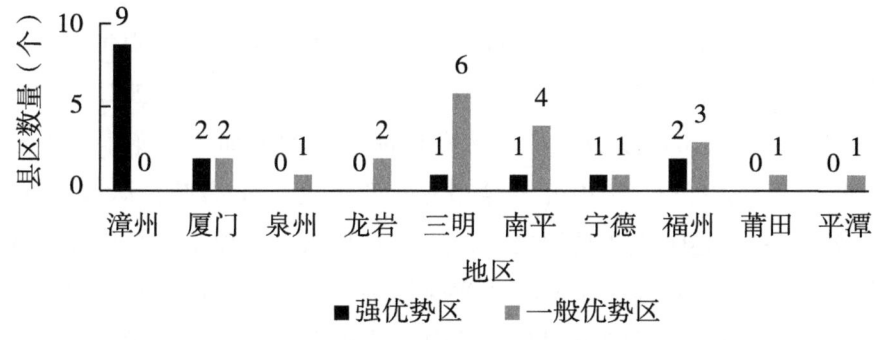

图9-26 福建省荔枝综合比较优势分布

4. 重点区域

（1）漳州地区。素有冬季"天然大温室""花果之乡"的漳州，水果宜种性很广，品种资源丰富，自20世纪80年代中后期，漳州荔枝实行商品化开发以来，荔枝生产迅猛发展，成为漳州市水果种植面积前列的特色农产品。2020年，漳州荔枝产量9.22万吨。据《福建通志》记载："漳州荔枝极盛，而漳浦为最，紫薇山（指乌石）中产'相袍紫'，'马上娇'（荔枝）味甘丽，实大核小，啖两颗则肺腑清虚，滓秽荡尽，两腋生风，飘然欲仙矣。"

（2）漳浦县。漳浦县是"中国荔枝之乡"，漳浦乌石一带所盛产的荔枝被称为"乌石荔枝"。"乌石荔枝"受漳浦典型的海洋性季风气候孕育，汲取漳浦特殊的海积土和冲积土的精华，形成了独特的风味：果大核小肉厚，色泽艳丽，味道清香，甜而不腻，具有果肉弹性好，剥皮不流汁，掉地不粘沙，因其绝佳的品质，先后荣获国家绿色食品标志使用权、福建省名牌产品称号和地理标志证明商标。

二、龙眼产业比较优势

1. 龙眼产业介绍

龙眼俗称"桂圆",是我国南亚热带名贵特产,具有开胃益脾、补血安神功效等功效,有着"南方桂圆,北方人参"之称。龙眼主要生产国是中国,其次是泰国、越南、老挝、菲律宾、缅甸、马来西亚、印度尼西亚等国亦有栽培。我国盛产龙眼的地方主要有福建、广东、广西、浙江、四川和台湾等省(区),其中福建产量最多,约占全国的1/2。

2. 福建龙眼产业状况

龙眼是福建省主要水果之一,品种丰富(表9-26),主要有福眼、赤壳、乌龙岭、油潭本、凤梨穗、普明庵等,但品种结构不甚合理,以中熟品种为主,早、晚熟品种较少,早、中、晚熟品种占比分别为2.5%、86.5%、11%(许玲,2004)。

泉州的龙眼种植基地主要集中在晋江东、西溪中下游两岸龙眼带和324国道两侧龙眼带。位于晋江中游的南安市是全国六大龙眼生产基地县,被誉为"中国龙眼之乡"。近几年,南安市不断做大产量、做优品质、做强加工,龙眼产业已发展成为当地农业支柱产业之一。2020年,全市龙眼产量达1.66万吨,居福建省前列。

莆田是我国六大龙眼生产基地之一,所产龙眼2/3被加工为桂圆干。莆田市辖区和仙游县古代同属兴化府,所产的"兴化桂圆"是我国桂圆的佼佼者,兴化桂圆以其颗粒大,外壳橙黄、浑圆不塌陷,果肉晶莹剔亮、易剥离,香甜可口而久负盛名,自古就有"兴化桂圆甲天下"的美誉。兴化桂圆品种以乌龙岭、油潭本、普明庵、水南、泉州本、西铺本、处暑本等最为著名。兴化桂圆多生长于木兰溪两岸,木兰溪两岸气候温和,自然条件得天独厚,土质适宜龙眼生长。旧时,此处的桂圆干都是用船从木兰溪运到外地,因此又有"仙游溪货"之称。自2008年以来,"兴化桂圆"地理标志产品获得批准保护后,大大提升了其品牌效应、市场竞争力和果农的积极性,2010年全市长期从事龙眼生产、加工、销售达20万人,销售量占全国市场份额的30%以上,产品远销欧美、东南亚各国。

表9-26 福建龙眼主要品种与分布

品种	分布	成熟期
福眼(福圆、虎眼)	是泉州市(泉州、晋江、南安、惠安、安溪等)最普遍的主栽品种	8月下旬至9月上旬

(续表)

品种	分布	成熟期
赤壳	同安区主栽品种	
乌龙岭	原产仙游县郊尾镇乌石岭村,是莆田、仙游县的主栽品种	8月下旬至9月上旬
油潭本	原产莆田华亭镇油潭村,是福建莆田、仙游县的主栽品种	9月中旬成熟,为中熟(偏迟)品种
大鼻龙(单鼻龙、胆皮龙)	出自福建莆田江口院里村,是福建莆田、福清的主栽品种	8月底至9月上旬
松风	自福建莆田黄石镇七境村,是福建新的主栽品种	
凤梨穗	出自厦门市同安区新民乡西塘村,已逐渐成为同安的主栽品种	8月下旬至9月初
普明庵	原产福建莆田市普明庵,适宜全省种植	8月下旬至9月上旬
九月乌	原产于莆田涵江区铁灶村,主要栽培区为福州(福清)、莆田等	9月中旬至10月上旬
立冬本	福建省农业科学院果树研究所从莆田后枫村的高接换种树选出的龙眼新品种,主栽区莆田,适宜福建省龙眼产区种植	11月初
冬宝9号	以晚熟"立冬本"为母本,"青壳宝圆"为父本杂交选育成,适宜福建省龙眼产区种植	9月上旬至10月下旬

3. 福建龙眼产业比较优势分析

福建沿海地区是福建龙眼主产区,综合比较优势区主要有莆田、漳州、厦门、泉州、福州、宁德的21个县(市、区)。其中,三级比较优势区有厦门市辖区、福清、诏安和漳浦等4个;二级比较优势区有闽侯、莆田市辖区、云霄和福州市辖区4个区域,一级比较优势区有仙游、南靖、屏南、福安、平和、福安等13个,具体如表9-27、图9-27所示。

表9-27 2020年福建龙眼综合比较优势指数

排名	地区	IAI_{ij}	排名	地区	IAI_{ij}
1	厦门市辖区	5.42	12	福安市	1.54
2	福清市	4.66	13	三明市辖区	1.34

(续表)

排名	地区	IAI_{ij}	排名	地区	IAI_{ij}
3	诏安县	4.20	14	松溪县	1.33
4	漳浦县	3.44	15	平和县	1.28
5	闽侯县	2.62	16	罗源县	1.26
6	莆田市辖区	2.31	17	漳州市辖区	1.22
7	云霄县	2.04	18	华安县	1.13
8	福州市辖区	2.00	19	长泰县	1.11
9	南靖县	1.67	20	南安市	1.09
10	仙游县	1.61	21	龙海市	1.02
11	屏南县	1.55			

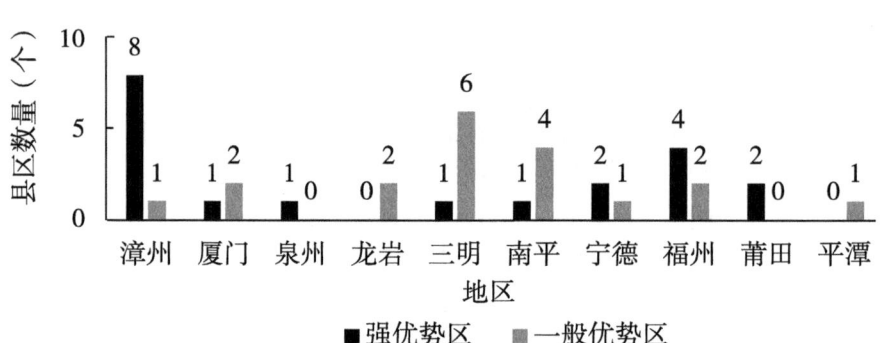

图 9-27 福建省龙眼综合比较优势分布

第十节 小结与政策建议

一、研究结论

1. 总量生产方面

根据福建园林水果种植状况，可以分成以下几个阶段：1986—1997 年种植面积逐年递增，从 1986 年的 18.34 万公顷到 1997 年的 57.63 万公顷，年均增长 10.97%。1997—2006 年面积逐年萎缩，年均递减速度为 0.67%；2006—2016 年，面积大幅下降，下降速度达5.6%，2016年几乎降到了1990年的水平，2017年开始有所恢复，2020年达到36.84万公顷。呈现3个特征点——"起飞点""鼎盛点""成熟点"，出现的时间分别是2004年、2013年、2021年。

2. 生产区域布局

福建省园林水果种植覆盖全省。按照<5万吨为低产区、5万~15万吨为较低产区、15万~30万吨为较高产区、30万~200万吨为高产区，将各年份园林水果产量划分4个等级。2009—2015年，水果产量达到高产区的地区从南靖县、平和县2个县变为建瓯市、南靖县、平和县、漳浦县4个县（市），较高产量区从建瓯市、尤溪县、永春县、漳浦县、云霄县5个县（市）增加到了福安市、沙县、尤溪县、永春县、云霄县、南平市、诏安县7个县（市），低产区的县（市）从38个减少至35个；2018年以后，高产区仅剩下延平区和平和县，但较高产区增加至9个，分别为闽清县、龙海市、建瓯市、福安市、南靖县、漳浦县、永泰县、诏安县、云霄县。

3. 产品结构发展

柚子、芦柑、脐橙等柑橘类水果面积和产量最大，分别约占全省水果的1/3和1/2；其他面积超过10万亩的水果有：龙眼、枇杷、李、荔枝、香蕉、桃、柿、柰、青梅、杨梅、橄榄、葡萄等，包括仁果类、核果类、坚果类、浆果类、草本果类、小杂果类、柑橘类和荔枝类共8类。

二、存在问题

（1）果品质量有待提高。果农散户的大量存在，产品质量意识薄弱，种植标准化程度低，专业化程度不高，产品大路货居多。有的果树树龄较长，树势衰退，果园改造滞后，也影响了果实的产量和质量。新品种培育种植不及时、新技术使用推广不到位，品种结构没有优化，果实质量和效益都难以提高。

（2）产业融合程度低。福建水果加工涵盖水果罐头、水果糖制、果汁加工、果品干制、果酒加工、果醋加工、水果速冻加工、水果有效成分提取和功能食品开发等种类，虽然加工品种类较全，但水果加工业仍处在初级阶段。一方面，水果加工业多为粗加工，主要生产初级产品，精深加工少，缺乏高附加值产品；大部分水果都用摘后直销的方式进行销售，因鲜果上市时间较为集中且数量庞大，极易发生滞销并间接造成积压和腐烂，影响水果产值。另一方面，存在部分企业加工工艺落后，加工装备水平较低，设施条件不完备，加工增幅程度有限。在"三产"融合方面，虽有不少水果赏花节、采摘节等，但少有独具特色且多功能的果园基地。

（3）物流水平有待提升。福建水果大多成熟于高温高湿季节，果实贮运对冷链物流不能满足需求。一是低温贮藏能力不足。尽管福建已经拥有大约 300 万吨的冷库库容量，在全国名列前茅，但用于保鲜果蔬的冷库只有 3%，还有 10 多年前建造的冷库，其库容量有 118 万吨，但设备陈旧落后，安全隐患较大。二是果蔬的冷链流通率低。福建省冷链虽然高于我国平均水平，但仍远低于发达国家 95%的冷链流通率和 5%的果蔬腐烂损失率。同时，低温条件下的现代化商品处置方法，如分标准分等级、包装加工等尚未普及，省内仍采用传统的人工搬运与货物堆垛方法，保鲜贮藏的效率大大降低。三是冷链物流实体竞争力不足。福建省内冷链物流企业虽已超过 100 家，但"2019 中国冷链物流百强企业"仅有 3 家，说明福建的第三方物流企业规模小，缺少带动行业发展的龙头企业。云计算技术、传感技术和智能化管理技术等在物流企业中使用率不足 10%。

（4）品牌价值尚未充分挖掘。福建创建的水果区域品牌不算少，有永春芦柑、平和琯溪蜜柚、建阳桔柚、云霄枇杷、福州橄榄、福安巨峰葡萄等。其中，永春芦柑、福州橄榄、顺昌芦柑、岵山荔枝进入 2019 年中国果品区域公用品牌价值评估结果 100 强，永春芦柑以 33.34 亿元品牌价值位列第 33 位；建阳柚桔和福安巨峰葡萄以第 73 名和第 98 名的排名进入了 2019 年地理标志区域品牌价值的百强排行之中；福安巨峰葡萄品牌入选 2020 年第一批全国名特优新农产品名录。但福建水果类品牌价值还没被充分挖掘利用，还没有进一步培育出具有国际竞争力的知名品牌，品牌产品的规模和效益都有待提升，品牌营销和宣传策划开展不足。此外，福建园林水果区域品牌重创建轻维护，品牌维护和监管实力不足，品牌冒用严重，品牌信誉和价值受损极大。

（5）卖难和价低问题仍然存在。由于品种单一或连片化、规模化等原因，福建园林水果鲜果的上市时间较为集中且数量庞大。为不积压和腐烂，需要就近供应和批量外销以尽快推向市场，于是在路边及地摊进行销售的形式，在产地周边和居民小区时常可见。农户分散生产，组织化标准化程度低，信息不通，渠道不畅，产销脱节，销售与市场的连接度低。专业合作社或行业协会以及龙头企业等主体，在开拓市场、对接农户、议价功能发挥等方面有待提升，生产者的市场风险仍然很大，增产不增收甚至亏本的现象屡屡发生，卖不出去或贱卖现象仍然存在。卖难与水果自身的品质也有关。

三、优化建议

为了振兴园林水果产业，针对福建园林水果产业发展所处的阶段特征和园林水果生产、加工、贮藏、销售和品牌存在的问题,从提升福建园林水果产业构成要素的质量,拓展生产、流通、市场的空间,实施差异化发展和竞争性发展战略,提出以下建议。

(1) 建设绿色生态果园,推广名优特新品种。改善果园道路,完善水圳、蓄水池、喷滴灌等水肥一体的浇灌设施,推广标准化生产技术,减量化施用化肥,实行有机肥改良土壤,推进病虫害无害化防控,不用或少用化学农药,避免污染环境和果实,建设绿色生态果园,提高产品质量。调整优化果树种植结构,突出质量效益,引导名优特新品种向最适宜区域集聚。如在闽江下游和闽东南的南亚热带地区,种植优质的晚熟柑橘、龙眼、荔枝等。

(2) 深化水果一二三产融合发展。一是政府应加大对水果加工技术研发的财政科研资金投入,推动高校、科研院所等部门合作,攻克水果加工技术难题,积极开发副产品,利用先进技术对果皮、果肉、果渣进行深加工,提高水果利用率,增加产品附加值,创造福建园林水果产业振兴的新经济增长点。二是以闽西北的落叶果树带、闽江中下游的甜橙带,闽南沿海的荔枝带、龙眼带和香蕉带,闽南三角区的芦柑及柚子栽培区等"五带一区"为基础,开辟水果加工原料的生产基地。重点扶持市场潜力大、规模大的企业,通过兼并、整合、重组等方式逐步淘汰生产水平低、规模较小的企业。三是在与"三产"融合方面,应继续深化水果产业+旅游的发展方式,建设融赏花体验、休闲、民宿于一体的果园基地。

(3) 多渠道协作促进物流行业发展。一是强化冷库建设。政府相关部门应与物流企业、物流协会等机构多方协作,共同助力行业发展,加快完善冷链物流建设,普及小型冷库,提高大型冷库的技术水平。二是积极推进物理保鲜、化学保鲜、生物保鲜等技术的使用和普及,减少水果的腐烂率。三是政府应扶持或引进行业投资,扩大物流企业规模,促进物联网、区块链等技术在物流企业中的应用,助力企业成为行业龙头,提升物流水平,降低水果物流成本。四是政府应该积极发挥主导作用,主动牵头物流企业、软件公司和研究所等各方力量,建立一体化物流信息平台,将物流企业信息、产品的物流信息、运输流程信息集中于一体,实现水果产品从采摘到销售各环节的流通信息可查询,提高对接效率。

(4) 积极建设地区品牌,提高水果市场竞争力。一是政府应积极引导企业创建品牌,推动注册合法商标,维护企业品牌声望,严查假冒伪劣产品,从而发挥监督和引导的作用。二是行业组织作为沟通政府、企业和消费者之间的桥梁,应积极组织创建地理标志品牌。三是果农作为农产品的生产者,其行为直接影响品牌的质量,应自觉遵守品牌产品生产标注和规范。

（5）加强人才培养，促进产销两旺。一方面，要立足国内市场，连接国外市场，构建国内国际相互促进的福建水果销售新格局，扩大福建水果国内外市场占有份额。积极发展水果的电商销售平台，加强建设与电商配套的果品标准体系、冷链物流基础设施、果品质量安全追溯体系。利用平台电商、垂直电商、跨境电商、社交电商等渠道，加大水果网上营销，提升水果电子商务销售额。搭建线上线下的供需链条，发展直销、配送等销售新兴业态。另一方面，应大力培养有专业知识、懂得管理、善于经营的果农，抓好技术培训和学历提升。同时，壮大水果专业合作社和家庭果业农场，吸引农民工、大中专学生、复转军人从事果业生产，促进生产一侧的持续发展和不断振兴。

第十章 特色草食畜和猪禽蜂产业区域比较优势

第一节 福建省畜禽产业概况

一、总体概况

福建省自然条件优越，发展畜牧业潜力大。草地资源丰富，根据福建省第三次国土调查公报数据，福建省有草山草地面积112.35万亩。农副产品和饲料资源充裕，为发展草地农业生产、实行"过腹返田"提供了良好条件。畜禽品种丰富，经审定的畜禽地方品种多达28个，其中家禽品种15个、猪品种6个、羊品种3个、牛品种2个、兔品种2个，为开发利用优质畜产品和选育新品系，提供了丰富的遗传素材。自2003年福建省政府出台《关于加快畜牧业发展的意见》以来，畜牧业发展"往山区转移、往山上转移"的原则正式被确立，生猪、肉牛、肉羊、肉兔、肉禽、乳牛等畜禽产业，逐渐向闽北、闽西山区转移。自2001年以来，福建省畜牧业总产值获得到了长足的发展（图10-1），优质特色畜牧产业朝着规模化、标准化、品牌化方向推进，畜禽产品基本满足本地城乡居民不同层次的消费需求。

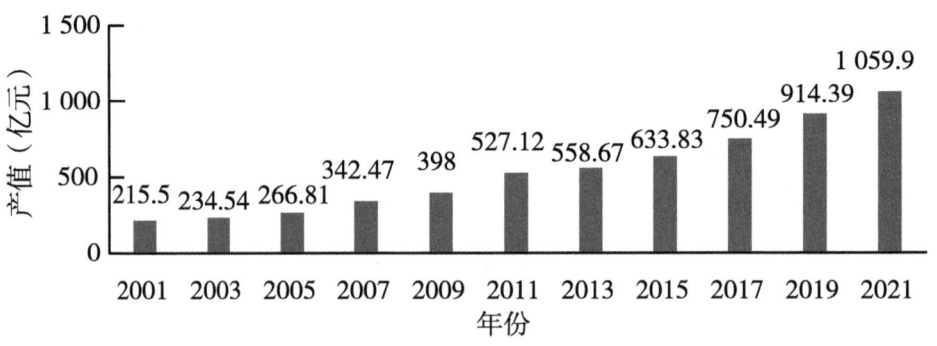

图10-1　2001—2021年福建省畜牧业总产值

2020年，福建省牛肉产量2.5万吨，占全国牛肉产量比重为0.37%，牛存栏量31.64万头，占全国牛存栏量的0.33%；羊肉2.3万吨，占全国羊肉产量的0.47%，羊存栏量105.9万头，占全国羊存栏量的0.35%；兔肉产量1.78万吨，兔存栏量565.15万只；猪肉产量103.8万吨，占全国猪肉产量的1.97%，猪存栏量910.9万头，占全国猪存栏量的2.24%；禽肉产量53.7万吨；蜂蜜产量1.7万吨，占全国蜂蜜产量的3.71%（表10-1）。2020年，福建省牛肉、羊肉、兔肉、猪肉和禽肉占总产肉量比重分别为：0.95%、0.88%、0.69%、40%和56.5%，可见，福建省肉食生产和消费以猪肉和禽肉为主，草食畜比重较少。

表10-1 2020年全国和福建省畜禽蜂产量与占比

项目	牛	羊	兔	猪	禽蛋	蜂
全国肉（蜂蜜）产量（万吨）	672.4	492.3	—	5 278.1	3 467.8	45.8
福建省肉（蜂蜜）产量（万吨）	2.5	2.3	1.78	103.8	53.7	1.7
福建省肉（蜂蜜）产量全国占比（%）	0.37	0.47	—	1.97	1.55	3.71
全国存栏量（万头/只/箱）	9 562.1	30 654.8	—	40 650.4	—	—
福建省存栏量（万头/只/箱）	31.64	105.90	565.15	910.9	—	—
福建省存栏量全国占比（%）	0.33	0.35	—	2.24	—	—

注：数据来源于《中国统计年鉴2021》和《福建统计年鉴2021》。

二、分布特征

1. 区域化格局

自20世纪80年代以来，福建省畜牧业生产呈现出逐渐向优势产区集中，区域化生产格局逐步形成。一方面，畜禽产业集群已初具规模。福建省大体上形成了龙岩市、福州市、漳州市和泉州市四大生猪产业集群；南平市、泉州市和龙岩市三大肉禽产业集群；福州市禽蛋产业集群；南平和福州市两大乳业集群及莆田市禽苗产业集群等（李建华 等，2012）。另一方面，富有地方特色的畜禽产业生产和品牌打造得到高度重视。闽南黄牛、南平奶业、福清山羊、大田肉兔、福清和新罗肉猪、上杭槐猪、莆田禽苗、光泽和永安肉鸡、长汀河田鸡、德化黑鸡、沙县鸭业、连城白鸭、龙海金定鸭、莆田黑鸭、长乐灰鹅、泰宁乌骨鸡、漳州斗鸡等区域特色产业区域生产格局不断形成，品牌效益和市场影响力不断提升，部分特色畜禽产品成为地理标志性农产品和国家重点畜禽品种保护名录。

2. 区域化布局

将在厦门、龙岩、三明、宁德等地建设一批生猪加工、屠宰项目，新增生猪屠宰能力300万头，新增肉制品10万吨；在南平、莆田、龙岩等地建设一批肉禽屠宰、加工项目，新增屠宰、加工肉禽3.8亿羽；在福州、莆田等地建设一批蛋品系列加工项目，新增加工蛋品1亿枚；在延平、建宁等地建设一批乳制品加工项目，新增乳品10万吨等。

一产方面，严控生猪养殖总量，做强家禽产业，加快发展草食动物。推进生猪规模养殖场标准化改造，提高生猪标准化健康养殖水平。在光泽、龙岩、莆田等地新建一批肉禽基地，新增出栏肉鸡3.2亿羽、肉鸭1300万羽。在福州、泉州、三明等地新建扩建一批规模化设施蛋鸡场，新增蛋鸡600万羽。在延平、建宁、邵武、永定新建一批奶牛、肉牛基地，新增奶牛1.4万头、肉牛4万头；在屏南、尤溪、沙县等地新建一批肉羊基地，新增肉羊9万头；在大田、邵武、上杭新建一批肉兔基地，新增肉兔350万只。加强上杭槐猪、长汀河田鸡、连城白鸭等地方畜禽品种资源保护，新建一批地方畜禽品种保种场、扩繁场。

二产方面，着力突破加工环节，提升屠宰规模化水平，加快发展肉蛋奶制品。在厦门、龙岩、三明、宁德等地建设一批生猪加工、屠宰项目，新增生猪屠宰能力300万头，新增肉制品10万吨。在南平、莆田、龙岩等地建设一批肉禽屠宰、加工项目，新增屠宰、加工肉禽3.8亿羽。在福州、莆田等地建设一批蛋品系列加工项目，新增加工蛋品1亿枚。在延平、建宁等地建设一批乳制品加工项目，新增乳品10万吨。在邵武、永定、尤溪、屏南等地建设一批肉牛肉羊屠宰、加工项目。

三产方面，着力培育品牌、拓展市场。培育一批有较强影响力畜产品品牌，打造槐猪、河田鸡、连城白鸭、福建黄兔等区域公用品牌；打造一批福建名牌畜产品和畜牧企业。大力发展"互联网+"畜产品营销，支持畜产品冷链、仓储、物流设施建设，加快冷鲜肉配送体系建设。

第二节　各类畜禽产业比较优势与空间分布

一、牛产业比较优势

1. 福建牛产业特点与分布

据《2016中国食品产业发展趋势报告》显示，在国内肉类消费中，猪肉的人均消费量已经达到较高水平，其总量已基本饱和，未来的消费增长将主要来自牛肉和禽肉。福建省早在"九五"期间，由于猪肉较为匮乏，曾一度将牛肉定为菜篮子支柱产业。近年来，随着消费者对草食畜产品，尤其是牛肉刚性需求量的快速增加，福建省牛肉产量和消费量也呈现不断上涨趋势。2020年，福建省年末牛存栏数以肉牛和役用牛为主，肉牛、乳牛和役用牛年末存栏数占比为49%、8%和43%。肉牛、役用牛的分布区主要位于闽西和闽南，奶牛分布区主要位于闽东和闽北。福建省牛养殖品种丰富，主要品种有荷兰斯坦、西门塔尔牛、利木赞牛、夏洛莱牛、鲁西黄牛、闽南牛等，其中，闽南牛是我国南方牛种中群体最大的地方品种。闽南牛中心产区在福建省龙海、漳浦、晋江、平和、同安、南安及漳州等地。产区为东南沿海平原和丘陵山区，属亚热带地区，有茂盛的牧草和丰富的农副产品，由于农耕和榨糖业的需要，农民积累有丰富的选种和饲养管理经验。闽南牛偏向于役肉兼用型，具有发育匀称，结构紧凑，体态优美，适应性强、耐热，挽力大，肌肉较丰满及肉质好等特点，屠宰率为52.9%，净肉率44.7%，是我国东南沿海地方优良品种。

2. 福建牛产业优势区域分析

采用规模比较优势、产量比较优势指数和综合比较优势指数对福建省牛产业进行县域比较优势分析。

(1) 规模比较优势。规模比较优势如表10-2所示，$A_{ij}>1$的有43个县，主要集中在三明市、漳州市、福州市、南平市、泉州市等地。

表10-2 福建省牛产业规模比较优势指数

排名	地区	A_{ij}	排名	地区	A_{ij}
1	清流县	7.26	23	东山县	1.92
2	平潭县	6.74	24	南安市	1.92
3	建宁县	5.88	25	永泰县	1.90
4	宁化县	5.32	26	古田县	1.81
5	顺昌县	5.14	27	惠安县	1.74
6	邵武市	4.38	28	闽侯县	1.61
7	罗源县	3.55	29	泰宁县	1.54
8	德化县	3.52	30	平和县	1.44
9	安溪县	2.72	31	武平县	1.41
10	福清市	2.66	32	龙海市	1.30
11	南平市辖区	2.56	33	华安县	1.30

(续表)

排名	地区	A_{ij}	排名	地区	A_{ij}
12	福州市辖区	2.55	34	仙游县	1.28
13	连城县	2.52	35	漳平市	1.26
14	厦门市辖区	2.45	36	寿宁县	1.21
15	晋江市	2.41	37	永春县	1.19
16	霞浦县	2.31	38	泉州市辖区	1.14
17	明溪县	2.29	39	柘荣县	1.10
18	周宁县	2.29	40	石狮市	1.06
19	诏安县	2.10	41	三明市辖区	1.04
20	长汀县	2.10	42	上杭县	1.03
21	云霄县	2.03	43	长泰县	1.01
22	连江县	2.03	44	建瓯市	1.00

（2）产量比较优势。产量比较优势 $B_{ij}>1$ 的有9个县（表10-3），主要集中在三明市、泉州市、漳州市、南平市、福州市等地。南安市是福建省最大的肉牛生产大县，畜牧业生产以"稳猪、促禽、大力发展肉牛"为方针，在1980年和1993年先后被农业部确定为"全国商品牛生产基地县"、国家农综办、农业部列为"全国秸秆养牛示范县"。

表10-3 福建省牛产业产量比较优势指数

排名	地区	B_{ij}	排名	地区	B_{ij}
1	南平市辖区	7.27	6	晋江市	3.90
2	顺昌县	6.71	7	三明市辖区	2.70
3	诏安县	6.09	8	建宁县	2.68
4	周宁县	5.36	9	福清市	1.10
5	建瓯市	4.49			

（3）综合比较优势。综合比较优势 $Z_{ij}>1$ 的县域有19个，具体如表10-4所示，主要集中在泉州市、漳州市、三明市、龙岩市、南平市等。以综合比较优势指数"0~1""1~2""2~3"和"3以上"为范围，将福建省牛产业综合比较优势

分别分为"不具比较优势区""一级比较优势区""二级比较优势区""三级比较优势区"。三级综合比较优势区有顺昌、南平市辖区、建宁、诏安、周宁、晋江6个，二级综合比较优势区有清流、建瓯2个，一级综合比较优势区有福清、三明等11个，比较优势区域在各地市的分布数量如图10-2所示。

表10-4 福建省牛产业综合比较优势指数

排名	地区	Z_{ij}	排名	地区	Z_{ij}
1	顺昌县	5.87	11	邵武市	1.67
2	南平市辖区	4.31	12	明溪县	1.49
3	建宁县	3.97	13	厦门市辖区	1.39
4	诏安县	3.58	14	安溪县	1.23
5	周宁县	3.50	15	德化县	1.21
6	晋江市	3.07	16	福州市辖区	1.12
7	清流县	2.46	17	宁化县	1.11
8	建瓯市	2.12	18	南安市	1.09
9	福清市	1.71	19	连城县	1.04
10	三明市辖区	1.68			

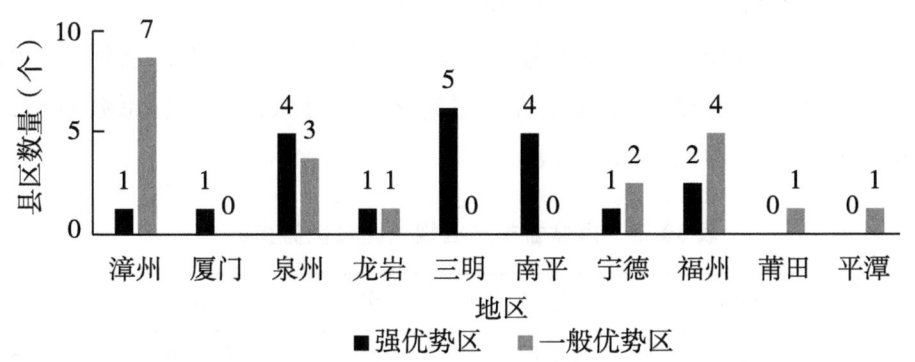

图10-2 福建省牛产业综合比较优势分布

二、羊产业比较优势

1. 福建羊产业特点与分布

由于高温高湿的自然环境所致，福建省适合饲养肉用山羊，主要地方品种有福清山羊、戴云山羊和闽东山羊。福清山羊主产区为福清市、罗源县、永泰县,以及闽江以北沿海各县,包括连江县、长乐区、福安市、霞浦县等。福清山羊以褐色或灰褐色为主,成年公羊体重28千克左右,成年母羊体重26千克左右;戴云山羊主产区位于惠安县、德化县以及闽中山区大田县、尤溪县、安溪县、永春县等。戴云山羊颜色以黑色为主,成年公羊体重33千克左右,成年母羊体重29千克左右。福清山羊和戴云山羊共同特点在于肉质鲜嫩,膻味小,耐粗饲,对高温高湿环境适应性强,也有很强抗病能力。闽东山羊主产区位于福安、霞浦、周宁、福鼎、蕉城等县区,福州亦有少量分布。闽东山羊是福建省宁德市特有的畜禽类物种,经宁德市农科所等部门农业科技专家追本溯源,确定为中国新发现的地方优良山羊品种,成为福建省继福清山羊、德化戴云山羊之后经国家认定的"第三只羊"。闽东山羊公母羊被毛呈浅白黄色,被毛单纤维上有不同颜色段,成年公羊平均体重48千克左右、成年母羊平均体重40千克左右。闽东山羊是福建省优良的肉用型地方皮重,具有体型大、生长发育快、繁殖力强、耐湿热气候和粗放饲养、能适应各种恶劣生态环境、肉质好的特点。

改革开放以来,福建开始从省外、国外引进高产肉性能、个体大的肉用山羊品种如南江黄羊、四川麻羊、波尔山羊、小尾寒羊等。此外,福建省在沿海地区也有少量奶山羊养殖,品种有关中奶山羊、崂山奶山羊以及莎能奶山羊等。

2. 福建羊产业优势区域分析

(1) 规模比较优势。从规模比较优势看(表10-5),规模比较优势$A_{ij}>1$的县域有41个,羊产业规模和产量主要集中区位于福州市、三明市、泉州市、南平市和龙岩市。2020年,5个地级市年羊存栏量达87.46万头,占全省总数的82.58%,羊肉产量1.92万吨,占全省总数的83.85%。

表10-5 福建省羊产业规模比较优势指数

排名	地区	A_{ij}	排名	地区	A_{ij}
1	永泰县	8.67	22	寿宁县	2.50
2	柘荣县	7.68	23	松溪县	2.42
3	平潭县	7.17	24	福安市	2.39
4	建宁县	7.03	25	泰宁县	2.35
5	明溪县	6.21	26	德化县	2.23
6	顺昌县	5.85	27	永春县	2.08

(续表)

排名	地区	A_{ij}	排名	地区	A_{ij}
7	清流县	5.45	28	惠安县	2.02
8	福清市	5.30	29	仙游县	1.99
9	罗源县	4.94	30	宁德市辖区	1.81
10	福鼎市	4.85	31	古田县	1.75
11	霞浦县	4.29	32	晋江市	1.74
12	屏南县	4.26	33	永安市	1.70
13	连江县	3.87	34	泉州市辖区	1.55
14	尤溪县	3.74	35	沙县	1.54
15	东山县	3.53	36	闽清县	1.49
16	闽侯县	3.37	37	安溪县	1.38
17	宁化县	2.98	38	福州市辖区	1.37
18	周宁县	2.97	39	武夷山市	1.26
19	邵武市	2.84	40	建瓯市	1.18
20	漳平市	2.67	41	南平市辖区	1.02
21	大田县	2.61			

（2）产量比较优势。从产量比较优势看，产量比较优势 $B_{ij}>1$ 的县域有38个。三级比较优势区主要有永泰县、清流县和福鼎市等11个；二级比较优势区有邵武市、罗源县和福安市等13个；一级比较优势区有漳平市、仙游县和德化县等14个，具体如表10-6所示。

表10-6 福建省羊产业产量比较优势指数

排名	地区	B_{ij}	排名	地区	B_{ij}
1	永泰县	11.03	20	寿宁县	2.17
2	清流县	6.85	21	霞浦县	2.16
3	福鼎市	5.54	22	永春县	2.14
4	明溪县	5.22	23	建宁县	2.11
5	闽侯县	4.84	24	安溪县	2.00

(续表)

排名	地区	B_{ij}	排名	地区	B_{ij}
6	惠安县	4.68	25	漳平市	1.99
7	柘荣县	4.21	26	仙游县	1.95
8	大田县	3.72	27	德化县	1.93
9	泉州市辖区	3.18	28	松溪县	1.85
10	尤溪县	3.06	29	闽清县	1.63
11	罗源县	3.05	30	将乐县	1.54
12	邵武市	2.96	31	宁德市辖区	1.50
13	福安市	2.76	32	永安市	1.47
14	宁化县	2.59	33	武夷山市	1.33
15	平潭县	2.53	34	沙县	1.30
16	东山县	2.53	35	顺昌县	1.17
17	泰宁县	2.32	36	屏南县	1.16
18	连江县	2.31	37	古田县	1.12
19	福清市	2.27	38	周宁县	1.07

（3）综合比较优势。从综合比较优势看，$Z_{ij}>1$ 的县域有 40 个。其中，三级比较优势区主要有清流县、永泰县、德化县等 14 个；二级比较优势区有东山县、连江县、泉州市辖区、松溪县等 14 个；一级比较优势区有仙游县、周宁县等 12 个，具体如表 10-7、图 10-3 所示。整体来看，福建省羊业集中优势区位于闽东、闽西、闽南和闽北的部分县市。

表 10-7 福建省羊产业综合比较优势指数

排名	地区	Z_{ij}	排名	地区	Z_{ij}
1	永泰县	9.78	21	泰宁县	2.34
2	清流县	6.11	22	寿宁县	2.33
3	明溪县	5.69	23	漳平市	2.30
4	柘荣县	5.69	24	屏南县	2.23
5	福鼎市	5.19	25	泉州市辖区	2.22

(续表)

排名	地区	Z_{ij}	排名	地区	Z_{ij}
6	平潭县	4.26	26	松溪县	2.12
7	闽侯县	4.04	27	永春县	2.11
8	罗源县	3.88	28	德化县	2.08
9	建宁县	3.85	29	仙游县	1.97
10	福清市	3.47	30	周宁县	1.79
11	尤溪县	3.38	31	安溪县	1.66
12	大田县	3.11	32	宁德市辖区	1.65
13	惠安县	3.08	33	永安市	1.58
14	霞浦县	3.04	34	闽清县	1.56
15	东山县	2.99	35	沙县	1.42
16	连江县	2.99	36	古田县	1.40
17	邵武市	2.90	37	晋江市	1.32
18	宁化县	2.78	38	武夷山市	1.30
19	顺昌县	2.62	39	将乐县	1.24
20	福安市	2.57	40	福州市辖区	1.09

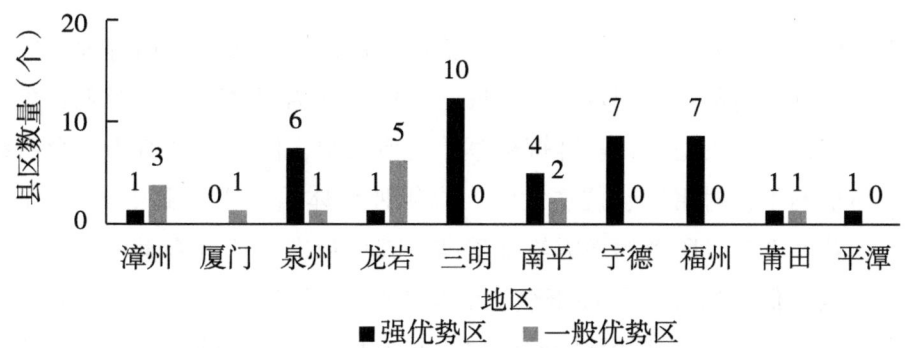

图 10-3 福建省羊产业综合比较优势分布

三、兔产业比较优势

1. 福建兔产业特点与分布

兔肉营养丰富，味道鲜美，以其肉质细嫩、高蛋白质、高磷脂、高消化率、低脂肪、低胆固醇、低热量等特性在国际市场上享有盛名，被称之为"保健肉""荤中之素""美容肉""百味肉"等。随着福建省畜牧业结构的不断调整以及人们肉类饮食的多样化发展，肉兔养殖业也越来越被投资者青睐。虽然福建省肉兔养殖业在全国肉兔养殖业以及全省畜牧业中所占的比重均较小，根据《2015年中国兔产业报告》的分类，福建兔业位于全国兔业发展水平的低类区，2020年，福建兔肉产量仅占肉类产量的0.68%，但福建省肉兔产业有着明显的地方特色，发展前景广阔。福建省复杂的地域环境使长期以来各地区联系相对闭塞，形成了以毛色为主要特征的不同种群。主要有黑色、黄色、白色和灰色4个地方种群，其中黑色和黄色兔已经列入国家遗传资源目录。

福建黄兔主产区在闽东地区的各县（市），如沿海的连江、福清、长乐、罗源、闽清、闽侯、古田等地。福建黄兔是小型肉用兔，全身紧披黄色短毛，富有光泽，下颌沿腹部至胯部呈白色带状，头部大小适中，呈微三角形，耳大直挺，后驱丰满，前期生长速度快，成年兔体重2~3千克，比其他彩色肉兔体重重1~2倍。福建黄兔是我国优良的肉兔品种，主要饲料是青菜、牧草、植物根茎叶等青粗饲料，是节粮型草食畜。黄兔肉具有"三高三低"的特点，即具有高蛋白、高赖氨酸、高消化率、低脂肪、低热量、低胆固醇等特点，符合现代人对营养品的要求。福建黄兔以其特有的风味及医疗保健作用而深受各地养殖户和消费者的青睐，占领了兔肉市场的绝大份额。在福建、广东、四川等省市场，福建黄兔比别的肉兔价格每千克高3~5元。目前市场上优质黄兔品种极少，具有极强的竞争优势。

黑毛福建兔主要分布在上杭、屏南、德化、古田、建瓯、大田等地。黑毛福建兔近几年在上杭县通贤乡得到较大的发展，当地称其为通贤乌兔。黑毛福建兔，身披黑毛，富有光泽，头型清秀、耳短稍厚并向前倾斜，四肢健壮有力，全身结构紧凑匀称。体形偏小、耐粗饲、抗逆性强。成年种兔体重可以达到1.8~2千克。肉质嫩味美，营养丰富，所含的必需氨基酸高于其他兔肉，还具有世所罕见、令专家惊奇的"一高一低"特性（即高烟酸，低胆固醇），烟酸是具有美容和降血脂、降胆固醇含量的最佳物质，其特殊的药用功能亦为其他品种不能比拟。在闽西深受消费者青睐，例如，用一月龄满月兔和六棱菊草药文火慢煨煲成的汤被称为"客家食品第一汤"，具有补中益气、凉血、解毒、清补脾肺、养胃利肠、解热止渴的功效，是当地儿童常吃的健康食品。

灰毛福建兔、白毛福建兔主要分布在福建省大部山区，如古田、屏南、漳平、长汀、寿宁、永定、上杭等县市的一些山区，个别沿海县也有少量分布。杂交黄兔全省各地均有饲养，但主要集中在龙岩、福州和莆田地区的部分县（市）（谢喜平，

2009)。

2. 福建兔产业优势区域分析

（1）规模比较优势。从规模比较优势看，规模比较优势 $A_{ij}>1$ 的县域有 27 个。其中三级比较优势区域有大田县、连城县、柘荣县、邵武市和永春县等 11 个，二级比较优势区域有武平县、连江县和德化县等 5 个，一级比较优势区域有永安市、闽侯县和华安县等 11 个，具体如表 10-8 所示。

表 10-8　福建省兔产业规模比较优势指数

排名	地区	A_{ij}	排名	地区	A_{ij}
1	大田县	14.55	15	漳平市	2.30
2	连城县	5.14	16	古田县	2.25
3	柘荣县	4.85	17	永安市	1.98
4	邵武市	4.17	18	闽侯县	1.96
5	永春县	3.71	19	华安县	1.73
6	明溪县	3.71	20	福州市辖区	1.70
7	周宁县	3.65	21	沙县	1.66
8	罗源县	3.57	22	顺昌县	1.51
9	永泰县	3.48	23	清流县	1.47
10	上杭县	3.12	24	晋江市	1.35
11	福清市	3.01	25	霞浦县	1.24
12	武平县	2.78	26	长汀县	1.14
13	连江县	2.74	27	福鼎市	1.07
14	德化县	2.41			

（2）产量比较优势。从产量比较优势看，产量比较优势 $B_{ij}>1$ 的县域有 22 个。其中三级比较优势区域有大田县、连城县和邵武市等 6 个，二级比较优势区域有德化县、罗源县和闽侯县等 5 个，一级比较优势区域有柘荣县、清流县和永春县等 11 个，具体如表 10-9 所示。

表 10-9　福建省兔产业产量比较优势指数

排名	地区	B_{ij}	排名	地区	B_{ij}
1	大田县	23.06	12	柘荣县	1.98
2	邵武市	9.07	13	清流县	1.82
3	连城县	4.24	14	永春县	1.51
4	上杭县	3.78	15	华安县	1.48
5	永泰县	3.46	16	古田县	1.45
6	明溪县	3.04	17	漳平市	1.43
7	德化县	2.62	18	沙县	1.41
8	罗源县	2.51	19	长汀县	1.14
9	闽侯县	2.40	20	武平县	1.09
10	连江县	2.39	21	福安市	1.03
11	永安市	2.19	22	周宁县	1.01

（3）综合比较优势。从综合比较优势看，$Z_{ij}>1$ 的区域以及排名靠前的区域均相对集中于宁德市、龙岩市、三明市的部分山区县市。从综合比较优势看，位于三级比较优势区的有大田、连城、邵武等 7 个县；位于二级比较优势区的有罗源、连江等 6 个区域；位于一级比较优势区的有华安、明溪、清流等 11 个区域，具体如表 10-10、图 10-4 所示。大田县是福建黑兔的原产地，被誉为"肉兔之乡"，"大田肉兔"是我国国家地理标志产品。21 世纪以来，大田县对肉兔产业全面实施品牌战略，在全省范围内率先制定并实施农业产业化、肉兔综合标准化，制定了福建省地方标准《大田肉兔标准综合体》，建立并建成了省农业产业化肉兔综合标准化示范区，使全县养兔专业户实现品种标准化、饲养管理规范化、防疫用药科学化，肉兔产品达到无公害、绿色标准，以高分通过省级验收考核，被授予"肉兔农业产业化综合标准化示范县"的荣誉称号。福建黄兔在连城也称连城黄兔，是连城古老的畜禽优良品种。常年来连城县黄兔产量位居全省第一，是龙岩市龙头产业。2011 年，福建连城黄兔良种场被国家列为"兔产业技术体系示范基地"，2011 年、2012 年龙岩市政府把连城县黄兔产业列为"七大养殖支柱产业之一"。

表 10-10　福建省兔产业综合比较优势指数

排名	地区	Z_{ij}	排名	地区	Z_{ij}
1	大田县	18.32	13	永安市	2.08
2	邵武市	6.15	14	周宁县	1.92
3	连城县	4.67	15	漳平市	1.81
4	永泰县	3.47	16	古田县	1.81
5	上杭县	3.43	17	武平县	1.74
6	明溪县	3.36	18	清流县	1.64
7	柘荣县	3.10	19	华安县	1.60
8	罗源县	2.99	20	福清市	1.53
9	连江县	2.56	21	沙县	1.53
10	德化县	2.51	22	福州市辖区	1.16
11	永春县	2.37	23	长汀县	1.14
12	闽侯县	2.17	24	福鼎市	1.01

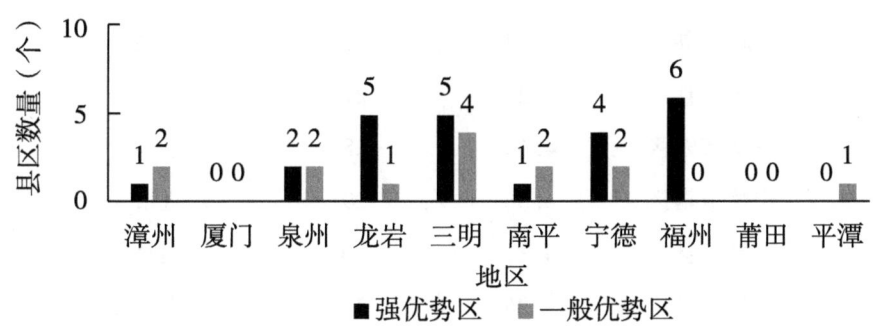

图 10-4　福建省兔产业综合比较优势分布

四、猪产业比较优势

1. 福建猪产业发展状况

"猪粮安天下",猪肉在我国肉类消费中长期处于主导地位,2020年福建省猪存栏数910.9万头,猪肉产量137.5万吨。生猪产值占畜牧业产值的44.92%。据考证,福建省有八大地方猪种,目前保存比较好的有六大地方猪种,即上杭槐猪、莆田黑猪、闽北花猪、武夷黑猪、官庄花猪、福安花猪(周伦江,2016),另外的两种福州黑猪和平潭黑猪已濒临灭绝，亟待保护。这些地方猪种具有耐粗饲、早熟、适应性强、抗逆性好、肌间脂肪含量高以及肉质鲜美细嫩等特点，深受本地消费者的喜爱。然而，这些地方品种猪也存在生长速度慢，饲养周期长，出栏率低，胴体中含脂肪量高，饲料报酬低等缺点，因而，目前省内多数地区养猪企业也引进了其他省份的地方猪种和国外猪种，如湘西黑猪、北京黑猪、香猪、约克夏猪（大白猪）、兰德瑞斯猪（长白猪）等以及培育"外三元""内三元"杂交猪等建立和发展企业品牌。

2. 福建猪产业的优势区域分析

（1）规模比较优势。相对于草食畜，猪肉在居民中食用的普遍性更高，因而猪产业的分布在全省较为普遍和分散，比较优势区域集中度相对较低。规模比较优势 $A_{ij}>1$ 的县、市、区有48个。其中三级比较优势区域有平潭、顺昌和屏南等13个，二级比较优势区域有古田、沙县、霞浦等13个，一级比较优势区域有福安、永春、建瓯等22个，具体如表10-11所示。

表10-11 福建省猪产业规模比较优势指数

排名	地区	A_{ij}	排名	地区	A_{ij}
1	平潭县	6.16	25	南平市辖区	2.11
2	顺昌县	5.64	26	连江县	2.11
3	屏南县	5.22	27	福安市	1.99
4	三明市辖区	4.64	28	永春县	1.77
5	宁德市辖区	4.36	29	建瓯市	1.67
6	泰宁县	4.31	30	松溪县	1.60
7	柘荣县	4.26	31	寿宁县	1.60
8	建宁县	4.03	32	德化县	1.45
9	东山县	3.98	33	长汀县	1.38
10	周宁县	3.76	34	罗源县	1.35
11	平和县	3.74	35	龙岩市辖区	1.34
12	福清市	3.03	36	永泰县	1.30
13	宁化县	3.01	37	永安市	1.30
14	古田县	2.71	38	连城县	1.27
15	沙县	2.55	39	闽侯县	1.26

(续表)

排名	地区	A_{ij}	排名	地区	A_{ij}
16	霞浦县	2.47	40	安溪县	1.22
17	尤溪县	2.37	41	清流县	1.19
18	武平县	2.36	42	仙游县	1.17
19	漳平市	2.32	43	邵武市	1.17
20	福州市辖区	2.32	44	南安市	1.15
21	云霄县	2.27	45	华安县	1.14
22	福鼎市	2.26	46	龙海市	1.08
23	明溪县	2.25	47	漳浦县	1.08
24	厦门市辖区	2.12	48	武夷山市	1.07

（2）产量比较优势。产量比较优势 $B_{ij}>1$ 的有 45 个区域。其中没有三级比较优势区域，二级比较优势区域有屏南、柘荣和云霄等 9 个，一级比较优势区域有厦门市辖区、古田和平和等 36 个，具体如表 10-12 所示。

表 10-12　福建省猪产业产量比较优势指数

排名	地区	B_{ij}	排名	地区	B_{ij}
1	屏南县	2.54	24	明溪县	1.57
2	柘荣县	2.43	25	漳浦县	1.56
3	云霄县	2.31	26	邵武市	1.53
4	泰宁县	2.25	27	德化县	1.50
5	平潭县	2.18	28	南安市	1.49
6	宁德市辖区	2.17	29	福州市辖区	1.47
7	东山县	2.14	30	龙岩市辖区	1.45
8	三明市辖区	2.13	31	永安市	1.40
9	漳平市	2.09	32	周宁县	1.39
10	厦门市辖区	1.97	33	顺昌县	1.38

(续表)

排名	地区	B_{ij}	排名	地区	B_{ij}
11	古田县	1.94	34	罗源县	1.36
12	平和县	1.92	35	福鼎市	1.31
13	长汀县	1.91	36	大田县	1.30
14	沙县	1.89	37	连城县	1.28
15	宁化县	1.85	38	福安市	1.23
16	尤溪县	1.80	39	福清市	1.21
17	霞浦县	1.78	40	上杭县	1.20
18	松溪县	1.74	41	华安县	1.12
19	寿宁县	1.73	42	惠安县	1.07
20	连江县	1.67	43	闽侯县	1.07
21	建宁县	1.66	44	清流县	1.05
22	永泰县	1.65	45	闽清县	1.02
23	武平县	1.57			

（3）综合比较优势。综合比较优势 $Z_{ij}>1$ 的有 48 个。其中，三级比较优势区域有平潭、屏南等 6 个县，比较优势区相对集中在三明市、南平市、宁德市、龙岩市和泉州市的多数山区县（市、区）（图 10-5），二级比较优势区域有东山、顺昌和平和等 13 个，一级比较优势区域有武平、福清和明溪等 29 个，具体如表 10-13 所示。

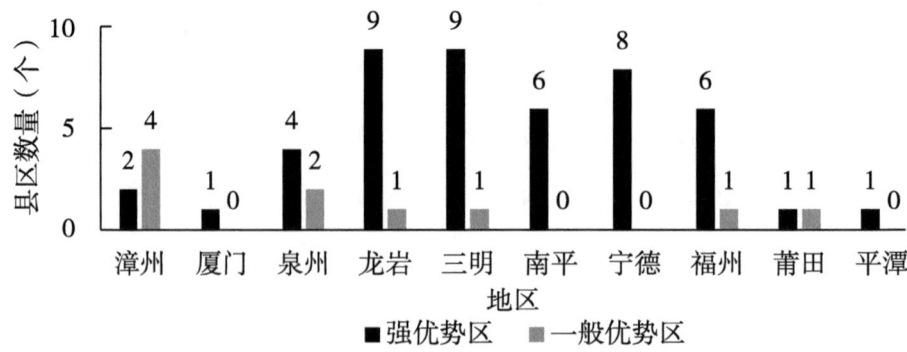

图 10-5 福建省猪产业综合比较优势分布

表 10-13 福建省猪产业综合比较优势指数

排名	地区	Z_{ij}	排名	地区	Z_{ij}
1	平潭县	3.67	25	福鼎市	1.72
2	屏南县	3.64	26	松溪县	1.67
3	柘荣县	3.22	27	寿宁县	1.66
4	三明市辖区	3.14	28	长汀县	1.63
5	泰宁县	3.12	29	福安市	1.57
6	宁德市辖区	3.08	30	德化县	1.47
7	东山县	2.92	31	永泰县	1.47
8	顺昌县	2.79	32	龙岩市辖区	1.39
9	平和县	2.68	33	罗源县	1.36
10	建宁县	2.59	34	永安市	1.35
11	宁化县	2.36	35	邵武市	1.33
12	古田县	2.30	36	南平市辖区	1.33
13	云霄县	2.29	37	南安市	1.31
14	周宁县	2.28	38	建瓯市	1.30
15	漳平市	2.20	39	漳浦县	1.29
16	沙县	2.19	40	连城县	1.28
17	霞浦县	2.10	41	永春县	1.27
18	尤溪县	2.06	42	闽侯县	1.16
19	厦门市辖区	2.04	43	大田县	1.13
20	武平县	1.93	44	华安县	1.13
21	福清市	1.92	45	清流县	1.12
22	明溪县	1.88	46	安溪县	1.08
23	连江县	1.88	47	武夷山市	1.01
24	福州市辖区	1.85	48	上杭县	1.01

3. 福建主要地方特色猪品种

（1）槐猪。槐猪（俗称"乌猪"）是福建省唯一列入《国家级畜禽品种资源保护名录》的地方优良品种猪，上杭槐猪品牌也被国家工商总局审定为地理标志证明商标。据《上杭县志》记载："乌猪本地产，毛润泽，肉质甜美"。槐猪已在上杭县已有上千年的饲养历史，主产于上杭县稔田镇、太拔乡。槐猪头短宽，额部有明显的横行皱纹，耳小竖立，稍向前倾或向侧稍倾垂，体躯短，胸宽而深，背宽而凹，腹大下垂，臀部丰满，多卧系，尾根粗大，全身被毛黑色。槐猪属于早熟易肥、边长边肥、肉质细嫩及产脂量高的脂肪型猪种，与瘦肉型猪相比，槐猪具有肉嫩、味香和胆固醇含量低三大优势。

（2）莆田黑猪。莆田黑猪是福建省 25 个优良地方畜禽品种之一，也是中国 36 个地方猪种之一，是国内市场优秀猪种中的珍贵遗传资源。2006 年，莆田黑猪被列入农业部《国家级畜禽遗传资源保护名录》。莆田黑猪主要产于福建省莆田、仙游和福清市的西北部，其中尤以莆田的荔城区为数众多，是由福州引入的"大耳猪"与闽南引入的"小耳猪"杂交，经长期自繁选育，逐渐形成的种群。莆田黑猪体型中等大，头略狭长，脸微凹，额纹较深呈菱形，耳中等大、薄，呈桃形，略向前倾垂，颈长短适中，体长，胸较浅狭，背腰平或微凹，臀稍倾斜，后躯欠丰满，肚大腹圆而下垂，背腰体侧部皮肤一般无皱褶，四肢较高，被毛稀疏呈灰黑色。莆田黑猪具有早熟、适应性广、耐粗饲、抗病力强、产崽多、母性强以及性情温顺、肉质细嫩香美等优良特性。

（3）武夷黑猪。武夷黑猪距今有 2 000 多年历史，产于武夷山脉两侧的山麓各县，福建境内的称闽北黑猪。因它们的特征基本相同，在全国猪种志中统称为武夷黑猪，是中国优良地方猪种。浦城县是武夷黑猪的主产地，武夷黑猪头中等大，面稍长微凹，额有深浅不一的皱纹，耳中等大，前倾下垂。背宽，背腰平直或微凹，臀宽丰满。四肢较细且结实。被毛黑色，稀而短。武夷黑猪具有早熟、脂肪沉积多、皮薄、肉嫩、生长速度慢等特征。

（4）闽北花猪、官庄花猪和福安花猪。闽北花猪主要产于沙县、顺昌、南平、建阳、尤溪、三明、永安、建瓯等县（市），其中以沙县的夏茂、顺昌县的洋口、南平市的王台等地为中心产区。闽北花猪被毛细、稀、短，头中等大小，额有深浅、形状不一的皱纹，耳前倾下垂，颈短厚，背腰宽，背多凹陷，腹大下垂，臀宽而稍倾斜。毛色为黑白斑块相间，分布不一致。官庄花猪主要分布在上杭、武平、长汀、连城等县，体型较小，耳大小中等，嘴较短，额宽，胸深，背宽平，腰微凹，四肢矮短，多为卧系，腹大下垂，躯干呈正方形。头部臀部黑色，余为白色，两色交界处有一灰色晕带，俗称"两头乌"。福安花猪主产于福安市、霞浦县，现主要分布在福安赛江河沿岸和霞浦县城关及海边一带。毛色的花色为不规则黑白块相间，体躯较大，结构匀称，体质强壮，皮薄无皱褶，头短，额较宽。额纹少，面部平直或微凹,耳大小中等,向下倾斜,颈粗厚,胸部发达,背宽阔、腰平直,腹大而稍下垂,后躯发达,四肢粗壮。

五、禽产业比较优势

1. 福建禽产业发展状况

福建省家禽生产主要包括鸡、鸭、鹅、鸽、鹌鹑等,主要以鸡、鸭和鹅养殖为主。2020年福建省家禽出栏数10.31亿只,禽肉产量146.56万吨,禽蛋产量53.66万吨。《中国畜禽遗传资源状况》编委会(2004)指出福建特色地方家禽品种的种类较多,包括长汀河田鸡、德化黑鸡、漳州斗鸡、金湖乌凤鸡等地方鸡品种;龙海金定鸭、莆田黑鸭、连城白鸭、山麻鸭和福建番鸭5个地方鸭品种;长乐灰鹅、诏安灰鹅和闽北白鹅等地方鹅品种(表10-14)。

表10-14 福建省地方禽类品种

特色禽类	品种	产地	备注
鸡	长汀河田鸡	原产于长汀县河田镇	《中国家禽品种志》收录的全国8个肉鸡地方品种之一。2006年,国家质检总局批准对长汀河田鸡实施地理标志产品保护。长汀河田鸡是世界五大名鸡(美国白洛克鸡、中国的河田鸡、美国的洛岛红鸡、英国的苏赛斯鸡、意大利的白来航鸡)之一
	德化黑鸡	德化县,中心产区为德化县的三班、龙门滩、雷峰、国宝、赤水、盖德、浔中等乡镇	地理标志保护产品
	漳州斗鸡	分布于漳州、厦门、泉州等市	漳州斗鸡与中原斗鸡、吐鲁番斗鸡、西双版纳斗鸡并称为中国四大斗鸡。2000年,漳州斗鸡被列入国家级畜禽品种资源保护名录
	金湖乌凤鸡	泰宁县境内农村及周边将乐、建宁、邵武等县(市)	2009年被评为国家级畜禽遗传资源,2011年实施地理标志保护

(续表)

特色禽类	品种	产地	备注
鸭	山麻鸭	龙岩市新罗区龙门镇的湖一、龙门一带	1985年列入《中国家禽品种志》和《福建省畜禽品种志》，2005年列入中国家禽品种图谱，2007年列入福建省畜禽遗传资源保护名录
	连城白鸭	连城县	被评为"唯一药用鸭""鸭中粹"。2000年列入国家级畜禽品种资源保护名录。被评为"福建省名牌农产品""无公害产品称号"和"中国国际农业博览会名牌产品"。2013年评为国家地理标志保护产品
	龙海金定鸭	原产于龙海市紫泥镇金定村，主要分布于中国福建省厦门市郊区、龙海、同安、南安、晋江、惠安、漳州、漳浦、云霄和诏安等县（市）	被列入《中国家禽品种志》和国家级畜禽遗传资源保护名录
	福建番鸭	多分布在福州周边地区，如莆田、泉州、闽侯、长乐等地	福建省拥有全国最大的番鸭养殖规模和最久的饲养历史，所以番鸭已渐渐成为福建地区具有代表性的地方品种
	莆田黑鸭	主产于莆田市荔城区、秀屿区、主要分布在平潭、福清、长乐、连江、惠安、晋江、泉州等县（市）	2006年被列入农业部《国家级畜禽遗传资源保护名录》
鹅	长乐灰鹅	主要产地为长乐市潭头、金峰、湖南、南岭等乡、镇	长乐灰鹅是福建省的地方优良鹅种，产蛋量低，数量较少
	诏安灰鹅	主产诏安县，分布于漳州、泉州等地	为地理标志证明商标
	闽北白鹅	主要分布于南平市的浦城县、政和县、松溪县、建阳区、建瓯市、邵武市、武夷山市，与南平市邻近的宁德市的福安市、周宁县、古田县，三明市的沙县、尤溪县	福建省优良地方肉鹅品种，武夷山市"十大"产业之一

2. 福建禽产业的优势区域分析

（1）规模比较优势。福建省家禽生产具有规模比较优势地区主要分布于光泽、浦城、石狮、福州市辖区、南靖、政和、莆田市辖区、泉州市辖区、晋江等18个县（市、区）。1个县域全部是一级比较优势区，具体如表10-15所示。且各区域规模比较优势指数相差不大，最高指数仅为关泽县的1.08，说明区域规模比较优势的优势度差距不大。

表10-15 福建省禽产业规模比较优势指数

排名	地区	A_{ij}	排名	地区	A_{ij}
1	光泽县	1.08	10	惠安县	1.04
2	石狮市	1.07	11	将乐县	1.04
3	浦城县	1.07	12	诏安县	1.03
4	政和县	1.07	13	漳浦县	1.02
5	漳州市辖区	1.07	14	南安市	1.02
6	长泰县	1.06	15	闽清县	1.02
7	南靖县	1.06	16	龙海市	1.02
8	泉州市辖区	1.04	17	武夷山市	1.02
9	莆田市辖区	1.04	18	仙游县	1.01

（2）产量比较优势。产量比较优势以禽肉和禽蛋产量进行参考。具备比较优势的地区仅有光泽、长泰等16个，也全部是一级比较优势区，具体如表10-16所示。

表10-16 福建省禽产业产量比较优势指数

排名	地区	B_{ij}	排名	地区	B_{ij}
1	光泽县	1.64	9	龙海市	1.13
2	石狮市	1.63	10	永春县	1.12
3	政和县	1.56	11	漳州市辖区	1.12
4	浦城县	1.51	12	将乐县	1.12
5	长泰县	1.39	13	闽清县	1.10
6	南靖县	1.26	14	安溪县	1.07
7	仙游县	1.14	15	莆田市辖区	1.07
8	泉州市辖区	1.14	16	武夷山市	1.02

（3）综合比较优势。综合比较优势中，二级比较优势区和三级比较优势区均没有，一级比较优势区有浦城县、永安市、南靖县和莆田市辖区等13个，具体如表10-17、图10-6所示。2020年，光泽县家禽肉产量40.35万吨，占全省的27.53%，鸡是光泽县的主导产业，2008年，光泽县建立了亚洲第一个利用家禽粪便发电的项目，开创了养殖业污染源综合利用的示范先例。鸡粪发电不仅能将巨量的污染源销毁，还能化害为利，发电后所产生的灰粉是优质的钾肥原料，亦能用作有机肥原料。

表10-17 福建省禽产业综合比较优势指数

排名	地区	Z_{ij}	排名	地区	Z_{ij}
1	光泽县	1.33	8	泉州市辖区	1.09
2	石狮市	1.32	9	将乐县	1.08
3	政和县	1.29	10	仙游县	1.07
4	浦城县	1.27	11	龙海市	1.07
5	长泰县	1.21	12	闽清县	1.06
6	南靖县	1.15	13	莆田市辖区	1.05
7	漳州市辖区	1.09			

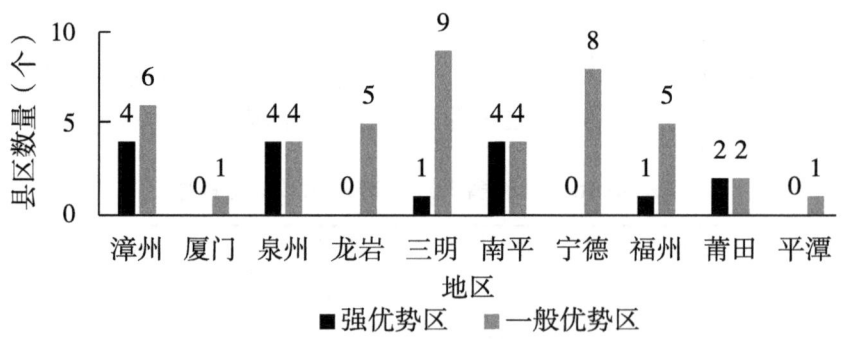

图10-6 福建省禽产业综合比较优势分布

六、蜂产业比较优势

1. 蜂产业介绍

养蜂业被称为"甜蜜事业""空中产业"，具有占用空间少，投入资金、人力、物力少，技术容易掌握等优点。此外，养蜂业不仅无污染，而且一方面能够促进森林物种优化,保持森林生态平衡。因为通过蜜蜂授粉,能提高阔叶树结籽率和传播广度,增强森林涵养水源能力及维持生态平衡能力。另一方面,蜜蜂养殖可提高农业生产效率,通过蜜蜂授粉可使白莲、油菜等产量提高20%以上,使果树坐果率达85%以上。蜂产品是天然保健品,内含保健功能成分,包括抗氧化剂、活性多糖类、低聚糖、皂苷类、功能性油脂、自由基清除剂、活性肽等,是天然的营养保健库,具有消除疲劳、增强免疫力、调理肠胃等保健作用。

2. 福建蜂产业发展状况

福建省发展养蜂业的优势突出,具体表现在:一是生态环境优越,福建森林覆盖率达65.95%,位居全国首位,为养蜂业提供巨大的发展空间;二是气候温暖湿润,一年四季可采百花蜜,蜂蜜药用价值高,品质好;三是拥有以福建农林大学蜜蜂研究所和蜂学院为依托的养蜂科研和人才培养技术力量,养蜂网络和人才队伍建设已有相当规模;四是农大神蜂、闽北蜂蜜等福建蜂蜜品牌广受国内及日本、新加坡等国外消费者青睐,市场潜力无限。

福建省现饲养的蜜蜂品种有中蜂、意大利蜂和卡尼鄂拉蜂。长期以来,中蜂饲养量一直占福建全省总饲养量的2/3以上。福建中蜂与全国各地的中蜂同属中华蜜蜂亚种,但在形态上有些差异,福建中蜂的工蜂体色有黄、黑两种,以黄色为主。中蜂的蜂王体色也有两种:一种是腹部黑色带明显,黄色区暗灰,全身呈黑色;另一种是黄色区明亮,黑色带狭窄,全身呈砖红色。福建中蜂的优点:适应性强,无论是山区、平原都能饲养;个体耐寒,冬季和早春,气温6.5℃就能出巢采集;嗅觉灵敏,善于利用零星蜜源;抗胡蜂及蜂螨能力强等。缺点:蜂王产卵力弱,群势小,一般只能维持1.5~2.25千克(4~6框足蜂)的群势。意大利蜜蜂于1913年,由张品南从日本引入福建,20世纪20年代初由渊澄引入泉州,1929年由郑通和引入漳州。1948年,福州协和农业职业学校从美国引进1只纯种卡尼鄂拉蜂蜂王。1974年农业部和对外经济贸易部(现商务部)从南斯拉夫、奥地利等国引进卡蜂纯种蜂王,分配给福建农学院蜂场4只,龙海县(现龙海市)蜂场5只,培育出近百只纯种卡蜂王扩大试养。卡蜂具有较高的育种价值,1950年、1975年福建农学院都曾进行卡意杂交试验,以意蜂作母本,卡蜂作父本,配制出的意卡杂种,产卵力和群势发展与意蜂不相上下,且采集力强。

3. 福建蜂产业的优势区域分析

由于养蜂业及其统计上的特殊性,本研究仅以蜂蜜产量比较优势来作具体分析。从表10-18可知,福建省蜂产量比较优势区沿着闽东、闽北、闽中和闽南呈现"蛇形"分布。且蜂蜜产量比较优势指数区域差异大,$B_{ij}>1$的县域有25个,其中最大为华安县,数量比较优势指数为 23.58;最小的为漳平市,数量比较优势指数为 1.03。三级比较优势区有华安、永泰、政和、沙县和尤溪 5 个县;二级比较优势区有建阳、莆田市辖区、武夷山、霞浦、云霄和松溪 6 个县(市、区);一级比较优势区有仙游县、福鼎市、闽清县、永春县、南靖县、诏安县、将乐县等 14 个。

表 10-18 福建省蜂产业数量比较优势指数

排名	地区	B_{ij}	排名	地区	B_{ij}
1	华安县	23.58	14	闽清县	1.85
2	永泰县	8.04	15	永春县	1.70
3	政和县	5.92	16	南靖县	1.65
4	沙县	4.14	17	诏安县	1.61
5	尤溪县	3.82	18	将乐县	1.50
6	建阳区	2.25	19	邵武市	1.43
7	莆田市辖区	2.25	20	平和县	1.41
8	武夷山市	2.21	21	泉州市辖区	1.36
9	霞浦县	2.19	22	永定区	1.16
10	云霄县	2.13	23	宁德市辖区	1.09
11	松溪县	2.05	24	福安市	1.07
12	仙游县	1.92	25	漳平市	1.03
13	福鼎市	1.88			

4. 重点区域

华安县是福建省第一养蜂大县,2020 年,蜂蜜产量 2 302 吨,占福建省蜂蜜总产量的 13.25%。拥有华安县贵智蜜蜂养殖场、华安意蜂养殖基地、华安县雁文蜜蜂养殖专业合作社、华安花之露蜜蜂养殖专业合作社等多家专业化蜂蜜养殖企业。被誉为"福建养蜂第一村"的华安县前岭村,前岭村共有约 400 户、1 700 多人,发展养蜂产业的就有 100 余户,多数养殖意大利蜂。前岭村养蜂人"花开哪里,人蜂就追到哪里"的迁徙式养蜂成为当地一大特色。

第三节 小结与政策建议

一、研究结论

（1）总量生产与养殖结构方面。2020年，福建省牛肉、羊肉、兔肉、猪肉和禽肉占总产肉量比重分别为0.95%、0.88%、0.69%、40%和56.5%，福建省肉食生产和消费以猪肉和禽肉为主，草食畜比重较少。2020年，福建省牛肉产量2.5万吨，占全国牛肉产量比重为0.37%，牛存栏量31.64万头，占全国牛存栏量的0.33%；羊肉2.3万吨，占全国羊肉产量的0.47%，羊存栏量105.9万头，占全国羊存栏量的0.35%；兔肉产量1.78万吨，兔存栏量565.15万头；猪肉产量103.8万吨，占全国猪肉产量的1.97%，猪存栏量910.9万头，占全国猪存栏量的2.24%；禽肉产量53.7万吨；蜂蜜产量1.7万吨，占全国蜂蜜产量的3.719%。

（2）总量地区分布方面。福建省大体上形成了龙岩市、福州市、漳州市和泉州市四大生猪产业集群；南平市、泉州市和龙岩市三大肉禽产业集群；福州市、泉州市禽蛋产业集群；南平和福州市两大乳业集群及莆田市禽苗产业集群等。

（3）分类地区状况。主要品种包括牛、羊、兔、猪、禽、蜂等。一是牛产业，由于畜牧业发展的普遍性和广泛性，规模比较优势的县域43个，产量比较优势的县域9个，综合比较优势的县域19个。主要分布于三明、泉州和南平3个地市。二是羊产业，福建的羊养殖主要以地方品种为主，按照比较优势指数测算，规模比较优势的县域有41个，产量比较优势的县域有38个，综合比较优势的县域有40个，其中最多的地区是三明地区、其次是宁德和福州。三是兔产业，福建养兔的规模比较小。2020年产量仅1.78万吨。按照比较优势指数测算，规模比较优势的县域有27个，产量比较优势的县域有22个，综合比较优势的县域有24个，主要分布在龙岩、三明和福州地区。四是生猪产业，2020年福建省猪存栏数910.9万头，猪肉产量137.5万吨。按照比较优势指数测算，规模比较优势的县域有48个，产量比较优势的县域有45个，综合比较优势的县域有48个，各个地区均有优势县，主要的有龙岩、三明、南平、宁德和福州地区。五是禽类，2020年福建省家禽出栏数10.31亿只，禽肉产量146.56万吨，禽蛋产量53.66万吨。按照比较优势指数测算，规模比较优势的县域有18个，产量比较优势的县域有16个，综合比较优势的县域有13个，主要的有漳州、泉州和南平地区。六是蜜蜂产业，由于森林覆盖率高，福建的蜜蜂养殖具有比较独特的优势。按照比较优势指数测算，产量比较优势的县域有 25 个。

二、优化建议

福建省着力扬优势、补短板、强保障，不断提升畜牧业规模化、绿色化、优质化、特色化、品牌化水平，取得了积极成效。

（1）坚持结构优化，推进产业升级发展。调整品种结构，按照稳定生猪生产、做大家禽产业、做优草食动物思路，生猪存栏稳定在 900 万头以上。促进适度规模养殖，落实改造一批、新建一批、退养一批要求，着力扶强扶优。

（2）坚持产业融合，推进产业高效发展。促进产业集聚，坚持集聚建园、融合强园、绿色兴园、创新活园，高质量推进畜牧产业园建设，打造清流蛋鸡、光泽肉鸡、蕉城生猪等一批区域特色产业。延伸产业链条，依靠圣农肉鸡、光阳蛋鸡、长富乳业等大型畜牧企业，大力发展畜产品精深加工、畜牧服务业，推广全产业链发展模式。

（3）坚持生态优先，推进产业绿色发展。严格畜禽养殖污染防治，推进总量调控、改造升级、退养转产。加快畜禽粪污资源化利用，落实畜禽粪污资源化利用部省协作，实施整省推进和提升工程行动，构建制度和政策体系"四梁八柱"，完善种养结合机制，创新第三方运营模式。同时促进兽用抗菌药减量增效。

（4）坚持防疫同步，推进产业健康发展。强化生物安全，通过驻点督导，推动所有规模猪场完成消毒通道、出猪台等设施改造升级。强化调运监管，坚持跨省调肉不调猪，实施准调证明制度，全面推行"牧运通"，严厉打击违法违规调运行为，实现生猪调运全程监管。

第十一章 花卉、烟叶、中药材和笋竹

第一节 花卉产业

一、花卉产业介绍

我国地域辽阔，气候多样，花卉种质资源丰富，是很多名贵花卉的世界起源中心和野生花卉资源宝库，被誉为"世界园林之母"。我国拥有高等植物近3万种，居世界第三位，仅兰科植物就有170余属1 200余种，其中特有种达500种左右。

在古代，我国花卉文化和花卉行业均处于世界领先地位，但近代以来却处于落后水平。20世纪80年代，我国花卉苗木产业开始起步，经过30多年的快速发展，已形成了庞大的产销市场和完整的产业链，成为世界最大的花木产销国。据统计数据，到2020年底，全国花木种植面积达150余万公顷，销售总额2 500多亿元，成为世界最大的花卉生产基地、重要的花卉消费国和花卉进出口贸易国。花木作为具有宏观需求的生态产品，其生态低碳功能和观赏美化作用不可替代，且涉及40多个相关行业，影响到上千万人，尤其是农民的就业（仅花木产业直接从业人员就达500多万人，间接从业人员达数千万），花木产销直接经济数据超千亿元，间接经济数据（全产业链及其相关产业）上万亿元。但同时也要看到，世界上的花卉新品种基本上由荷兰、美国、日本、法国、德国、以色列等少数发达国家所控制，发展中国家所占的比例极少。目前我国对进口的花卉种源（含品种、种子、种苗、种条、种球）过分依赖，商品花卉生产品种的90%左右依靠进口。民族花卉种业基础的脆弱，是制约我国花卉产品走向世界和花卉产业持续稳定发展的瓶颈。因此，开展新品种选育、规模化生产技术应用研发，培育出我国自主知识产权的花卉产业化新优特品种，改变我国花卉品种依赖进口受制于人的状况，是我国发展现代花卉产业的迫切任务。

《全国花卉产业发展规划（2011—2020年）》指出，推进生态文明，建设美丽中国，需要把花卉产业放在突出地位加以发展，作为改善环境、美化家园的重要基础产业来抓。目前，我国已经形成了较为完善的花卉苗木生产格局：以云南、辽宁、广东等省为主的鲜切花产区，以广东、福建、云南等省为主的盆栽植物产区，以江苏、浙江、河南、山东、四川、湖南、安徽等省为主的观赏苗木产区，以广东、福建、四川、浙江、江苏等省为主的盆景产区，以上海、云南、广东等省（市）为主的花卉种苗产区，以辽宁、云南、福建等省为主的花卉种球产区，以内蒙古、甘肃、山西等省（区）为主的花卉种子产区，以湖南、四川、河南、河北、山东、重庆、广西、安徽等省（区、市）为主的食用药用花卉产区，以黑龙江、云南、新疆等省（区）为主的工业及其他用途的花卉产区，以北京、上海、广东等省（市）为主的设施花卉产区。同时，洛阳、菏泽的牡丹，大理、楚雄、金华的茶花，长春的君子兰，漳州的水仙，鄢陵、北碚的蜡梅等特色花卉也得到进一步巩固和发展。全国花卉产业布局已形成东北、华北、西北、青藏高原、华东、西南、华南7个产业区。

二、福建花卉产业状况

花卉产业是我国林业十大主导产业之一，也是福建省重点打造的全产业链产值超千亿元的七大优势特色产业之一。据《福建省花卉苗木千亿元产业实施方案》，"十二五"以来，福建花卉产业发展迅速，截至2020年底，福建省花卉种植面积达142.1万亩，全产业链总产值达10 62.5亿元，实现出口额16 483.3万美元，同比分别增长了2.7%、19.5%和9.9%。福建省2020年花卉苗木种植业产值587.7亿元，出口额10 957.3万美元，同比分别增长了17.6%和8.2%。园林应用和花卉加工等二产产值合计267亿元，同比增长了28.5%。市场销售、花店零售、电商销售、花卉服务等三产产值合计207.8亿元，较2019年的182.0亿元增长了14.2%。福建花卉苗木全产业链产值首次突破1 000亿元，全面完成了"十三五"规划目标任务和福建省委乡村振兴办十大乡村特色产业花卉苗木全产业链总产值1 050亿元目标任务。

2020年，福建设施花卉种植面积达18.8万亩，较2019年增长8.7%。福建开发以花卉产品为原料的艺术、食用、化妆、医疗、保健等产品，大力发展花卉休闲旅游。花卉销售渠道更加多元化，花卉新零售模式逐渐兴起。充分发挥网络直播、短视频等新媒体短平快的特点，线上销售规模不断扩大。2020年电商销售各类花卉超过22亿元，占各类销售总额的23.4%。现已经初步形成以清流、连城、长泰、延平、集美等为重点的鲜切花生产基地，以漳浦、龙海、南靖、洛江、漳平、连城、武平等为重点的盆栽生物基地，以清流、浦城、龙海、南安、永春、海沧、长泰等为重点的观赏苗木生产基地的生产格局。

三、福建花卉比较优势分析

福建省花卉资源禀赋系数大于1的县（市、区）有17个，其中系数大于2的有9个，最高的是清流县，系数为34.5；系数大于0.5且小于1的有20个，系数小于0.1的有17个。根据以上情况，将66个区域分成5类，分别是强比较优势区、一般比较优势区、潜在比较优势区、弱比较优势区和无比较优势区。具体县（市、区）如表 11-1、表 11-2、图 11-1 所示。

表 11-1 2020 年福建省县（市、区）花卉资源禀赋系数

县域	系数	县域	系数	县域	系数	县域	系数
清流县	34.50	闽侯县	0.98	云霄县	0.56	德化县	0.07
永春县	3.74	罗源县	0.98	晋江市	0.52	平和县	0.05
华安县	3.00	泰宁县	0.98	莆田市辖区	0.51	霞浦县	0.04
明溪县	2.86	柘荣县	0.88	永安市	0.45	上杭县	0.03
漳州市辖区	2.55	政和县	0.75	沙县	0.43	诏安县	0.02
漳浦县	2.50	武平县	0.74	寿宁县	0.36	安溪县	0.02
邵武市	2.35	武夷山市	0.72	福安市	0.35	古田县	0.02
龙海市	2.19	福鼎市	0.72	长汀县	0.30	连江县	0.02
漳平市	2.16	将乐县	0.68	新罗区	0.24	东山县	0.02
长泰县	1.93	仙游县	0.64	屏南县	0.17	平潭县	0.00
厦门市辖区	1.78	永泰县	0.64	闽清县	0.15	建宁县	0.00
延平区	1.56	周宁县	0.64	建阳区	0.14	石狮市	0.00
泉州市辖区	1.48	福州市辖区	0.63	尤溪县	0.11	惠安县	0.00
宁化县	1.35	三明市辖区	0.63	福清市	0.11	建瓯市	0.00
浦城县	1.20	大田县	0.60	顺昌县	0.11	光泽县	0.00
南安市	1.07	永定区	0.59	宁德市辖区	0.09	松溪县	0.00
南靖县	1.01	连城县	0.59				

表 11-2 2020 年福建省县（市、区）花卉生产区域优势分类

区域优势分类	主要县（市、区）
强比较优势区	清流县、永春县、华安县、明溪县、漳州市辖区、漳浦县、邵武市、龙海市、漳平市

(续表)

区域优势分类	主要县（市、区）
一般比较优势区	长泰县、厦门市辖区、延平区、泉州市辖区、宁化县、浦城县、南安市、南靖县
潜在比较优势区	闽侯县、罗源县、泰宁县、柘荣县、政和县、武平县、武夷山市、福鼎市、将乐县、仙游县、永泰县、周宁县、福州市辖区、三明市辖区、大田县、永定区、连城县、云霄县、晋江市、莆田市辖区
弱比较优势区	永安市、沙县、寿宁县、福安市、长汀县、新罗区、屏南县、闽清县、建阳区、尤溪县、福清市、顺昌县
无比较优势区	宁德市辖区、德化县、平和县、霞浦县、上杭县、诏安县、安溪县、古田县、连江县、东山县、平潭县、建宁县、石狮市、惠安县、建瓯市、光泽县、松溪县

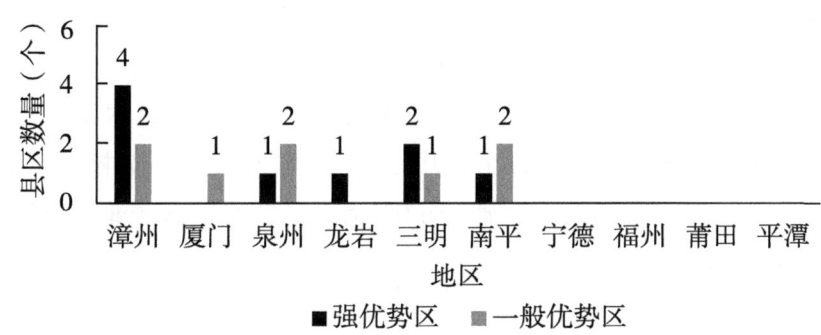

图11-1 福建省花卉产业资源禀赋系数优势区分布

四、重点区域

1. 漳州市

漳州所辖县市先后被授予"中国兰花之乡""中国水仙花之乡""中国榕树盆景之乡""中国花木之乡"。据不完全统计，全市花卉品种达2 000多种，形成水仙花、兰花、榕树盆景、仙人掌与多肉植物、棕榈科植物、阴生观叶植物、药用花卉、绿化苗木等八大类特色产品，有400多个花卉品种畅销韩国、日本、荷兰等57个国家和地区。漳州市重点打造漳州东南花都有限公司、百花村万兴园艺有限公司、漳州市宏盛园艺发展有限公司等8家省级林业花卉苗木龙头企业，龙海恒隆园艺发展有限公司等10家市级农业化花卉苗木龙头企业。推行"公司+基地+农户"的经营模式，推广"订单、合同花卉"。同时，建立基层花卉产销合作经济组织60

多个，在行业协调、服务等方面发挥了积极作用。通过培育龙头、龙头带基地、基地联农户，以及合作经济组织的推动，推进了花卉苗木产业规模化、专业化、集约化发展。目前，全市已取得中国驰名商标两个（漳州水仙花和南靖国兰）、福建名牌产品两个（沙西榕树和漳州水仙花）。建立健全质量管理体系，大力推行花卉苗木标准化生产，保证产品质量。制定《中国水仙种球生产技术规程与质量等级》《盆栽人参榕生产技术规范及质量等级》等2个国家行业标准、漳州水仙花、蝴蝶兰、虎尾兰、墨兰等4个省级地方标准。

2. 清流县

清流县是福建花卉主产区之一，被授予"福建省鲜切花之乡""福建省花木之乡""中国桂花之乡""中国罗汉松之乡""中国绿化苗木之乡"称号，有着得天独厚的自然资源与优越的社会经济条件，为发展花卉产业提供了深厚的物质基础。目前，全县已发展苗木花卉企业35家，已培育并形成了鸿翔农庄、景秀园林、永明园艺、盛雄花卉、森源兰蕙、长盛花卉等19家龙头企业（其中花卉企业11家），培育了立新、青山、洋庄、孙坊等种植苗木花卉先进村，通过推行"公司+基地+农户"的"农企合作、农企双赢"模式，带动800多户农户参与苗木花卉种植。全县年产绿化大苗10万株（盆），产值3 000万元；年产鲜切花1.8亿枝，产值近9 000万元；年产国兰等盆栽植物8万盆，产值6 000万元。花卉苗木产业已成为全县农民增收、农业增效的重要来源。

第二节 特色烟叶

一、特色烟叶介绍

烟草原产南美洲，在我国南北各省区广为栽培。烤烟是卷烟生产的主要原料，是重要的经济作物之一和税收的重要来源之一，在我国经济中扮演着重要角色，但也面临着巨大的现实压力。一方面，烟草产业在改善农民收入、解决就业及国家、地方政府财政收入等方面发挥着实际的作用。尤其对于世界第一大烟草生产国的中国来说，烟草行业是最后一个计划经济的行政垄断行业，又在现实中对国家的综合税收贡献着超过6%的份额，其存在和发展引人关注（李瑞沼，2016）。另一方面，随着2003年《烟草控制框架公约》获得世界卫生大会批准以来，世界各国的控烟履约力度越来越大，烟草产业面临的形势也越来越严峻。

我国烤烟生产主要集中在云南、河南、贵州、山东等省,分为浓香型、清香型和中间香型三大类。浓香型,具有烤烟本身特有的浓郁香气,烟味较淡,吸味干净,地方性杂气轻至较重,劲头适中;清香型,具有与一般烤烟香气不同的清香香气,烟味较淡,吸味舒适,地方性杂气轻至较轻,劲头适中至稍大;中间香型,介于清香与浓香之间的特征香气,吸味干净,烟味浓度较淡至较浓,地方性杂气较重,劲头柔和至较大。

二、福建烟叶产业状况

福建是我国最早引入烟叶种植的省份之一,种植烟叶已有400多年历史,是全国优质烟叶重点产区和烤烟种植最适宜区、适宜区(林培章,2009)。福建烤烟以橘黄色为主,属于清香型,具有刺激性较小、燃烧性中等、烟灰色稍黑、油分充足、色泽饱满、糖和钾离子含量高、氮含量相对较低、糖碱比协调、配伍性强、香气量足、香气质好、吃味纯正等特点。以CB-1、K326、云烟87、云烟85等为主栽品种,翠碧一号作为当家品种连续种植多年,其烟叶品质深受烟厂青睐。翠碧一号是福建省宁化县烟草公司于1977年从401品种中系统选育而成。1992年经全国烟草品种审定委员会审定为优良品种。2012年,通过农业部批准审核,获农业部农产品地理标志保护。翠碧一号烟叶出片率比普通烟叶高出3%~5%,醇化时间比普通的烟叶短一年左右。该品种是全国仅有的两个享受国家价格政策补贴的烤烟品种之一,也是目前全国第三个获农产品地理标志保护的烟叶品牌。目前收购量在80万担左右,占全省特色烟叶总量的3/4,占全国特色烟叶总量的1/5。翠碧一号烤烟清香特征明显,香气丰满细腻、烟味厚实饱满、出丝率高、配伍性好,工业可用性较强,不仅成功进入了中华、苏烟、黄鹤楼、七匹狼等众多全国知名品牌配方,而且市场需求保持旺盛。被国内烟叶专家评价为"烟叶香气绵长,现在国内栽培品种无法与之相比"。三明翠碧一号烤烟生产地域范围包括三明市行政区域内三元、梅列、宁化、清流、明溪、永安、大田、尤溪、沙县、将乐、泰宁、建宁等12个县(市、区)71个乡镇。其中宁化是八闽烟叶的第一县,播种面积和产量常年保持全省第一。

2020年,福建省烟叶播种面积有71.29万亩,烤烟播种面积71.2万亩,烟叶产量10.05万吨,烤烟10.03万吨,烟叶种植主要分布在闽西北的三明、龙岩和南平,3个主产区均列入了全国重点产烟区和烟叶生产优势区。福建西部、西北部和北部山峦叠嶂、丘陵起伏连绵、溪谷相互交错,自然环境优越,具有良好的烟草生态环境。

三、福建烟叶产业状况

(一) 规模比较优势

福建省共有33个县(市、区)种植烟叶,其中优势区有23个,位于三明、龙岩和南平3市。全省比较优势区分为两级,二级比较优势区有15个,主要集中在三明,分别为宁化、光泽、泰宁、建宁、清流、将乐、明溪和长汀,一级比较优势区有8个,分别为邵武、武夷山、建阳、政和、松溪、上杭等(表11-3)。

表11-3 福建省烟叶产业规模比较优势指数

排名	地区	SAI_{ij}	排名	地区	SAI_{ij}
1	宁化县	4.021	13	邵武市	2.169
2	泰宁县	4.010	14	连城县	2.134
3	光泽县	3.343	15	明溪县	2.077
4	长汀县	3.147	16	上杭县	1.882
5	建宁县	3.129	17	建阳区	1.805
6	将乐县	3.101	18	沙县	1.746
7	永定区	2.914	19	漳平市	1.732
8	永安市	2.585	20	武夷山市	1.720
9	尤溪县	2.303	21	松溪县	1.667
10	武平县	2.277	22	政和县	1.212
11	顺昌县	2.237	23	浦城县	1.160
12	清流县	2.217			

(二) 资源禀赋比较优势

福建省烟叶资源禀赋系数大于1的县(市、区)有24个(表11-4),其中系数大于2的有20个,最高的是宁化县,系数为11.623;系数大于0.5且小于1的仅有周宁县,系数小于0.1的还有5个县。根据以上情况,将66个区域分成5类,分别是强比较优势区、一般比较优势区、潜在比较优势区、弱比较优势区和无比较优势区。具体县（市、区）如表 11-5、图 11-2 所示。

表 11-4 2020 年福建省县（市、区）烟叶资源禀赋系数

县域	系数	县域	系数	县域	系数	县域	系数
宁化县	11.623	武平县	3.107	上杭县	2.294	延平区	0.452
泰宁县	6.336	永定区	3.052	顺昌县	2.069	三明市辖区	0.349
清流县	6.088	连城县	2.832	浦城县	2.038	建瓯市	0.278
建宁县	6.045	松溪县	2.812	政和县	1.988	新罗区	0.089
邵武市	5.533	永安市	2.631	沙县	1.895	华安县	0.069
长汀县	5.124	武夷山市	2.604	漳平市	1.645	安溪县	0.023
将乐县	4.706	尤溪县	2.503	大田县	1.038	德化县	0.008
明溪县	4.109	光泽县	2.411	周宁县	0.514	古田县	0.004
建阳区	3.514						

表 11-5 2020 年福建省县（市、区）烟叶生产区域优势分类

区域优势分类	主要县（市、区）
强比较优势区	宁化县、泰宁县、清流县、建宁县、邵武市、长汀县、将乐县、明溪县、建阳区、武平县、永定区、连城县、松溪县、永安市、武夷山市、尤溪县、光泽县、上杭县、顺昌县、浦城县
一般比较优势区	政和县、沙县、漳平市、大田县
潜在比较优势区	周宁县
弱比较优势区	延平区、三明市辖区、建瓯市
无比较优势区	新罗区、华安县、安溪县、德化县、古田县

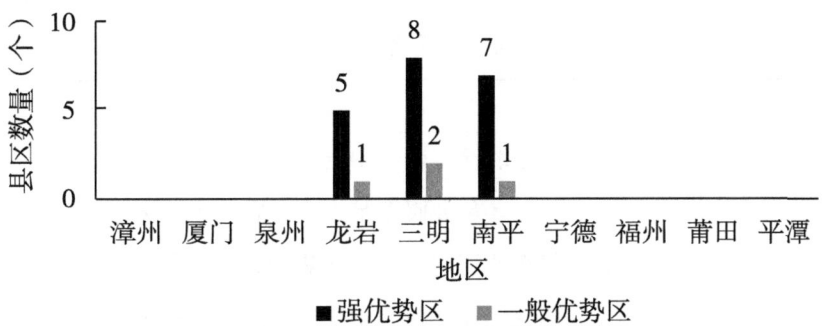

图 11-2 福建省烟叶资源禀赋系数优势区分布

第三节 中药材

一、中药材产业介绍

中药材产业具有能耗低、污染少、带动广、潜力大、附加值高、产业链长的优点，是最具中华民族传统特色和独特优势的朝阳产业，也是中国加入世界贸易组织（WTO）后唯一具有自主知识产权的产业（侯长红 等，2011）。中药材资源分为天然资源（即来源于野生动植物和天然矿物的中药材）和生产资源（即来源于人工种植的植物类药材，人工驯养的动物类药材和合成的矿物加工品）。我国天然中药材资源的品种较为丰富，根据中国药材公司和全国中药资源普查办公室组织，历时10年（1983—1993年）进行的全国中药资源普查工作的调查结果，中国有药用植物、动物和矿物12 807种，其中药用植物11 146种以上，药用动物1 581种，药用矿物80种。2007年，科技部、卫生部（现国家卫生健康委员会）、国家中医药管理局、国家食品药品监督管理局（现国家市场监督管理总局）等16部委联合发布的《中医药创新发展规划纲要（2006—2020年）》明确提出，坚持"发展与创新并重，中医中药协调发展，现代化与国际化相互促进，多学科结合"的基本原则，推动中医药传承与创新发展。

我国幅员辽阔，自然环境复杂，条件优越，中药材的分布呈现不均衡性。中药种类分布规律是从东北至西南由少增多，由1 000种增加到5 000种，常用药材的蕴藏量则以北方最多，向南逐渐减少。1983年，我国第三次中药资源普查根据自然条件、重点品种和家种野生的一致性将我国的中药资源划分为九大区域（表11-6）。

表11-6 中药资源区域划分

序号	区域
1	东北寒温带、中温带野生、家生中药区
2	华北暖温带家生、野生中药区
3	华东北亚热带、中亚热带家生、野生中药区
4	西南北亚热带、中亚热带野生、家生中药区
5	华南南亚热带、北热带家生、野生中药区
6	内蒙古中温带野生中药区

(续表)

序号	区域
7	西北中温带、暖温带野生中药区
8	青藏高原野生中药区
9	海洋中药区

二、福建中药材产业状况

福建省作为南药产地的重要地区之一，在中药材产业上具有一定的优势。福建省地处亚热带，被武夷山、仙霞岭、杉岭和鹫峰山、戴云山、博平岭纵隔成西北、东南两大区域，形成3种农业气候带，构成复杂多样的气候环境和动植物群落，出现同一纬度南方、北方药材兼有的格局。据相关普查结果表明，全省共有中药材445科2 468种，其中植物药245科2 024种，动物药200科425种，矿物药19种，菌物药111种。福建省资源总量占全国中药资源的19.2%，是中药资源比较集中的地区之一，也是我国中药材重点产区之一。目前，福建主要中药材达800多种，其中，属福建省道地名产药材有30种，大宗药材82种，珍稀名贵药材27种。近年来，福建省所产的太子参、金线莲、建莲子、青黛等道地药材由于质量好、市场竞争力强，在国内外享有盛誉，成为福建省重要的地方特色优势产品。福建具有悠久的中药材种植（养殖）的历史，药材道地名产有绿衣枳实、建泽泻、建莲子、浦城薏苡、柘荣太子参、南靖巴戟天、泰宁雷公藤、长泰春砂仁、莆田枇杷叶、邵武瓜蒌与白术、光泽蕲蛇、尤溪银杏与穿山甲等。2007年福建省启动了"福建中药材GAP示范基地的建设"重大专题、优良农业规范（Good Agricultural Practices, GAP），建立的11个道地/大宗中药材品种13个，中药材GAP示范基地面积超过400公顷。福建省中药区划分为六大区域：闽西北低山盆谷野生药材区、闽中中低山野生药材区、闽东南沿海丘陵盆地药材区、闽东南沿海平原丘陵家种和海洋药材区、闽南沿海南药与海洋药材区、闽西南中低山盆谷野生药材区。

三、福建中药材比较优势分析

福建省中药材资源禀赋系数大于1的县（市、区）有18个，其中系数大于2的有12个，最高的是柘荣县，系数为37.154；系数大于0.5且小于1的有12个县，系数小于0.1的有7个县（表11-7）。根据以上情况，将66个区域分成5类，分别是强比较优势区、一般比较优势区、潜在比较优势区、弱比较优势区和无比较优势区。具体县（市、区）如表 11-8、图 11-3 所示。福建省各区域优势中药材如表 11-9 所示。

表 11-7　2020 年福建省县（市、区）中药材资源禀赋系数

县域	系数	县域	系数	县域	系数	县域	系数
柘荣县	37.154	永安市	1.081	华安县	0.430	松溪县	0.091
明溪县	8.401	诏安县	0.955	政和县	0.390	新罗区	0.084
清流县	7.602	建阳区	0.932	屏南县	0.375	长汀县	0.082
福鼎市	6.541	闽清县	0.932	厦门市辖区	0.317	古田县	0.082
泰宁县	5.292	仙游县	0.816	福州市辖区	0.291	莆田市辖区	0.031
邵武市	4.683	云霄县	0.785	永春县	0.284	龙海市	0.021
福安市	4.141	泉州市辖区	0.749	建瓯市	0.248	罗源县	0.020
寿宁县	3.497	霞浦县	0.715	闽侯县	0.239	安溪县	0.019
周宁县	3.416	尤溪县	0.675	漳平市	0.232	漳州市辖区	0.017
沙县	2.570	永定区	0.627	平和县	0.210	连江县	0.000
将乐县	2.491	上杭县	0.617	顺昌县	0.179	平潭县	0.000
宁化县	2.192	长泰县	0.577	建宁县	0.174	石狮市	0.000
三明市辖区	1.768	连城县	0.575	漳浦县	0.145	晋江市	0.000
德化县	1.526	浦城县	0.542	宁德市辖区	0.141	南安市	0.000
南靖县	1.503	永泰县	0.464	延平区	0.108	惠安县	0.000
武夷山市	1.182	武平县	0.457	福清市	0.098	东山县	0.000
光泽县	1.090	大田县	0.448				

表 11-8　2020 年福建省县（市、区）中药材生产区域优势分类

区域优势分类	主要县（市、区）
强比较优势区	柘荣县、明溪县、清流县、福鼎市、泰宁县、邵武市、福安市、寿宁县、周宁县、沙县、将乐县、宁化县
一般比较优势区	三明市辖区、德化县、南靖县、武夷山市、光泽县、永安市

（续表）

区域优势分类	主要县（市、区）
潜在比较优势区	诏安县、建阳区、闽清县、仙游县、云霄县、泉州市辖区、霞浦县、尤溪县、永定区、上杭县、长泰县、连城县、浦城县
弱比较优势区	永泰县、武平县、大田县、华安县、政和县、屏南县、厦门市辖区、福州市辖区、永春县、建瓯市、闽侯县、漳平市、平和县、顺昌县、建宁县、漳浦县、宁德市辖区、延平区
无比较优势区	福清市、松溪县、新罗区、长汀县、古田县、莆田市辖区、龙海市、罗源县、安溪县、漳州市辖区、连江县、平潭县、石狮市、晋江市、南安市、惠安县、东山县

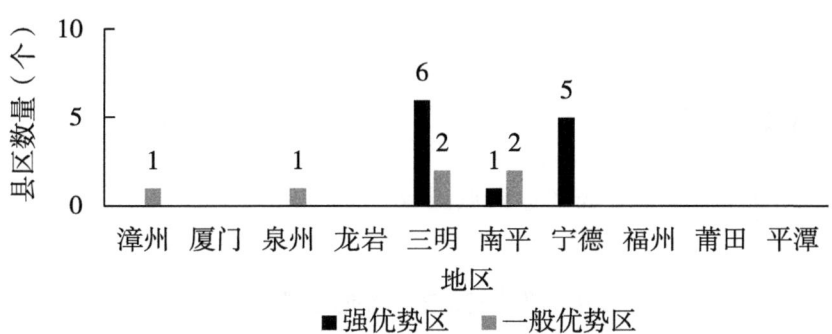

图 11-3 福建省中药材产业资源禀赋系数优势区分布

表 11-9 福建省各区域优势中药材

地区	主要县域及其主要优势中药材
闽东	柘荣县：太子参、白术；福安市：太子参、金线莲；宁德市蕉城区：金银花、旱半夏、山药；福鼎市：黄栀子；寿宁县：茯苓、金银花；屏南县：茯苓、白术
闽南	南靖县：巴戟天、金线莲；华安县：南玉桂、金线莲；漳浦县：穿心莲、玫瑰茄；长泰县：春砂仁、玫瑰茄；云霄县：山药；龙海市：泽泻；南安市：八角茴香、薏苡仁；泉州市洛江区：短葶山麦冬；永春县：金线莲、菊花；德化：金线莲为主；厦门市：铁皮石斛、金线莲等
闽西	武平县：凉粉草、金线莲；永定区：巴戟天、九节茶、胡蔓藤；连城县：铁皮石斛、百合；长汀：半夏；上杭：乌梅

(续表)

地区	主要县域及其主要优势中药材
闽北	明溪县：南方红豆杉、厚朴、金线莲等；泰宁县：雷公藤、九节茶、三叶青等；永安：金线莲、黄精等；建宁县：莲子等；大田县：葛根、茯苓等；宁化县：七叶一枝花、虎杖、葛根等；尤溪县：茯苓、厚朴等；沙县：穿山龙、铁皮石斛等；将乐：金银花等；清流：野鸭椿、厚朴、金线莲；三明市梅列区：黄精；三元区：九节茶；建瓯和建阳区：泽泻、白术、鱼腥草；浦城县：薏苡仁、铁皮石斛、厚朴；邵武市和松溪县：茯苓、瓜蒌；武夷山、光泽：铁皮石斛、厚朴、瓜蒌等；政和县：白术、九节茶等
闽中	福清市：短葶山麦冬、铁皮石斛、金线莲、川芎等；闽侯县：绿衣枳实、金线莲、玉竹；连江：佛手、枳实；闽清、永泰：金银花、绿衣枳实、瓜蒌等；罗源：铁皮石斛等；长乐：佛手、川芎等；平潭：葛根及设施栽培品种等；莆田产区：麦冬、青黛（马蓝）、菊花；仙游县：薏苡、青黛（马蓝）等

资料来源：黄瑞平等（2012）。

四、重点区域

宁德和三明是福建省中药产业重点区域。

1. 宁德市

根据中药材产业"十三五"发展规划，将把宁德市打造成为全省最大的中药材产业基地和我国南方地区特色中药材产业区，促进区域经济发展，增加农民收入。"十三五"末期，全市中药材种植面积达20万亩，总产量6.38万吨，总产值10.86亿元。全市中药材产业发展以"海西药城"建设为契机，以市场为导向，以资源为依托，以科技为支撑，以龙头企业为核心，重点发展有产业基础的太子参、金银花、白术、淮山、黄栀子、药用木瓜、杜仲、厚朴、铁皮石斛、金线莲、三叶青、当归、山苍子、茯苓等药材（表11-9），优化中药材产业基地布局。宁德市中药材产业布局于全市7个县（市、区），按照资源条件和产业基础，以柘荣药城为中心辐射周边，形成"一城三区"的格局。其中，"一城"为中国南方药城柘荣；"三区"分别为以柘荣和福安、寿宁、霞浦半山区为主的太子参种植区，以周宁、寿宁、蕉城为主的淮山、金银花种植区和以福鼎市为主的黄栀子种植区。柘荣县中药材资源丰富，被誉为"中国长寿之乡"，综合比较优势指数19.89，位居全省第一，远高于其他地区。柘荣县自然生态环境优越，在发展生物医药产业方面具有独特优势，其中，太子参产业是宁德市传统优势特色产业。作为"中国太子参之乡"，柘荣县人工栽培太子参已有近百年的历史，2014年，该县太子参产量5 232吨，全县

90%农户种植太子参,太子参产量长期占全国的50%以上,是全国太子参最大产地。近年来,柘荣县委、县政府十分重视太子参品牌的发展,依托"柘荣太子参"质量优良、色泽晶黄、有效成分高的内在本质,相继获得了国家证明商标、福建省著名商标、中国驰名商标、国家地理标志产品保护,其太子参GAP基地生产标准还成为全国太子参生产的指导标准。据不完全统计,在柘荣常年设点收购太子参的医药企业有北京同仁堂、杭州娃哈哈集团公司、上海养和堂、武汉健民、东莞保健品厂等国内知名制药公司。全国十多家药材专业市场与柘荣太子参专业市场建立信息联系或设立经销点。如今,柘荣太子参的销售网络已遍布国内外,产品在各大中药材市场销售。

2. 三明市

三明是福建省发展生物产业的重点区域,生态环境良好,生物资源丰富,初步查明有1 713种药材资源。全市种植中药材品种近30个,药材种植保有面积达33万亩,建成以红豆杉、雷公藤、草珊瑚、银杏、互叶白千层等为主的天然植物药原料基地,以厚朴、金银花、茯苓、灵芝为主的中药饮片原料基地,以黄精、金线莲、铁皮石斛、七叶一枝花等为主的珍稀濒危药用植物基地。三明药材种植规模和产品质量在业内有较高知名度,是国家林业局授予的全国首个"国家林业生物产业基地",其中南方红豆杉、雷公藤、草珊瑚人工种植面积全国最大,草珊瑚、黄精、虎杖、建莲等4个品种被中国中药协会评审认定为道地优质药材,泰宁雷公藤、三元草珊瑚、明溪红豆杉、建宁莲子列入福建省GAP示范基地建设,先后获得"中国红豆杉之乡""中国草珊瑚之乡""中国金线莲之乡""中国黄精之乡""中国虎杖之乡"称号。

第四节 笋 竹

一、笋竹产业介绍

当前,世界石油资源的逐步减少,传统的棉、麻纤维在原料生产上受客观条件制约,纤维原料资源不足已经成为我国纺织行业发展的一大瓶颈问题。竹纤维是从竹子中提取出的一种纤维素纤维,是继棉、麻、毛、丝之后的第五大天然纤维。竹纤维产品具有良好的透气性、瞬间吸水性、较强的耐磨性和良好的染色性等特性,同时,具有天然抗菌、抑菌、除螨、防臭和抗紫外线功能。进入21世纪以来,随着人们的环保意识不断加强，竹纤维作为一种真正的天然环保型绿色纤维，在世界市场上的需求不断增加。我国是世界上拥有竹类资源最丰富的国家，竹林面积占世界竹资源的1/3，素有"竹子王国"之誉。世界有竹类植物70余属、1 200余种，主要分布于热带和亚热带地区，少数种类分布于温带和寒带地区。据第四次森林资源调查结果，我国有竹类植物39属、500多种，竹类资源、竹林面积、竹材蓄积量和产量均居世界首位。竹子生产周期短、产量大、管理费用较低，竹纤维作为我国近年来自行研发成功的一种新型生态环保再生纤维，可缓解我国化纤、棉花、麻纤维供不应求的矛盾。在全国范围内竹类资源较为丰富的福建省，更是将竹纤维产业提到海西战略性产业的高度。

二、福建笋竹产业发展状况

笋竹产业是福建省拟打造的7个全产业链产值超千亿元的优势特色产业的重要组成部分，也是闽西北产业扶贫的支柱产业之一。2007年"竹纤维产品开发"列入了福建省鼓励发展的制造业指导目录，同期被列入《福建省林业科技"十一五"发展规划及中长期（2006—2020）发展规划》。2016年《福建省"十三五"战略性新兴产业发展专项规划》提出重点发展新型纺织面料、高端产业用纺织品等纺织材料产业，推动竹纤维等纤维素纤维、生物基纤维、新型差别化纤维或功能化纤维在纺织下游及跨行业的应用。近年来，福建省充分发挥竹类资源优势，大力开展竹纤维技术及其应用研究，不少研究成果达到国内领先水平，竹纤维产业不断发展壮大并逐步成为特色产业。"海天""远宏"集团作为省内发展竹纤维产业的龙头企业，在竹纤维产品开发及其他纤维纺织发展方面已经具有一定的优势。

建瓯、永安、政和、邵武、三元、尤溪、将乐、建阳、武夷山、新罗、顺昌、松溪、连城、浦城、漳平、长汀等16个县（市、区）是福建省重点扶持的主要笋竹生产加工区，从分布特点来看，福建省笋竹产业主要集中在闽西北、闽西。

三、比较优势分析

作为资源导向型产业，竹纤维产业以竹资源为依托，其产业布局与竹资源分布密切相关。全省竹子采伐主要集中在闽西北的南平、三明和龙岩地区，其中年采伐量超过2 000万根的县域有8个县（市、区），分别是南平市建阳区、邵武市、顺昌县、建瓯市、尤溪县、永安市、长汀县和龙岩市辖区，全省竹纤维产业亦高度集聚于这些地区。建瓯市竹纤维产业走在全省前列，全市毛竹林面积130.9万亩，毛竹立竹数2.2亿株，年产竹材3 570万根、鲜笋30万吨，毛竹林面积、立竹量、鲜笋产量均居全国县（市）之首。目前全市笋竹加工企业已达369家，其中两家被评为农业产业化国家重点龙头企业，12家被评为中国竹业龙头企业。建瓯市最早被林业部命名为"中国竹子之乡"，最先荣获"国家火炬计划笋竹科技特色产业基地""中国竹炭产业基地""国家级竹制品外贸转型升级示范基地""国家有机笋产品认证示范创建区（县）""国家笋竹农业产业化示范基地"等称号。建瓯竹加工产值由1999年的2.62亿元提升到2016年的116.6亿元，竹业产值占闽北竹产业产值的40.4%，占全省的20%，全国县级地方名列第二，产品出口到30多个国家和地区。2007年，建瓯和宏远集团与中国科学院对接，联手开发生产竹纤维，该项目已列入"国家支撑项目"，竹膳食纤维、竹笋甾醇等8种产品均为国内首创。福建宏远集团有限公司与建瓯签订预约协议，建设竹纤维纺织产业化基地。特艺竹木有限公司与南京林业大学合作开发纳米改性竹炭系列产品30种，申请专利技术4项，均为国内首创。开发高新技术为竹产业打开了广阔前景，形成从竹根到竹叶、从笋肉到笋壳、笋头的系列开发产业链。目前，建瓯竹产业已初步形成了竹木复合板、重竹地板、集装箱底板、竹活性炭、出口水煮笋、竹笋氨基酸酞类提取物、竹纤维、气爆竹浆、纳米改性竹炭、竹黄酮素提成、出口竹水泥模板、竹家具、竹工艺品等产业链群。

福建省笋竹资源禀赋系数大于1的县（市、区）有30个，其中系数大于2的有15个，最高的是永泰县，系数为5.5；系数大于0.5且小于1的有10个县，系数小于0.1的有18个县（表11-10）。根据以上情况，将66个区域分成五类，分别是强比较优势区、一般比较优势区、潜在比较优势区、弱比较优势区和无比较优势区。具体县（市、区）如表11-11、图11-4所示。

表11-10 2020年福建省县（市、区）笋竹资源禀赋系数

县域	系数	县域	系数	县域	系数	县域	系数
永泰县	5.500	清流县	1.801	光泽县	0.745	霞浦县	0.055
顺昌县	5.028	漳平市	1.762	大田县	0.700	福州市辖区	0.051
永安市	4.701	政和县	1.752	周宁县	0.577	漳浦县	0.038
邵武市	4.148	浦城县	1.631	闽清县	0.551	安溪县	0.037
将乐县	3.652	建宁县	1.549	仙游县	0.550	云霄县	0.019
建阳区	3.602	新罗区	1.425	罗源县	0.541	连江县	0.002

(续表)

县域	系数	县域	系数	县域	系数	县域	系数
明溪县	2.965	武平县	1.319	古田县	0.491	诏安县	0.001
泰宁县	2.947	德化县	1.275	宁德市辖区	0.378	福清市	0.000
宁化县	2.762	延平区	1.227	闽侯县	0.373	平潭县	0.000
柘荣县	2.578	屏南县	1.192	平和县	0.324	厦门市辖区	0.000
三明市辖区	2.555	南靖县	1.137	福鼎市	0.261	泉州市辖区	0.000
长汀县	2.412	松溪县	1.069	福安市	0.257	石狮市	0.000
建瓯市	2.405	华安县	1.054	龙海市	0.128	晋江市	0.000
武夷山市	2.270	永定区	0.920	永春县	0.107	南安市	0.000
连城县	2.180	上杭县	0.911	莆田市辖区	0.094	惠安县	0.000
尤溪县	1.838	寿宁县	0.902	漳州市辖区	0.058	东山县	0.000
沙县	1.812	长泰县	0.833				

表 11-11 2020 年福建省县（市、区）笋竹生产区域优势分类

区域优势分类	主要县（市、区）
强比较优势区	永泰县、顺昌县、永安市、邵武市、将乐县、建阳区、明溪县、泰宁县、宁化县、柘荣县、三明市辖区、长汀县、建瓯市、武夷山市、连城县
一般比较优势区	尤溪县、沙县、清流县、漳平市、政和县、浦城县、建宁县、新罗区、武平县、德化县、延平区、屏南县、南靖县、松溪县、华安县
潜在比较优势区	永定区、上杭县、寿宁县、长泰县、光泽县、大田县、周宁县、闽清县、仙游县、罗源县
弱比较优势区	古田县、宁德市辖区、闽侯县、平和县、福鼎市、福安市、龙海市、永春县
无比较优势区	莆田市辖区、漳州市辖区、霞浦县、福州市辖区、漳浦县、安溪县、云霄县、连江县、诏安县、福清市、平潭县、厦门市辖区、泉州市辖区、石狮市、晋江市、南安市、惠安县、东山县

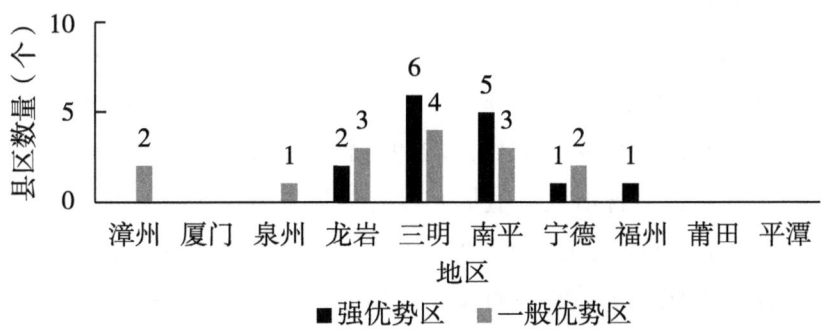

图11-4 福建省笋竹产业资源禀赋系数优势区分布

四、重点县域

1. 建瓯市

中国竹笋城建瓯市拥有福建省最强的笋竹百亿产业集群，拥有全国最大的竹林面积、蓄积量、年采伐量、毛竹鲜笋量，最早被国家林业局命名为"中国竹子之乡"，最先荣获"国家火炬计划笋竹科技特色产业基地""中国竹炭产业基地"。建瓯市出台了助推企业转型升级、做大做强的优惠政策，成立了竹产业基金和股权基金，培育和引进了一批引领性、带动性强的龙头企业。一是提升一产。持续实施现代竹业项目，扎实推进竹林优化改造，扩大丰产林面积，鼓励发展林下经济，适度推广雷竹种植，建立一批以竹林休闲观光、雷竹丰产栽培、竹林优化改造和竹林生态建设为重点的示范片。二是突破二产。建立龙头企业扶持机制，实行"一企一策"，通过增资入股、股份定增等形式，扶持骨干企业做优做强做大，走上资本市场，芝星炭业、华宇集团、双羿竹木3家企业被列入2018年省重点上市后备企业，芝星炭业在协同资本入股后走港交所上市之路。积极引进大庄实业，延伸笋竹产业链。三是培育三产。整合竹文化旅游资源，开发竹观光、竹保健、竹体验、笋美食系列旅游产品，打造"千竹园""雷竹园"等旅游观光项目，主动融入"大武夷旅游经济圈"。加快"笋竹+"助推融合发展战略，实现一产接二连三。春天笋竹批发市场、海绿农产品交易市场等笋竹产品专业市场，是全国最大的毛竹冬笋、笋干集散中心。电商公共服务中心、竹产业馆投入使用，拓展产业发展空间，提升附加值。

2. 永安市

永安低山的风化壳较深，土壤砂性强，土层深厚，水湿条件优越，植被覆盖好，森林茂密；盆谷、平原多分布于山地外缘，沙溪及其主要支流文川溪、燕江等河谷两岸，自然条件差异小，土壤肥沃，对于发展笋竹生产有着十分优越的立地条件。闽笋干是永安市特产，2005年"竹神"牌闽笋干荣获"福建名牌产品"称号，2008年，原国家质检总局批准对"闽笋干"实施地理标志产品保护。永安竹林面积占福建省森林面积的29.6%，农民人均拥有竹林面积居全国第一。永安拥有笋竹加工经营企业179家，培育形成产值亿元以上竹加工企业23家，吸纳转移就业农民5万余人。目前，永安竹产业已形成"一核心、两带、多组团"的空间布局，即以竹天下文化旅游产业园区为核心，竹文化旅游带、竹加工带齐头并进，竹资源培育区、重点竹深加工区、竹文化旅游景点区多点分布并"串珠成线"。

第五节　小结与政策建议

一、研究结论

1. 总量生产方面

一是花卉产业。花卉产业是福建省重点打造的全产业链产值超千亿元的七大优势特色产业之一。2020年，福建设施花卉种植面积达18.8万亩，二产方面开发以花卉产品为原料的艺术、食用、化妆、医疗、保健等产品，三产是大力发展花卉休闲旅游。现已经初步形成以清流、连城、长泰、延平、集美等为重点的鲜切花生产基地，以漳浦、龙海、南靖、洛江、漳平、连城、武平等为重点的盆栽生物基地，以清流、浦城、龙海、南安、永春、海沧、长泰等为重点的观赏苗木生产基地的生产格局。二是特色烟叶。福建是全国优质烟叶重点产区和烤烟种植最适宜区、适宜区。2020年，全省烟叶播种面积有71.29万亩，烤烟播种面积71.2万亩，烟叶产量10.05万吨，烤烟10.03万吨，烟叶种植主要分布在闽西北的三明、龙岩和南平，三个主产区均列入了全国重点产烟区和烟叶生产优势区。三是中药材产业。福建省作为南药产地的重要地区之一，在中药材产业上具有一定的优势。福建省中药材资源总量占全国中药资源的19.2%，福建省中药区划分为六大区域：闽西北低山盆谷野生药材区；闽中中低山野生药材区；闽东南沿海丘陵盆地药材区；闽东南沿海平原丘陵家种和海洋药材区；闽南沿海南药、海洋药材区；闽西南中低山盆谷野生药材区。四是笋竹产业。笋竹产业是福建省拟打造的七个全产业链产值超千亿元的优势特色产业之一，2021年竹林面积1 819万亩（其中毛竹林1 665万亩、丰产毛竹林750万亩），品种近200种。

2. 地区分布方面

一是花卉产业。福建省花卉资源禀赋系数大于1的县（市、区）有17个，其中系数大于2的有9个，其中强资源禀赋县区主要在漳州，还有一些在三明、泉州、龙岩和南平，一般资源禀赋县（区）主要也在这些地市内。二是烟叶。全省共有33个县（市、区）种植烟叶，其中优势区有23个，均在三明、龙岩和南平三市。占比由高到低分别是三明、南平、龙岩。三是中药材产业。中药材资源禀赋系数大于1的县（市、区）有18个，其中系数大于2的有12个。其中三明和宁德是重要的中药材产地，12个重要县（市、区），三明占了6个，宁德占了5个。四是笋竹产业。笋竹资源禀赋系数大于1的县（市、区）有30个，其中系数大于2的有15个。其中三明、南平和龙岩是重要的笋竹产地，15个重要县（市、区），三明占了6个，南平占了5个，龙岩占了2个。

二、问题与短板

1. 花卉产业

一是忽视种质资源保护和新品种研发，品种保护意识淡薄。对花卉种质资源保护和新品种研发不重视，缺乏具有自主知识产权的花卉品种及保护引进不力，已严重影响了花卉产业的发展。二是花卉科研总体水平相对滞后。花卉产业发展的关键是花卉育种技术。花卉科研立项少、成果少，获奖成果更少。三是个体花卉生产条件简单、生产方式分散。除了少数规模较大的企业外，多数是"小而全""家庭作坊式"的小企业。四是产品营销方式初级、竞争无序。福建省许多花卉产品的销售还停留在推销阶段，尚不能应用现代营销策略来拓展市场。主要是靠一批营销大户"走南闯北跑市场"和千家万户生产者对手贸易的自产自销。五是花卉基地生产盲目扩大。由于营销手段的落后，信息不通畅，福建省花卉基地建设仍不同程度存在着追风赶潮，盲目扩大种植面积的从众倾向。

2. 烟叶

一是烟农素质偏低。随着农村产业结构调整、城镇化建设和县域经济的发展，农村就业门路多，农村劳动力转移快，造成烟农整体素质下降。烟农整体素质较低且呈现老龄化的特点。二是烟草科技创新和推广体系不健全。烟叶科研队伍人数不少，且有一大批较高水平科研人员，但是人员分布在各地区多层面的科研机构，各自为战，没有形成合力，高水平的研究很少，低水平的重复研究多，一些制约烟叶持续发展的技术"瓶颈"没有解决。在烟草科技推广体系中，烟技员是非常重要的角色，但是当前烟技员基本是临时工身份，与正式工相比地位低、付出多、收入少，缺乏公平竞争的环境，不少较高学历的烟技员流失。三是农地制度与烟叶可持续发展相悖。农地制度是社会对以农地为对象的各种权益的安排和规定。土地分散在千家万户，单户耕地少，福建不仅耕地面积小，而且地块分散。

3. 中药材产业

一是资源保护与开发滞后。福建省中药材种植历史悠久，但长期以来缺乏对传统药材资源的收集、整理、提纯、复壮，野生资源日益紧缺和枯竭，优良品种资源逐步退化、减少。二是技术规范化程度低。中药材生产尚处于自发、分散的状态，产前、产中、产后的各环节尚未有机地结合。三是产业配套技术落后。由于中药材加工企业规模较小、产品品种少、技术装备落后，还没有形成集研究开发、企业孵化、生产制造、物流配送于一体的现代化中药产业。四是市场拉动作用不强。当前，福建省仍然缺乏市场竞争力强的现代制药龙头企业，市场带动作用不明显，市场信息不对称，尚未形成一个有效的市场体系。五是产品创新能力不足。福建省医药技术力量分散、专业人才总量偏少，未能形成完整的新药研发体系。福建省从事药品研发的机构分属于不同部门或企业，科技装备与人才资源亟须整合优化。

4. 笋竹产业

一是三产发展不协调、产业结构有待优化。一产比重过高，竹林质量和综合效益有待优化，基础竹林资源培育尚待加强；二产发展后劲不足，在培育龙头企业、构建完善产业链体系、研发新产品等方面有待提升；三产发展滞后，比重偏低，发展空间大，尚未形成"接二连三"三产融合发展的局面。二是集聚优势不够明显，同质化程度高。目前，福建省已形成了永安竹集装箱底板、竹家具，政和竹具工艺，建瓯竹地板、竹炭等区域特色。但与兄弟省份浙江相比，福建的竹产业龙头带动力不强，缺乏大企业、大集团，集聚优势较弱，入驻产业园区的企业总体实力不够强，劳动力密集、生产成本高、机械化程度低、企业规模小、经营管理模式欠佳等问题依然突出。三是科技创新能力不强，品牌贡献率偏低。福建省竹产业加工企业数量多且规模小，劳动密集型企业多，生产工艺欠佳，设备陈旧，精深加工能力不强，竹产品整体档次及附加值不高，缺乏拳头产品和知名品牌，竹产业利润偏低。

二、优化与建议

1. 花卉产业

一是把握市场脉搏，优化福建花卉产品结构。加强国内外市场消费需求、供需变化的跟踪、调查和信息分析，适时更新新品种，开发适地适花、适销对路的产品，不断提高质量档次，因地制宜地发展特色花木。二是强化特色优势品种的科研开发与示范推广，提升花卉产业核心竞争力。加强花卉品种资源的收集、整理和开发利用。注意传统的育种方法和现代生物技术方法相结合。要有选择地引进推广国外的花卉优良品种，并注重不断改造创新。三是大力扶持、培育龙头企业，实施品牌战略，带动花卉产业升级换代。坚持以科技引导产业，服务创造市场的理念，积极探索适合现代花卉园艺企业的运营模式。在福建省目前已形成鲜切花、盆栽植物、观赏苗木与草坪、水仙花、茉莉花优势生产区及榕树盆景、兰花、杜鹃、仙人掌与多肉植物、棕榈科植物等优势产品的基础上，依靠科技进步，扶持培育一批优势产区优势产品大中型花卉产业化龙头企业，尤其要培育出更多大型种苗企业，通过产业链条带动花卉企业和广大花农发展生产，推进特色花卉产品规模化、专业化和标准化经营，逐渐形成具有较强竞争力的特色优势花卉产业群。四是进一步发挥近台优势，深化闽台花卉产业交流与合作。充分发挥现有多类型、多层次的台商投资区、对台合作开发区、实验区和各类园区的优势和功能，鼓励在闽台商花卉企业"增资扩产"的同时，吸引更多的台商投资福建花卉业，并增强台资内部企业之间的协作，提高台资花卉企业的"集聚"效应，才能尽快形成自身产业链和特色鲜明的台资花卉产业群，把闽台花卉合作推向新高潮。同时，重视优势品种引育、技术、资金、市场等方面加强合作，推进福建花卉产业化、规模化与现代化进程，不断延伸产业化链条。

2. 烟叶

一是继续优化烟叶布局。优化烟区布局，福建省烟叶分布在闽西北三个地区，从布局上总体是合理的。但由于过去追求大县大乡，出现烟叶分布的畸形发展。从现在起要通过开发适宜种烟的新区，对种烟面积超过宜烟耕地总面积半数以上的县、乡要适当调减烤烟生产计划，把计划调整到适宜种烟的新区。保护耕地资源，要加强占用耕地的审批，严禁非法占用耕地，同时加强农田基本建设，提高宜烟耕地防灾减灾的能力。要合理利用耕地。全面推行轮作制度是合理利用耕地，提高烟叶质量的有效措施。二是建立合理政策体系。要建立灵敏的烟叶收购价格预警机制。要从单纯的烟粮比价转向以社会物价指数、国民生产总值（GNP）增长率、劳动日工价、粮食价格、主要农产品价格等综合因素来制定烟叶收购价格。同时，要建立反应灵敏的烟叶收购价格调整机制，每年能够及时准确调整烟叶收购价格，使烟农种烟有较合理的收入和效益，从而稳定种烟规模。三是加快技术创新步伐。要加快整合现有的科技人才资源，建立有较强实力的烟叶研发机构，有针对性地开展重点攻关，为烟叶持续发展提供技术支撑。要建立一套完善的人才录用和使用机制,使人才进得来、用得好、留得住。要探讨技术贡献与收入挂钩等分配制度,充分发挥科技人员的工作积极性和创造性。要解决好烟技员的待遇问题,调动烟技员的积极性,同时加强对烟技员的培训,提高烟技员的业务素质和水平,真正把提高烟叶产质量转移到依靠科技进步和劳动者素质的轨道上来。

3. 中药材产业

一是合理布局药源基地。选择有种植历史、农民有种植经验、优质道地、医疗临床常用、市场需求量较大的中药材品种重点发展。按照木本上山、草本入川和野生抚育相结合的原则,重点品种基地化、基地品种规范化的要求,在最佳种植区和适宜种植区规划建设优质中药材基地。二是加强对外科技合作。加强与台湾省、省外科研院所专家、科技人员的密切协作,围绕中药材资源保护、野生品种驯化、良种选育、病虫害防治、无污染栽培技术等关键技术进行科技攻关。三是推动中药材专业合作社成立。各地加快成立中药材专业合作社,通过合作社对中药材生产进行行业规划、政策指导和协调,规范中药材生产经营行为,提供种植技术、质量管理、供求信息、专业培训、科技咨询等服务。同时,定期组织成员研究、分析、预测中药材市场行情,加强对中药材开发的宏观指导,为农民提供信息服务和必要的新品种引进、示范、推广等服务。四是注重技术人才队伍建设。切实加强中药材技术队伍建设,选择一批有文化、有意识、有事业心、懂技术的中青年农民进行集中培训,培养一批具有福建省特色的科技种药人才;从大专院校毕业生中引进一批专业技术人才从事中药材种植、加工、流通,形成有较强实力的中药材专业科技队伍,靠科技推动福建省中药材产业的发展。五是合理保护与开发资源。合理开发天然药源,提倡科学采集,尤其要注重加大对珍稀濒危药材及道地中药材资源的保护力度,使道地中药材物种得到有效保护;有计划地开展野生中药材定向抚育,如对草珊瑚、雷公藤、石斛、石仙桃等野生资源的人工培育,研发野生药材变家种、家养的技术,促进中药材原产地资源的更新繁殖和自然增长,增加资源蕴藏量,实现优势资源的可持续利用,进而确保福建省中药材产业可持续发展。

4. 笋竹产业

一是优化产业结构,提升产业发展驱动力。引导竹重点县(市)示范区建设,借鉴省内外竹产业发达地区,解决发展中遇到的瓶颈问题;对新兴的竹企业进行规范引导,分类宣传竹产业类型,避免同质化竞争,宏观调控产业发展,促进一二三产业的协调发展,实现竹资源大省向竹产业强省转变和竹全产业链协调发展。二是培育龙头骨干企业,打造区域产业集群。对于竹产业发达地区,如南平、三明等地,巩固提升一产和二产产业,进一步发展三产产业;培育龙头企业,鼓励企业兼并重组,指导龙头企业对产业链上下游的配套企业进行整合;完善竹产业高新科技示范园区、电子商务平台建设,引进高新企业及高层次人才,打造龙头企业品牌集群。龙头企业应积极开发新一代精深加工产品,实现竹产业高效增值,拓展产品市场,同时进行标准化、科学化的质量管理,提升企业管理整体水平,做强竹产业集群。三是加快科技创新,提升竹产品附加值。通过指导相关企业用好、用足开发性和政策性金融优惠政策,并利用"6·18"等科企对接平台,推动建立企业技术中心等研发机构,加强与省内外科研院所、国际竹藤组织等的联系交流,深化产学研合作,逐步建立以龙头企业为中心的技术创新体系,在竹材加工、竹化学利用、笋绿色食品加工、竹纤维利用及竹副产品开发等方面,加快新产品、新技术、新装备的研发和产业化进程,不断完善和优化竹相关的上下游产业链,提升竹业科研、生产和管理水平,增强企业竞争实力和发展后劲。

第十二章 县域特色农产品布局优化与路径研究

第一节　福建省特色农产品区域分布特点

从区域来看，福建省各农业主产县农业特色鲜明。本节重点梳理了全省67个农业主产县主要名优特农产品、地理标志保护农产品以及域名。名优特农产品可分为两大类：一类是通过长期人工、自然选择，进行品种杂交、优选，培养的一批优良的生物品种。另一类是在特殊生境条件下形成的，或为某种生境条件下特有的原生生物品种，或为人工移栽到最适生境后形成的（陈桂华 等，1998）。在概念基础上，本节名优特农产品融合了本章竞争力分析的结果，并做了细化梳理。地理标志保护农产品主要基于目前我国共有的三套地理标志保护制度体系，即：国家工商行政管理总局商标局的"集体商标、证明商标"制度，国家质量监督检验检疫总局的"地理标志保护产品"制度，农业农村部的"农产品地理标志登记"制度所公布的农产品。各县与特色农产品相关的域名主要是指中国水产流通与加工协会、中国食用菌协会、中国经济林业协会、中国蔬菜流通协会、中国花卉协会、中国家禽协会等农业协会授予相关县域的称号。

一、宏观层面

从沿海到山区，沿海县域着力发展高优农业和创汇农业，重点发展特色水果、花卉、水产、蔬菜的生产及其加工；山区县域重点发展竹业、蔬菜、食用菌、茶叶、优质果品、林竹、畜禽养殖及食品加工业，建立绿色食品生产基地。做强畜牧业、渔业、林竹业和园艺业等优势产业，主攻畜禽、笋竹、水产、蔬菜、水果、食用菌、茶叶、花卉、烤烟等特色产品。

二、微观层面

1. 闽东—福州、宁德、莆田

福州、宁德、莆田3市以果蔬、茶叶、食用菌、畜禽、药材、水产等为主要优势特色产业。其中名优特农产品和地标农产品种类繁多，水产类和茶叶类尤为突出，有5个县被誉为水产（大黄鱼、花蛤、海带、紫菜、鲍鱼等）之乡，有3个县被誉为茶叶之乡。福州市紧紧围绕优化农业生产结构和区域布局，依托本地资源和市场需求，发展壮大水产、畜牧、果蔬、食用菌、茶叶、花卉和竹木等农业优势主导产业。闽侯、闽清充分利用"中国橄榄之乡"，大力推进橄榄产业化进程。罗源、闽清、永泰、连江、闽侯 5 县为主的食用菌生产基地，罗源县已经成为全国最大的秀珍菇生产基地县。

2. 闽西——三明、龙岩

三明、龙岩以烤烟、茶叶、林竹、粮油、果品、花卉苗木等为主要优势特色产业。其中以花卉苗木、林竹、果品为突出，有 5 个县被誉为花卉苗木（洛神花、鲜切花、桂花、罗汉松、红豆杉等）之乡，有 4 个县被誉为竹木（毛竹、绿竹、笋竹等）之乡，3 个县被誉为果品（金柑、黄花梨、白莲、锥栗等）之乡。近年来，三明市持续打造高优粮食、绿色林业、精致园艺、生态养殖、现代烟草五大特色主导产业 20 条产业链，以产业链整合、工业化运营、产业升级为目标，以一区三园为载体，推进一二三产融合发展。龙岩市七大优势特色产业包括茶叶、水果、蔬菜、薯业、畜禽、林竹、花卉苗木等，着力发展"漳平水仙茶""武平绿茶""斜背茶"等具有本地特色的茶类。在新罗、上杭、漳平、永定、武平南部，重点发展特早熟蜜柑、优质甜橙、杂交柑、百香果等特色果类，北部的长汀、连城及其他中高海拔地区，则重点发展早熟甜柿、蓝莓、猕猴桃、黄桃等特色果类，因地制宜发展葡萄、草莓等特色果类。

3. 闽北——南平

南平以果蔬、食用菌、花卉苗木、乳肉、茶叶、林竹等为主要特色产业。其中以花卉苗木、林竹、茶叶尤为突出。建阳、建瓯、顺昌的林竹产业、延平区的百合、政和的茉莉、浦城的丹桂，武夷山岩茶等成为本地农业的亮点。武夷岩茶是福建省首个地理标志产品，武夷山市也是全国唯一的茶文化艺术之乡。2017 年 5 月，南平市政府推出《南平市人民政府关于印发支持特色现代农业发展八条措施的通知》，从八个方面大力扶持本地现代特色农业产业。

4. 闽南——厦门、泉州、漳州

厦门、泉州、漳州以水产、花卉、果蔬、茶叶等为主要优势特色产业。本区域中国水果（蜜柚、枇杷、香蕉、芦柑、青梅等）之乡的县域共有 9 个，中国茶叶之乡有 3 个，中国花卉苗木类之乡共有 3 个。

泉州以安溪铁观音、永春佛手、闽南水仙、永春芦柑、南安龙眼、德化早熟梨、晋江胡萝卜、德化黄花菜、安溪和德化淮山等为代表的茶果蔬特色产业，以洛江——南安——永春为主的设施栽培花卉产业链，以林药立体套种、林下养殖"三黑"（黑鸡、黑兔、黑山羊）产业为代表的林下特色产业。

漳州以"两水"（水果、水产）为主要特色农业开发，发展冬季农业，形成山上茶果竹、田里稻菜菇、海养鱼虾贝的种养模式。形成了独具特色的 9 条农业产业开发带：一是沿国道 324 线两侧龙海九湖至诏安分水关的荔枝、龙眼带；二是沿九龙江西溪芗城至平和两岸的香蕉带；三是沿内陆山区丘陵山地的柑橘、柚子带；四是沿高海拔山地的柿、青梅等杂果带；五是沿海平原地区的蔬菜带；六是沿九龙江西北面南靖、平和、长泰中海拔区的绿麻竹笋带；七是沿南靖靖城两侧的食用菌带；八是以沿海佛潭湾、旧镇湾、东山湾为中心的水产养殖带；九是沿国道324线两侧从百花村到漳浦百里花卉走廊带。

厦门市特色农业布局主要特点是：一是东南沿海平原渔、菜现代农业区，沿海岸线，以同安湾、大嶝岛海域为重点布局水产养殖基地，建设水产种苗基地，及以基地为依托的水产品冷冻、冷藏和鲜活水产品加工出口、净化贝类生产基地和科技示范基地。马港、新店等沿海部分布局为出口加工蔬菜主产区，发展胡萝卜等特色蔬菜产业。二是中部农产品加工和集散区和丘陵果、牧、菜、花卉、粮现代农业区。三是北部生态旅游区和中低山林、果、茶农业区。

第二节 特色农产品区域优化

上节致力于从各类农特产品角度分析其区域优势，较为细致地研究了十大类农特产品的全省县域竞争优势。以此结果为参考，结合调查资料，本节力求从县域角度出发，整理各主要农业县（市、区）的名优特农产品、地理标志保护农产品和农特产品相关域名，从而获取县域整体的农特资源信息，具体详见表12-1。

表12-1 福建省各县域特色农产品

地区		名优特农产品	地理标志保护农产品	荣誉称号
宁德市	蕉城区	闽东山羊；天山绿茶、"天山红"工夫红茶、大山银毫茶、茉莉春毫茶；蕉城晚熟龙眼、三都澳晚熟荔枝；宁德缢蛏、宁德珠蚶、宁德大黄鱼等	天山绿茶、蕉城晚熟龙眼、三都澳晚熟荔枝	中国大黄鱼之乡、晚熟龙眼之乡
	福安市	坦洋工夫红茶、绿茶；绿竹、福安绿笋；南方最大的葡萄生产基地（以溪塔刺葡萄、福安葡萄、福安巨峰葡萄、福安刺葡萄著名）、福安芙蓉李、福安穆阳水蜜桃；闽东山羊、福安水牛；福安山油茶等	福安绿竹笋、坦洋工夫红茶、福安葡萄、溪塔刺葡萄、福安巨峰葡萄、福安刺葡萄、福安芙蓉李、福安绿笋、福安油茶油、福安山茶油	中国茶叶之乡、南国葡萄之乡、中国油茶之乡、中国特色竹子之乡、福建省芙蓉李之乡

(续表)

地区		名优特农产品	地理标志保护农产品	荣誉称号
宁德市	福鼎市	槟榔芋、福鼎芋、白色双孢蘑菇、申石蓝紫菜；四季柚；太姥绿雪芽、福鼎大白茶、福鼎白琳工夫茶、福鼎白毫银针、福鼎白茶等	福鼎黄栀子、福鼎白琳工夫茶、福鼎白毫银针、福鼎大白茶、福鼎白茶、福鼎槟榔芋、福鼎芋、福鼎四季柚	中国白茶之乡、中国鲈鱼之乡、中国坛紫菜之乡
	霞浦县	三沙港为国家二类口岸；官井洋、东吾洋分别是全国独有的大黄鱼产卵场和海带、紫菜、鲍鱼繁育基地；盛产盐田蛤、沙江蛎、海参、大黄鱼、剑蛏、鲍鱼、海带、紫菜等；晚熟荔枝；元宵茶；榨菜等	霞浦海参、霞浦元宵茶、霞浦紫菜、霞浦海带、霞浦晚熟荔枝、霞浦榨菜	中国海带之乡、中国紫菜之乡
	古田县	银耳、茶树菇、香菇、猴头菇、黑木耳、竹荪、蘑菇、草菇等20多个食（药）用菌生产种类；鲈鱼、鲤鱼；油柰、水蜜桃、蜜柚、柿等名优水果；闽东山羊等	古田红曲、黄田马蹄笋、古田油柰、古田银耳	中国银耳之乡、中国食用菌之乡
	周宁县	"官司茶""紫云银针"；高山蔬菜等	官司云雾茶	
	屏南县	全国最大的夏季香菇生产出口基地；名优水果有油柰、无核柿、锥栗、猕猴桃、梧洋梨等；高山蔬菜、笋竹等		
	寿宁县	花菇；"凤凰舌""洞顶雾芽""宫山仙蕾""寿山香茗"、寿宁高山茶、寿宁高山乌龙茶等	寿宁高山茶、寿宁高山乌龙茶	中国花菇之乡、中国名茶之乡
	柘荣县	柘荣太子参、金线莲；油茶等	柘荣太子参	中国太子参之乡
莆田市	城厢区	莆田枇杷、常太枇杷；津浦对虾；莆田龙眼等	莆田桂圆、莆田枇杷	
	涵江区	莆田蘑菇罐头；莆田蜂蜜；海蛎等		

(续表)

地区		名优特农产品	地理标志保护农产品	荣誉称号
莆田市	荔城区	荔城桂圆、龟山绿茶、莆田荔枝等	兴化桂圆、莆田荔枝	
	秀屿区	姬松茸；莆田枇杷、书峰枇杷、兴化桂圆、桂圆干、莆田蜜柚；南日鲍鱼、墨鱼干、南日紫菜、莆田红毛菜、南日海带、莆田牡蛎；仙溪乌龙茶等	莆田兴化桂圆、南日鲍鱼、莆田枇杷、南日紫菜、莆田红毛菜、南日海带、莆田牡蛎	中国花蛤之乡
	仙游县	仙游度尾文旦柚、莆田龙眼、桂圆、仙游书峰枇杷、枫亭荔枝；莆田海蜇；莆田黑猪；仙溪乌龙茶等	仙游郑宅茶、金沙薏米、度尾文旦柚、莆田枇杷、莆田桂圆、台湾甜柿	
	平潭综合实验区	金鲟、鲍鱼、平潭紫菜、平潭丁香鱼、福建翡翠贻贝等；平潭水仙花等	平潭水仙花	
福州市	福清市	福清太城枇杷、福清一都枇杷、九月乌龙眼、渔溪龙眼、下番荔枝、柑橘、葡萄等果品；花生；福清高山羊；茉莉花茶；福清白对虾、嘉儒蛤、鳗鲡、海带等	一都枇杷、福州茉莉花茶、嘉儒蛤、渔溪龙眼、福清白对虾	中国枇杷之乡
	长乐市	青山龙眼、长乐桃源蜜桃、长乐章源柑橘、长乐阡什枇杷；长乐漳港海蚌、南美白对虾；长乐番薯；长乐鹅等	长乐番薯、青山龙眼；漳港海蚌、福州茉莉花	
	闽侯县	橄榄、柑橘、龙眼、荔枝四大名果；尚干单脚蛏、峡南凤尾鱼、南通银鱼、侯官河鳗素称"水中四珍"；蔬菜产业；闽侯虎峰牌茉莉花茶等	闽侯橄榄、福州茉莉花茶	中国橄榄之乡、中国金鱼之乡
	连江县	连江定海湾丁香鱼、连江鲍鱼、百胜缢蛏、海带、海参、连江缢蛏、连江筱埕镇石斑鱼、连江棺头镇海蜇皮、潭鲟；连江东湖镇西庄水蜜桃、连江马鼻蜜橘等	连江鲍鱼、百胜缢蛏、福州茉莉花	中国海带之乡、中国鲍鱼之乡

（续表）

地区		名优特农产品	地理标志保护农产品	荣誉称号
福州市	永泰县	永泰芙蓉李、永泰李干、永泰青梅、永泰柿饼、永泰绿茶；茶树香菇等	永泰李干、永泰芙蓉李、永泰绿茶、永泰柿饼、茶树香菇、福州茉莉花	中国李果之乡
	闽清县	闽清檀香橄榄、闽清雄江无核柿、渡口蜜柚等	福州橄榄、福州茉莉花	
	罗源县	罗源县夏季香菇；罗源中房镇叠石村河阳茶；南美白对虾、海带、七境茶、福州茉莉花茶、罗源秀珍菇、罗源下廪羊罗、七境堂绿茶等	七境茶、福州茉莉花茶、罗源秀珍菇、罗源下廪羊罗、七境堂绿茶	中国菌菇之乡
南平市	延平区	"一篮菇、一颗菜、一朵花、一头猪、一袋奶"区域特色农业产业；食用菌产业；蔬菜产业［福建省16个蔬菜商品生产重点县（区）之一］；百合产业（延平已跻身为全国百合鲜切花六大主产区之一）；畜牧产业（福建省最大的乳牛、生猪生产基地）等	延平百合	中国百合之乡
	建阳区	笋竹；建阳桔柚、小湖杨梅、建阳漳墩锥栗；小湖水仙等	建阳桔柚、小湖杨梅、建阳漳墩锥栗、小湖水仙	中国特色竹子之乡
	建瓯市	全国柑橘生产基地、锥栗、果用瓜；泽泻；笋竹；北苑贡茶、东峰矮脚乌龙茶等	建瓯笋干、建瓯锥栗、东峰矮脚乌龙茶、建泽泻、建瓯北苑贡茶	中国锥栗之乡、中国泽泻之乡、中国竹子之乡
	光泽县	食用菌；梨；茶叶；油茶；溪鱼；绿芦笋及野菜；厚朴等	光泽溪鱼、光泽厚朴	中国厚朴之乡、中国特色竹子之乡
	松溪县	茶叶；灵芝；蔬菜；甘蔗（百年蔗）；松溪红茶、松溪绿茶等	松溪红茶、松溪绿茶、松溪九龙大白茶、南平烤烟	中国名茶之乡
	邵武市	松脂、油茶子、笋竹等林副产品；碎铜茶；邵武蜜桔；笋干；红米等	邵武碎铜茶、邵武蜜桔、邵武笋干、邵武红米	

(续表)

地区		名优特农产品	地理标志保护农产品	荣誉称号
南平市	浦城县	浦城丹桂；浦城薏米；油菜等	浦城丹桂、浦城薏米	中国丹桂之乡
	政和县	香菇、竹荪；笋竹、毛竹、清水笋；高山云雾茶；锥栗；茉莉花；反季节蔬菜；瘦肉型猪等	政和白茶、政和功夫茶、	中国白茶之乡、中国楠木之乡、中国茉莉花之乡、中国锥栗之乡
	武夷山市	武夷岩茶	武夷岩茶	中国茶文化艺术之乡
	顺昌县	海鲜菇、宝山红菇、竹荪；笋竹；芦柑、红肉脐橙、顺昌红心柚、闽北花猪；油茶、四季桂、无患子等	顺昌红肉脐橙、闽北花猪、顺昌芦柑、顺昌竹荪等	中国竹荪之乡、中国芦柑之乡、中国无患子之乡、中国四季桂之乡、中国油茶之乡、中国竹子之乡
三明市	三元区	草珊瑚；翠碧一号烤烟；金桔、炉洋脐橙等		中国草珊瑚之乡
	梅列区	黄精等		中国黄精之乡
	尤溪县	珍稀食用菌；茶叶；绿竹笋、笋干；金柑、芦柑；银杏等；尤溪红茶；尤溪油茶等	尤溪金柑、尤溪红茶	中国金柑之乡、中国油茶之乡
	宁化县	盛产粮油，河龙米，薏米，淮土油茶；茶叶，延祥茶曾是进献朝廷的贡品；辣椒，牛角椒被列入"闽西八大干"、魔芋；"翠碧一号"烤烟；虎杖等	淮土茶油、宁化薏米	中国虎杖之乡、中国薏米之乡、中国绿竹之乡
	沙县	笋竹；晒烟；香菇；花奈、郑湖水柿；沙县红边茶；板鸭等	郑湖水柿、沙县红边茶	
	将乐县	竹荪、灵芝、姬松茸、大球盖菇等食用菌；烤烟等	将乐竹荪、将乐大球盖菇、翠碧1号	中国毛竹之乡
	建宁县	建莲；黄花梨、建宁猕猴桃；桂阳萝卜；建宁水稻种子；建宁笋干；无患子等	建莲、桂阳萝卜、建宁水稻种子	中国白莲（建莲）之乡、中国黄花梨之乡、中国无患子之乡

（续表）

地区		名优特农产品	地理标志保护农产品	荣誉称号
三明市	永安市	贡鸡；"一点红"水蜜桃、"川溪"牌脐橙、"桐"牌香笋、闽笋干、"天宝岩"金芽龙井；"绿田"莴苣、安砂淮山、永安鸡爪椒；金线莲；安砂鱼等	永安闽笋干、永安莴苣、永安鸡爪椒、安砂淮山、永安金线莲	中国金线莲之乡、中国笋竹之乡、贡川镇"中国贡鸡第一镇"
	大田县	烟叶；山宝雪蔗；"雪山"萝卜、"福梅"辣椒、金针菜、"仙峰"红菇、"山宝"糟菜、"金阳"生姜等蔬菜；大田茶叶、"仙顶"牌高山优质乌龙茶；大田肉兔、大田槐猪；桃驳李等	大田肉兔、大田雪山萝卜、大田槐猪、大田高山茶	中国高山茶之乡、中国油茶之乡、中国洛神花之乡
	清流县	清流溪鱼；花卉苗木；清流黄羊；清流金线莲；清流血薯等	清流黄羊、清流血薯	福建省鲜切花之乡、福建省花木之乡、中国桂花之乡、中国罗汉松之乡、中国绿化苗木之乡
	泰宁县	魔芋；锥栗；金湖乌凤鸡；有机鱼，金湖银鱼；泰宁雷公藤、野生铁皮石斛；泰宁竹笋；泰宁红茶等		中国锥栗之乡、中国铁皮石斛之乡
	明溪县	红豆杉；明溪木薯；明溪金线莲；明溪淮山等	明溪金线莲、明溪淮山	中国红豆杉之乡、中国淮山之乡
龙岩市	新罗区	畜产品有瘦肉型猪、优质肉鸡、山麻鸭；主要淡水产品有鳗鱼等；咸酥花生；苏坂蜜柚、百香果；龙岩斜背茶、适中薏米；笋竹等	龙岩花生、龙岩咸酥花生、山麻鸭、苏坂蜜柚、龙岩斜背茶	
	永定区	条丝烟；永定红柿、永定美蕉；六月红早熟芋；巴戟天；永定万应茶；食用菌等	永定菜干、永定巴戟天、永定红柿、六月红早熟芋、永定美蕉、永定万应茶	

(续表)

地区		名优特农产品	地理标志保护农产品	荣誉称号
龙岩市	上杭县	上杭槐猪、通贤乌兔；红豆杉、铁杉、水杉、黄杨木、楠木、银杏等；中杭晚蜜柚、下都沙田柚、才溪脐橙、溪口芦柑、南阳金桔；上杭乌梅等	上杭萝卜干、上杭乌梅	
	武平县	瘦肉型猪、象洞鸡；野生花卉、武平富贵籽；桃溪绿茶；金线莲、仙草；青皮冬瓜；武平金橘等	武平富贵籽、武平金线莲、武平绿茶、武平仙草、武平青皮冬瓜	
	连城县	红心地瓜干；连城白鸭、白鹭鸭、黄兔；花卉苗木、连城兰花；红衣花生；张坊葡萄；文亨富塘"乌龙茶"；冠豸山铁皮石斛等	连城红衣花生、连城白鸭、连城红心地瓜干、连城兰花	中国红心地瓜干之乡、中国连城白鸭之乡、全国花卉生产示范基地
	漳平市	水仙茶；全国蔬菜生产大县，"吾祠萝卜""永福茭白""东坑西红柿"、青仁乌豆等品牌蔬菜	漳平水仙茶、漳平青仁乌豆	中国特色竹子之乡、中国花木之乡、中国杜鹃花之乡、中国名茶之乡
	长汀县	长汀河田鸡；笋竹；三洲杨梅；童坊花茶；河田大米；策武银杏等	长汀河田鸡、三洲杨梅、童坊花茶、河田大米、策武银杏	
漳州市	芗城区	漳州水仙花、天宝香蕉等	天宝香蕉	
	平和县	平和琯溪蜜柚、平和红柚、台湾青枣、番石榴、坂仔香蕉、棕包梨、平和大溪荔枝等水果；芦溪晒烟；灵通七叶胆；白芽奇兰茶、平和大芹乌龙茶等	平和红心蜜柚、平和琯溪蜜柚、白芽奇兰、平和芦溪咸菜、平和坂仔香蕉、平和棕包梨、芦溪晒烟、灵通七叶胆	中国蜜柚之乡、中国茶叶（白芽奇兰茶）之乡
	云霄县	云霄枇杷、香蕉、荔枝、龙眼、菠萝、芒果、槟榔等特色果品；剑麻；特色蜂产品等	马铺淮山、云霄枇杷	中国枇杷之乡

(续表)

地区		名优特农产品	地理标志保护农产品	荣誉称号
漳州市	漳浦县	保鲜蔬菜、大葱、深土花菜、漳浦穿心莲、漳浦芦笋；台湾青枣、杨梅、香蕉、乌石荔枝、龙眼、大南坂枇杷、大南坂菠萝、乌石荔枝、黄埔杨梅等水果；前亭沙虾、前亭珠蚶、沙西泥蚶、沙西血鳗、深土皱纹盘鲍鱼、深土三角文蛤、官浔淡水虾、旧镇大蚝、旧镇白鳗、深土紫菜、将军湾野生紫菜、河鲀、霞美牡蛎等；盘陀金萱茶；沙西榕树盆景、漳浦蝴蝶兰等	沙西榕树、赤土土鸡、赤土小叶榄仁、大南坂红肉橙、前亭沙虾、前亭珠蚶、沙西泥蚶、沙西血鳗、深土皱纹盘鲍鱼、深土三角文蛤、官浔淡水虾、漳浦县大葱、漳浦蝴蝶兰、大南坂菠萝、旧镇大蚝、深土花菜、漳浦穿心莲、盘陀金萱茶、旧镇白鳗、深土紫菜、沙西榕树盆景、白石芦笋、漳浦沙西红鲟	中国荔枝之乡、中国榕树盆景之乡
	华安县	蜂蜜；华安铁观音茶；华安坪山柚等	华安铁观音、华安坪山柚	中国名茶之乡、中国坪山柚之乡
	南靖县	绿麻竹；台湾青枣、香蕉、南靖芦柑；和溪巴戟天、金线莲；南靖正冬蜜；南靖铁观音；南靖丹桂等	南靖和溪巴戟天、南靖兰花、南靖麻竹、南靖香蕉、南靖丹桂、和溪巴戟天、南靖正冬蜜、南靖金线莲、南靖铁观音	中国麻竹之乡、中国香蕉之乡、中国兰花之乡、中国金线莲之乡、中国芦柑之乡
	诏安县	青梅、番石榴、荔枝、龙眼、诏安柿饼等果品；诏安灰鹅；八仙茶、诏安苦丁茶；林头珠蚶、下傅紫菜、甲洲鸡母埭大虾、梅岭牡蛎、仙塘红蟳；寮仔黄瓢西瓜等	诏安八仙茶、诏安红星青梅、诏安灰鹅、后港青壳荔枝、林头珠蚶、下傅紫菜、甲洲鸡母埭大虾、寮仔黄瓢西瓜、梅岭牡蛎、诏安苦丁茶、诏安柿饼、仙塘红蟳	中国青梅之乡、中国青梅第一县

(续表)

地区		名优特农产品	地理标志保护农产品	荣誉称号
漳州市	龙海市	金定鸭、金定鸡、闽南火鸡、闽南牛；浮宫杨梅、程溪菠萝、龙海文旦柚、兰竹荔枝、八月荔枝、八卦芦柑等果品；杏鲍菇、香菇、蘑菇、茶树菇等食用菌；程溪金蝉；江东鲈鱼、本港鱿鱼、角美缢蛏、龙海白礁牡蛎；石码金丝烟；龙海水仙花；角美良才芋；玳瑁乌龙茶；水仙花等	金定鸭、浮宫杨梅、程溪菠萝、兰竹荔枝、江东鲈鱼、漳州水仙	中国水仙花之乡
	东山县	东山鲍鱼、东山亲营紫菜、东山龙虾、鲷鱼；白芦笋、东山柑橘；东山芦笋茶等	东山白芦笋、东山鲍鱼、东山亲营紫菜	
	长泰县	番石榴、芦柑、长泰状元蜜桔、坂里龙柚、岩溪晚芦；长泰砂仁；长泰吴田蜜薯；长泰天竺岩茶；长泰明姜、长泰龙须菜、石铭槟榔芋头、长泰佛手瓜等	长泰芦柑、长泰砂仁、长泰吴田蜜薯、长泰状元蜜桔、坂里龙柚、长泰天竺岩茶、石铭芋	中国芦柑之乡
厦门	同安区	龙眼闻名中外，其中"八一早""国庆晚"是独家品种	凤梨穗桂圆干	
泉州市	鲤城区	延陵丝瓜；东璧龙眼；清源茶饼等	东璧龙眼、清源茶饼	
	丰泽区	乌叶荔枝等		
	洛江区	河市槟榔芋、牛姆林蜂蜜、虹山红心地瓜等	虹山红心地瓜、河市槟榔芋	
	泉港区	涂岭龙眼等		
	永春县	永春芦柑、岵山荔枝、湖洋芦柑、金桔糖、一都红菇；一都毛竹；达浦甘蔗；闽南水仙茶、永春佛手茶；永春白番鸭等	闽南水仙茶、永春佛手茶、永春芦柑、永春白番鸭、金桔糖、岵山荔枝	中国芦柑之乡

(续表)

地区		名优特农产品	地理标志保护农产品	荣誉称号
泉州市	安溪县	茶叶：铁观音、黄金桂、永春佛手、水仙茶、毛蟹茶、安溪本山茶；芒果、油柿、柿饼；山格淮山、凹乾芫荽、下东芹菜、汤头蒜子；蓝田香菇等	安溪黄金桂、安溪铁观音、山格淮山、福建乌龙茶	中国乌龙茶之乡、闽南茶都
	南安市	龙眼、杨梅、南安荔枝；蓬华芥菜、眉山乌龙茶；南安紫菜、粮油加工等	蓬华芥菜、泉州龙眼、曙光甘薯、石亭绿茶	中国龙眼之乡
	德化市	德化黑鸡、德化戴云黑鸡、德化戴云山羊、德化黑兔；德化梨、德化早熟梨、德化油茶；德化淮山；德化十八学士茶花等	德化黑鸡、德化戴云黑鸡、德化黄花菜、德化黑兔、德化淮山、德化十八学士茶花、十八格黄花菜	中国油茶之乡、中国早熟梨之乡、中国竹子之乡
	惠安县	番薯；惠安紫山余甘；洛阳鲫鱼、小岞黄花鱼等	惠安余甘果	
	石狮市	永宁太平洋牡蛎、古浮紫菜、红膏蟹等	永宁太平洋牡蛎、古浮紫菜	
	晋江市	龙眼；晋江龙湖鳖、龙湖鳗鱼、龙湖鲈鱼、深沪鱿鱼干、深沪巴浪脯、深沪紫菜、深沪虾仁干；深沪花生、衙口花生；深沪糖芋等	深沪花生、深沪糖芋、深沪鱿鱼干、深沪巴浪脯、深沪紫菜、衙口花生、深沪虾仁干	

第三节　福建省特色农业发展路径研究

一、科学发展观指导

自然资源和环境条件的地理差异是农业生产地域分工的自然基础。要加强地方农业物种资源保护，建立种质资源库、保护区和保护地相结合的种质资源保护体系。引导和指导特色农业企业及各类基地，健全农业标准体系和生产规程，实施农业清洁生产，采用绿色经营方式，推广现代生态农业、循环农业、低碳农业等模式和技术，保护农地生产环境。把握源头预防、过程控制和末端治理等环节，加快农资监管信息平台和农产品质量安全可追溯平台建设，健全市场准入机制，从源头保障农产品质量安全。加强农业面源污染防控与治理，细化化肥农药"零增长"行动实施方案，推进地膜、秸秆、畜禽粪便等废弃物资源化利用。从而推进农业生产力稳定提高、自然资源永续利用、生态环境保持良好，实现特色现代农业可持续发展。

二、农业服务体系保障

特色农业产业发展离不开社会化服务体系和关联产业的支撑。鼓励和支持与农业产业相关的农产品加工、物流营销、文化创意、科研创新、教育培训等支持性产业协同发展，增强其对产业集群的支撑，同时可以提升农业全产业链的附加值。一是辅导和支持重点产业的合作社发展，提升合作社服务质量水平，同时加快发展经营性社会化服务组织，探索商业化有偿服务模式，推动服务规模扩大、领域拓展、形式多元，构建涵盖农资供应、土地流转、技术服务、信息发布、质量认证、物流保鲜、市场拓展、营销策划等全产业链的全服务链。通过引导农民入股等方式，强化农户与企业之间的密切合作，形成协同效应和相互依赖的利益共同体，是推动集群化发展的必要条件。二是建立发达的农产品流通体系。按照交易方式现代化、运营管理专业化、物流网络高效化、市场经营品牌化的原则，一方面，积极发展专业市场，鼓励企业等组织在省外建立福建农产品营销中心，建立跨越国内外的闽货销售网络。另一方面，以"互联网+农业"为契机，加快发展农产品电子商务。建立各级农村电子商务平台，鼓励龙头企业自建电子商务平台，辅导农户借助国内外知名网络电子平台进行销售。三是加强政府及有关部门的推动。政府及有关部门支持是特色农业产业发展的必要条件。各级政府要根据当地农业资源特点，制定特色现代农业发展规划并纳入经济社会发展总体规划，指导特色农业产业集群的打造与项目实施，深入研究通过财税、公共物品供给等政策，在基础设施、财税、金融等方面给予支持，改善特色农业产业集群的外部环境，引导资金、信息、人才、技术等生产要素向优势产区流动，使农产品的生产向优势产区集中。

三、特色品牌农业带动

品牌是农产品市场化的名片，特色是农产品提高竞争力的有力筹码。立足福建省的区域优势与资源优势，以特色农产品生产为核心，形成地域特征突出、产品特色明显、文化内涵丰富、市场竞争力强的农业产业体系，成为福建省现代农业发展的重要战略选择，也是推进"十四五"现代农业发展的重要内容和乡村振兴战略进一步深入的必经之路。实施农业品牌提升行动，加快形成以区域公用品牌、企业品牌、大宗农产品品牌、特色农产品品牌为核心的农业品牌格局，积极构建政府、行业协会、科研院所和企业协同推进农业品牌建设的新机制。开展"三品一标"培育行动，大力发展绿色、有机、地理标志农产品生产，落实食用农产品合格证与一品一码追溯并行制度，提升"三品"占比率。按照"保证质量、优化程序、提高效率"原则，大力发展绿色食品和有机农产品，积极推进农产品地理标志登记保护和全国名特优新农产品收集登录，做好无公害农产品认证工作，发挥绿色有机地标农产品在规模化经营、标准化生产、品牌化发展上的示范引领作用，着力增加绿色优质特色农产品供给。截至2021年底，福建省累计认证"三品一标"农产品5 459个，累计评选出50个"福建十大农产品区域公用品牌"和132个"福建名牌农产品"品牌，"区域公用品牌+企业品牌+产品品牌"的品牌集群和"福"字号福建绿色优质特色农产品品牌知名度初步形成。强化品牌宣传，创新和优化品牌宣传形式，构建"全方位、立体式、高强度"宣传态势。2019年安溪铁观音、福州茉莉花茶、顺昌海鲜菇、建宁通心白莲、福安巨峰葡萄、漳平水仙茶等6个地理标志产品，以及2020年平和白芽奇兰、德化淮山、寿宁高山茶、河田鸡、罗源秀珍菇、度尾文旦柚等6个地理标志产品被列为地理标志农产品保护工程项目建设对象。到2025年，"生态福建·绿色农业"品牌影响力显著提升，品牌价值达到3 000亿元以上。

四、农业产业集群引领

大力实施"十四五"特色现代农业发展专项规划，构筑特色现代农业三条产业带、三个发展功能区，打造七条特色现代农业全产业链。合理规划发展产业集聚区，重点扶持建设一批资源优势和地域特色明显的农产品生产基地，促进优势产品向优势产业集中、优势产业向优势产区积聚，不断优化农产品生产区域布局和产业、产品结构，扩大优势产业、优势产品、特色产品的生产规模。目前，已初步形成沿海水产品加工产业集群，厦漳闽台合作农产品加工产业集群，闽西北笋加工产业集群、畜禽产品加工产业集群、林竹工业产业集群、安溪茶叶产业集群等。以农业产业集群为基础，通过延伸产业链，加强农业产业集群分工协作，促进农业专业化生产，做大做强集群特色品牌，加强产业集群内农业科技合作与创新，优化农业产业集群外部发展环境，促进农业产业集群的做大做强，带动现代农业发展。在水产业方面，福建省着力大黄鱼、石斑鱼、鳗鲡、对虾、牡蛎、鲍、海带、紫菜、海参等九大特色品种超百亿元全产业链打造工作，重点扶持九大品种的设施养殖基地建设，建成一批高标准、现代化的养殖池塘、全塑胶渔排、深水网箱、工厂化养殖和封闭式循环水养殖基地。积极发展夏秋高山蔬菜和东南沿海设施蔬菜生产，建立蔬菜示范基地 50 万亩，加强叶菜基地建设。坚持绿色发展、质量兴茶，实施中央财政支持现代茶业生产发展资金项目，提高白茶、乌龙茶、红茶等优势茶类比重。2021 年福建省茶叶单产、总产、茶树良种覆盖率、毛茶产值、全产业链产值、国家级龙头企业数量、中国驰名商标数量、茶叶出口额等八项指标均居全国前列。随着中草药材规模化、规范化、产业化水平不断提高，闽产中草药的质量品质和市场竞争力也随之提高。2021 年，福建省花卉盆景园艺播种面积 80.67 万亩，品种创新、品牌创建走在全国前列，拥有"漳州水仙花""南靖兰花"和"连城兰花"3 个全国驰名商标，平潭水仙花、连城兰花、沙西榕树盆景等 18 种花卉获得地理标志证明商标、地理标志集体商标、原产地地理标志保护产品等。但整体而言，福建特色农业产业集群建设还处于起步阶段。要发挥福建各地农业多样性资源丰富、多样性特点突出的优势，围绕建设闽东南高优农业、闽西北绿色农业、沿海蓝色农业三条特色农业产业带，以七大特色农业产业为重点，开展特色农业产业集群建设试点与示范工作，打造特色明显、规模较大、效益良好、产业链完整、带动力强的特色现代农业集群，全面提升福建特色现代农业发展的质量效益和市场竞争力，推动实现农业强、农民富、农村美。

培育壮大农业龙头企业。龙头企业是特色农业产业集群发展的核心因素。遴选一批发展潜力大、科技含量高、对农户带动作用强的企业加大扶持，新培育一批各级产业化龙头企业。积极引导有条件的龙头企业向产业集聚区集聚，引导同一产业、同类生产内容的农业龙头企业进行横向合作，探索通过并购重组、参股控股、改制上市等形式，组建大型企业集团。大力支持农产品加工企业发展，尤其是发展精深加工业，形成一批加工龙头企业群体，从而有效延伸农产品加工链，增强其对产业和农户的强劲带动能力，增强集群的市场优势。同时，发挥农业行业协会和领袖企业的作用，担当集群内合作组织者的角色，推动企业间的有效协作。通过强强联合、分工协作，形成一批产业关联度高、互补性强、具有市场优势的特色农业产业集群。

五、现代农业产业园辐射

科技赋能实现农业现代化成为推动农业高质量发展的必由之路，同时为了推动农业供给侧结构性改革,培育农业农村发展新动能,推动农业现代化和乡村振兴,福建省持续推动建设"生产+加工+科技"的现代农业产业园。园区以优势特色产业为主导,形成一二三产业融合发展的新格局。园区内不仅有高效节水的种植基地、规模化的畜禽养殖场、先进的农产品加工厂,还有科技创新中心、农产品交易中心、农业旅游景区等,实现从田间到餐桌、从生产到消费的全链条覆盖。充分利用大数据、云计算、人工智能等数字技术,实现对农业生产全过程的可视化表达和信息化管理。引进先进的种植技术、养殖技术、加工技术和检测技术,提高农产品的质量和安全性,降低生产成本和资源消耗。园区采用"企业+基地+农户、合作社+农户、综合体+农户"多种形式的利益联结机制,激发农民参与现代农业发展的积极性。园区还通过设立基金、融资担保、贷款贴息等方式,引导各类资本进入。福建省先后建立农业现代化示范园区、农业科技园区、海峡两岸农业合作试验区和台湾农民创业园等现代农业(科技)示范园区等,全省拥有国家级农业标准化示范区81个、省级农业标准化示范区154个、全国良好农业规范(GAP)试点单位72个。通过这些不同类型现代农业(科技)园区、试验区和示范区的建设,试验示范、整合资源、辐射带动,有效地推动了农业科技成果的转化、示范和应用,促进了特色农产品市场竞争能力和区域现代农业可持续发展。泉州国家农业科技园区采用"两园一中心"(茶叶园、海洋生物园和创新中心)的建设布局思路,以科技创新为技术支撑,产学研相互依托,以一中心服务两园区协同发展,不断提升泉州国家农业科技园区的整体创新水平。"十四五"期间,园区规划建设重点项目20项,总投资15.58亿元以上,2025年,园区核心区总产值预计达882亿元,核心区面积15万亩。

六、闽台农业合作推动

福建与台湾一衣带水,具有"地缘近、血缘亲、文缘深、商缘广"的特殊渊源,为两地融合发展奠定良好基础。福建突出对台区位优势,持续深化闽台农业融合发展,在深化农业产业对接、促进基层交流、打造发展平台、服务台商台农等方面先行先试、大胆实践。2009年5月,福建省出台了中国第一个关于两岸农业合作方面的地方性法规《福建省促进闽台农业合作条例》。近年来,福建又先后出台了《关于加快台湾农民创业园建设的若干意见》《关于进一步深化闽台农业合作的若干意见》《福建省促进两岸经济文化交流合作的若干措施实施意见》《关于探索海峡两岸融合发展新路实施意见》《关于做好2023年全面推进乡村振兴重点工作的实施意见》等政策,为闽台农业人才、资金、科技、市场等要素资源对接提供了有力支撑。福建省持续加大台创园扶持力度，把台创园打造成为台胞来闽投资兴业的"孵化器"，截至2023年，已建立6个台湾农民创业园、9个闽台农业融合发展产业园。大量引进并推广水稻、水果、蔬菜、花卉、食用菌、水产等台湾农业良种，形成了一批富有区域特色的主导产业。上杭的台湾优质大米产业，漳浦、南靖、清流的花卉产业，漳平、漳浦的茶叶生产与加工产业，仙游的台湾甜柿产业，南靖、罗源的食用菌产业等一大批特色优势产业，成为当地农民增收的新亮点。此外，福建省有效借鉴台湾精致农业、休闲农业、创意农业发展经验，培育农村新产业新业态，推进福建乡村共建共治。南平市近年来累计引进17支台湾建筑师团队参与乡村建设，策划生成44个南台乡建乡创合作项目，为闽北乡村振兴赋能。支持闽台高等院校、科研院所开展多种形式的农业科研合作，建设闽台科研合作基地（中心），支持海峡现代农业研究院发展。开展闽台人才合作交流，建设海峡两岸新型农民培训交流基地，鼓励台湾农业专业技术人员来闽创业就业。依托"海峡论坛"等重要平台，推动闽台农业行业协会、农民合作社、农业企业合作交流。深化闽台农业基层双向交流，增进往来合作。今后，福建将重点组织实施闽台产业合作深化行动、涉台农业园区提升行动、闽台乡村融合推进行动、闽台基层交流连心行动和政策服务优化行动，帮助台胞台企更好地参与福建农业林业高质量发展及乡村振兴。

七、海上丝绸之路战略领航

加强与"21世纪海上丝绸之路"沿线国家或地区的农业交流合作，办好"闽茶海丝行"系列活动。重点开展与东盟国家的农产品贸易、投资和技术合作，先行先试中国—东盟自由贸易区升级版，推进中国—东盟海产品交易所发展，建设福建—东盟农产品交易中心、物流中心、农业技术研发推广中心。鼓励农业企业赴东南亚、非洲等"21世纪海上丝绸之路"沿线国家和其他国家或地区从事农业合作开发，重点支持粮食及油料作物种植、农畜产品养殖、森林资源开发、园艺产品生产、设施农业以及农产品加工、仓储和物流项目，建设以谷物和经济作物等开发、加工、收购、仓储等为主导的农业产业型园区。加快推进海外渔业合作，发展远洋捕捞业、海外养殖业、海外水产品加工物流业。截至2022年，福建省已有8个国家跨境电商综合试验区，与"丝路电商"签约国跨境电商进出口规模达到了49.9亿美元，同比增长85.7%。

参考文献

车斌, 吴楚媛, 2007. TOPSIS 模型在区域水产养殖业竞争力评价中的运用 [J]. 农业经济问题 (S1): 111-115.

陈光政, 何柳, 2015. 福建特色现代农业发展现状调查 [J]. 调研世界 (7): 41-43.

陈桂华, 徐樵利, 1998. 我国名优特农产品特殊生境分类与模拟方法研究 [J]. 资源科学 (11): 46-49.

陈厚彬, 庄丽娟, 黄旭明, 等, 2013. 荔枝龙眼产业发展现状与前景 [J]. 中国热带农业 (2): 11-18.

陈民, 2006. 我国香蕉产业的发展与思考 [M]. 北京: 中国农业出版社: 390-393.

陈清寿, 1986. 建立具有福建特色的农牧业生产布局和结构的设想 [J]. 学习月刊 (4): 26-27.

陈耀庭, 2012. 漳州台湾农民创业园特色农业的持续发展与诊断预警研究 [J]. 内蒙古农业大学学报: 社会科学版, 14 (4): 17-18, 40.

陈毅谦, 2009. 漳浦台湾农民创业园花卉产业化经营模式研究 [D]. 福州: 福建农林大学.

陈彧, 2008. 贵州特色农业发展研究 [D]. 贵阳: 贵州大学.

程大伟, 姜建福, 樊秀彩, 等, 2013. 中国葡萄属植物野生种多样性分析 [J]. 植物遗传资源学报, 14 (6): 996-1012.

程炯, 2001. 闽东南区域特色农业的生态学研究: 以漳州为例 [D]. 福州: 福建师范大学.

崔雨晴, 2011. 仙居杨梅特色农业发展的可持续性研究 [D]. 杭州: 浙江农林大学.

邓如飞, 2013. 珙县特色农业产业化发展研究 [D]. 雅安: 四川农业大学.

丁建国, 刘晓媛, 等, 2012. 基于灰色线性规划法的新疆南疆干旱区农业系统优化研究: 以新疆和田县为例 [J]. 中国农学通报, 28 (23): 145-153.

董志军, 李小稳, 2015. 福建农业科技资源现状及对策 [J]. 福建农业科技 (11): 81-84.

樊宏霞, 2012. 内蒙古肉羊产业竞争力研究 [D]. 呼和浩特: 内蒙古农业大学.

方伟, 2005. "一线两带" 区域特色农业发展激励机制研究 [D]. 杨凌: 西北农林科技大学.

方志权，1994. 对上海郊区发展"高优高"农业的浅见［J］. 农业信息探索（1）：35-37.

费瓴，2009. 合肥市特色农产品产业链组织模式［D］. 合肥：合肥工业大学.

龚大鑫，2012. 甘肃省区域特色农业竞争力研究［D］. 兰州：甘肃农业大学.

郭春良，1986. 发挥闽南三角洲地区自然优势，发展具有南亚热带特色的农业生产［J］. 热带作物研究（4）：37-40.

郭焕成，1989. 国外农业区划研究现状、特点及发展趋势［J］. 农业区划（5）：51-55.

郭丽英，任志远，等，2006. 西北地区特色农业发展潜力与定位分析［J］. 人文地理（1）：65-67.

韩树，1997. 构筑县域特色农业新格局［J］. 经济论坛（12）：20-21.

何离庆，2002. 网络环境下的智能化农业信息平台研究［D］. 重庆：重庆大学.

洪尔彬，2008. 福建省农业产业集群发展思考［J］. 台湾农业探索（1）：51-54.

侯长红，林光美，侯大为，等，2011. 闽台中药材产业合作发展问题研究［J］. 林业经济问题（5）：436-440.

胡平波，2011. 江西省特色农业产业集群发展动力因素的实证［J］. 江西经济，25（7）：19-22.

黄传尉，望勇，2009. 广东特色农业信息化服务平台构建［J］. 广东农业科学（12）：213-215.

黄海平，2010. 基于区域竞争力的新疆特色农业产业集群发展研究［D］. 石河子：石河子大学.

黄红群，2009. 特色农业发展中的政府角色研究：以浙江省四明山镇为例［D］. 上海：上海交通大学.

黄可人，蒋锡军，2013. 广西特色农业的发展现状、问题与对策［J］. 改革发展（8）：16-18.

黄瑞平，2012. 福建主要中药材生态适宜性种植区划探讨［J］. 福建热作科技，37（2）：38-41.

籍延宝，2014. 农业主要病虫害监测预警系统通用平台的开发及初步应用［D］. 北京：中国农业大学.

贾文雄，2008. 定西市农业比较优势分析及特色农业发展对策［J］. 干旱地区农业研究, 26 (2): 207-211.

剑洪, 2001. 福建花生生产现状与发展对策 [J]. 花生学报 (2): 28-30.

金莲, 王永平, 等, 2010. 特色农业发展模式综述 [J]. 安徽农业科学, 38 (11): 70-72.

巨苗苗, 2015. 基于 Hadoop 的农业信息资源管理的关键技术研究 [D]. 杨凌: 西北农林科技大学.

黎冬媛, 朱春媚, 等, 2011. 基于 ORM 的农业信息管理系统的实现 [J]. 计算机技术与发展, 21 (8): 20-25.

李宝玉, 李刚, 高春雨, 等, 2014. 环渤海区域主要养殖产品比较优势分析 [J]. 中国农学通报, 30 (32): 48-53.

李高潮, 杨勇, 王仁梓, 2006. 中国原产柿品种资源 [J]. 中国种业 (4): 52-53.

李建华, 许标文, 陈志峰, 等, 2012. 福建畜禽产业集群发展现状与对策研究 [J]. 福建农业学报, 27 (7): 768-772.

李金良, 贺洪海, 2000. 必须大力发展特色农业 [J]. 经济师 (5): 9.

李丽, 王卫红, 2011. 甘肃省特色农业竞争力分析 [J]. 农业科技与信息 (17): 5-7.

李丽纯, 陈福祉, 王加义, 等, 2017. 基于 GIS 的台湾青枣在福建引扩种的气候适宜性区划 [J]. 中国生态农业学报, 25 (1): 48-54.

李丽敏, 2010. 特色农业产业动力模型构建及我国蓝莓产业发展研究 [J]. 安徽农业科学, 38 (33): 61-63.

李曼, 2008. 比较优势理论与竞争优势理论关系探究 [J]. 国际商务研究 (6): 19-21.

李庆卫, 2004. 梅研究进展 [J]. 北京林业大学学报 (26): 116-122.

李瑞沼, 2016. 中国烟莫产业的国脉竞争力研究 [D]. 昆明: 云南大学.

李双元, 王征兵, 2006. 青藏高原特色农业国际竞争力的实证分析 [J]. 商业研究 (16): 6-12.

李小建, 2007. 经济地理学 [M]. 北京: 高等教育出版社.

李毅, 任大廷, 2007. 四川省特色农业及其竞争力分析 [J]. 农村经济 (10): 45-48.

李永, 2011. 基于 WebGIS 的特色农产品信息管理系统的设计: 以库尔勒香梨为例 [D]. 乌鲁木齐: 新疆农业大学.

廖汝玉，金光，郭瑞，等，2010. 福建省桃产业现状、存在问题及发展对策［J］. 福建果树（4）：41-42.

林聪，2011. 闽江流域橄榄生产产业化与对策［D］. 福州：福建农林大学.

林培章，2009. 福建省现代烟草农业发展对策研究［D］. 杭州：浙江大学.

林琼，江文青，2011. 福建水稻种业标准化的意义、现状和发展对策［J］. 中国稻米，17（3）：32-34.

林子力，1983. 论具有中国特色的社会主义农业发展道路［J］. 中国社会科学（2）：107-128.

刘海波，2012. 基于WebGIS平台水稻病虫害预警关键技术研究与实现［D］. 长沙：湖南农业大学.

刘荣章，吕姗，李建华，等，2012. 特色农业视角下福建现代农业发展路径研究［J］. 农业现代化研究，33（5）：544-547.

刘喜波，徐少聪，夏常颖，2015. 沈阳经济区县域农业的比较优势与发展对策［J］. 沈阳农业大学学报：社会科学版，17（2）：135-139.

刘学东，万忠成，1998. 辽东山区微型小流域特色农业经营与开发［J］. 中国农业资源与区划（2）：31-35.

刘忠强，王开义，2017. 基于RFID的育种材料田间布局统计系统研究［J］. 农机化研究（2）：6-10.

柳一桥，2013. 荷兰、日本、澳大利亚和巴西特色农业产业化发展的战略研究［J］. 世界农业（3）：46-48.

卢布，丁斌，吕修涛，等，2010. 中国小麦优势区域布局规划［J］. 中国农业资源与区划，32（2）：7-12.

卢小雅，2009. 陕北地区特色农业发展战略研究［D］. 杨凌：西北农林科技大学.

卢新坤，林旗华，张泽煌，2010. 福建省荔枝发展现状与对策［J］. 园艺园林（12）：41-43.

马福婷，岳崇山，2014. 贫困地区优势特色农业产业选择与合理发展分析——以冀西北地区为例［J］. 广东农业科学（2）：190-197.

马彦图，李广，等，2016. 基于ASP.NET的甘肃省特色农业产业资源信息服务平台建设［J］. 电子设计工程，24（14）：17-19.

米婧，2013. 特色农业产业核心竞争力及其评估模型的构建［J］. 邵阳学院学报（社会科学版），12（1）：59-61.

欧玉芳, 2007. 比较优势理论发展的文献综述 [J]. 特区经济 (9): 268-270.

潘正宗, 2014. 本溪县发展特色农业研究 [D]. 长春: 吉林大学.

皮竟, 蒲昌权, 等, 2015. 重庆市特色效益农业评价指标体系研究 [J]. 湖北农业科学, 54 (11): 93-95.

秦宏, 陈旭, 2015. GEMS 模型框架下海洋渔业产业集群竞争力评价研究: 以青岛市为例 [J]. 山东大学学报: 哲学社会科学版 (5): 15-23.

邱本花, 姚青华, 2015. 河南省特色农业综合优势评价模型的应用研究 [J]. 市场研究 (3): 48-50.

邱荣健, 2008. 建瓯锥栗: 建瓯农产品中的一道"招牌菜" [J]. 福建质量技术监督 (12): 14-18.

曲悦嘉, 2012. 通化地区特色农业产业的选择与发展研究 [D]. 长春: 吉林农业大学.

屈宝香, 张华, 李刚, 2011. 中国粮食生产布局与结构区域演变分析 [J]. 中国农业资源与区划, 32 (1): 2-6.

任修霞, 2013. 特色农业发展机制研究: 以湖南隆回小沙江金银花产业为例 [D]. 长沙: 湖南农业大学.

沈素素, 胡新良, 2012. 基于逼近理想点法的我国农产品质量安全评价体系 [J]. 求索 (9): 49-50.

石红梅, 2007. 农业产业化与特色农业的发展: 以安溪茶产业发展为例 [J]. 农业经济问题 (4): 30-33.

石嘉怿, 吴晓琴, 张英, 2008. 青梅资源的研究与应用 [J]. 食品与发酵工业 (6): 106-110.

苏航, 2004. 中国农业竞争力的内涵界定 [J]. 生态经济 (5): 36-38.

苏开敏, 2011. 基于 GIS 技术的福建省茶树用地适宜性评价及其区划 [D]. 福州: 福建农林大学.

苏晓燕, 2011. 基于多属性数据融合决策的智能化农业预警系统研究 [D]. 上海: 上海交通大学.

孙红滨, 2014. 南疆三地州粮棉果复合种植模式综合效益评价 [D]. 乌鲁木齐: 新疆农业大学.

孙赛英, 2004. 农产品差异化竞争研究 [D]. 金华: 浙江师范大学.

孙文鹏, 2014. 福建木奈产业现状及木奈三种功效成分研究 [D]. 福州: 福建农林大学.

孙晓一, 汤青, 徐勇, 等, 2013. 宁南山区特色农业发展模式探讨 [J]. 水土保持研究, 20 (2): 181-185, 311.

陶红军, 陈体珠, 2014. 农业区划理论和实践研究文献综述 [J]. 中国农业资源与区划 (2): 61-66.

滕明兰, 2011. 广西特色农业竞争力评价分析 [J]. 安徽农业科学, 39 (8): 97-99.

王长问, 李曦辉, 李俊峰, 2000. 西部开发战略研究丛书: 西部特色经济开发 [M]. 北京: 民族出版社.

王朝良, 2008. 特色农业发展管理评价指标与方法研究 [J]. 农业科学研究, 29 (1): 2-6.

王刚, 吕海宝, 颜树华, 2002. GIS 的发展方向: WebGIS [J]. 中国测绘, 24 (2): 24-27.

王汉中, 2010. 我国油菜产业发展的历史回顾与展望 [J]. 中国油料作物学报, 32 (2): 300-302.

王慧强, 2006. 中国坚果资源与坚果产业研究 [D]. 北京: 北京林业大学.

王金荣, 2008. 河西走廊特色农产品优势区域布局与产业化研究 [D]. 兰州: 甘肃农业大学.

王俊元, 胡求光, 2016. 浙江海洋优势产业选择及空间布局演化研究: 以海洋渔业为例 [J]. 中国发展, 16 (2): 50-57.

王瑞元, 2016. 我国芝麻产业的发展 [J]. 中国油脂, 41 (2): 1-2.

王杨泽, 林夏阳, 1985. 富有特色的汕头特区的农业 [J]. 国际贸易 (2): 35.

王友丽, 王健, 2010. 基于逼近理想点法的福建省区域渔业竞争力分析 [J]. 中国海洋大学学报 (社会科学版) (6): 25-29.

魏浩好, 2015. 基于阶段 DEA 模型的云南省高原特色农业效率分析 [D]. 昆明: 昆明理工大学.

魏霖静, 陈蕾, 2006. 基于物联网视角的兰州特色农业产业链竞争力提升路径研究 [J]. 农村经济与科技, 27 (12): 87-88.

吴卫东, 2014. 福建省蔬菜生产现状与展望 [J]. 中国蔬菜 (11): 63-66.

吴文毅, 2005. 福建枇杷产业现状、存在的问题及对策 [D]. 北京: 中国农业大学.

吴志昇, 2012. 福建荔枝产业发展现状及对策 [D]. 福州: 福建农林大学.

伍小玲, 2010. 酒泉市特色农业产业发展研究 [D]. 兰州: 兰州大学.

武文军,1988. 试论中国特色的农业发展道路［J］. 马克思主义研究（9）：242-257.

谢莉,2003. 湘南地区特色农业发展及其区域布局初探［J］. 经济地理,23（2）：264-266.

谢喜平,2009. 福建省肉兔产业的特色与发展对策［J］. 中国养兔（9）：33-35.

熊鹰,何鹏,等,2016. 特色林果农业气象灾害监测预警系统中的数据处理研究［J］. 科技展望（26）：102-103.

徐东升,袁飞云,2006. 基于P2P网络农信管理系统［J］. 农机化研究（10）：89-92.

许长同,陈思聪,2009. 橄榄新品种"惠圆1号"选育与生物学特性观察［J］. 中国南方果树,38（6）：21-23.

许玲,2004. 福建晚熟龙眼发展思路［J］. 福建果树（3）：39-40.

许瑞泉,2016. 经济新常态下我国农业供给侧结构性改革路径［J］. 甘肃社会科学（6）：178-183.

严小燕,陈志峰,曾玉荣,2017. 我国特色农业发展的内涵、演变与评价研究［J］. 福建农业学报,32（3）：196-202.

姚庆林,1999. 坚持市场取向发展特色农业［J］. 农村经济（2）：10-11.

叶永青,1996. 论特色农业产业化［J］. 农村发展论丛（5）：14-15.

尹海红,李益敏,2009. 云南怒江峡谷农业产业结构优化原则与特色优势种植业空间布局［J］. 农业现代化研究（6）：709-701.

尹志超,2005. 试论农业竞争力及其提升［J］. 江西财经大学学报（4）：23-26.

于谨凯,孔海峥,2014. 基于海域承载力的海洋渔业空间布局合理度评价：以山东半岛蓝区为例［J］. 经济地理（9）：113-123.

于文静,2016. 我国农业亮出供给侧改革清单［J］. 农村农业农民（B版）（5）：10-11.

俞燕,李艳军,2015. 我国传统特色农业集群区域品牌形成理研究：理论构建与实证分析：以新疆吐鲁番葡萄集群为例［J］. 财经论丛（4）：11-17.

袁久和,祁春节,2011. 西部特色农业产业化进程中农民济合作组织成长研究［J］. 河南大学学报：社会科学版,51（5）：60-66.

张贝贝,2015. 环境污染对区域特色农业发展影响的关键因素分析及治理对策研究：以三门峡地区为例［D］．洛阳：河南科技大学．

张芳，王珏，2013．基于Web农信管理系统的建设和研究［J］．农业网络信息，（7）：20-23.

张华，2009．区域特色农业可持续发展诊断预警研究［D］．北京：中国农业科学院．

张金萍，2011．基于IANN的县域农业可持续性预警模型研究：以黄河下游沿岸典型县市为例［D］．开封：河南大学．

张鹏，2015．我国薯类基础研究的动态与展望［J］．生物技术通报，31（4）：1-6.

张怡，2015．中国花生生产布局变化研究［D］．北京：中国农业大学．

张元宝，2013．农业专家系统的构建与应用：以农业远程视频诊断系统为例［D］．兰州：兰州大学．

章牧，2002．东南沿海地区特色农业评价与信息技术示范：以闽东南地区为例［D］．福州：福建师范大学．

赵春雷，杨子刚，2016．供给侧背景下中国羊绒主产区比较优势研究：基于13个羊绒主产省面板数据的实证分析［J］．畜牧经济，52（14）：72-77.

郑群力，2007．福建水稻育种与品种保护对策［J］．中国农学通报，23（10）：433-438.

郑小平，穆维松，田东，2014．中国葡萄生产区域布局变迁及影响因素分析［J］．中国农业资源与区划，35（4）：90-93.

周伦江，2016．福建省品牌猪肉建设与发展［J］．猪业科学，33（11）：44-46.

周钦方，戴婕妤，2015．坚果质量安全研究现状［J］．安徽农业科学，43（35）：134-135.

朱春江，唐德善，2006．基于线性规划模型的农业种植业结构优化研究［J］．安徽农业科学（12）：23-24.

朱鹤健，2000．闽东南特色农业开发带的诊断与设计［J］．福建农业学报（15）：26-28.

LEE F C, TANG J M, 2000. Productivity levels and international competitiveness between Canada and U.S. industries [J]. American Economic Review, 5: 176-179.

LEISHMAN D, MENKHAU D J, WHIPPLE G D, et al., 1999. Revealed comparative advantage and the measurement of international competitiveness for agriculture commodities: An empirical analysis of wool exporters.

WAITT G, 1994. The RePubliec of Koera, foreign investment in Australia: The chaebols Down Under [J]. Ausatrlian Geogra Phieal Sutdies, 32 (2): 191-213.